房地产经纪人协理丛书

房地产经纪实务

(第2版)

周 云　顾正东
倪 莉　盛承懋　**编著**
张 怡

东南大学出版社
·南京·

内容提要

本书根据全国房地产经纪人协理从业资格考试大纲及房地产经纪从业能力需要编写，主要包括：房地产经纪业务、房地产经纪合同、房地产实地查看、房地产交易、房地产交易价格、房地产交易税费、房地产登记、房地产经纪服务相关业务等。本书是作者在多年教学、行业培训和实践积累的基础上，以全国房地产经纪人协理考试大纲和能力要求为依据，结合实际案例，具有知识的系统性、操作的指导性和行业的针对性。本书适用于房地产经纪从业人员，以及政府管理部门、高等院校、经营者、教师、学生等相关人员。

图书在版编目(CIP)数据

房地产经纪实务/周云等编著.2版.—南京：东南大学出版社，2012.7(2020.8重印)
（房地产经纪人协理丛书）
ISBN 978-7-5641-3424-2

Ⅰ.①房… Ⅱ.①周… Ⅲ.①房地产业—经纪人—资格考试—中国—自学参考资料 Ⅳ.①F299.233

中国版本图书馆CIP数据核字(2012)第069672号

出版发行：东南大学出版社
社　　址：南京四牌楼2号　邮编210096
出 版 人：江建中
网　　址：http://www.seupress.com
电子邮箱：press@seupress.com
经　　销：全国各地新华书店
印　　刷：南通印刷总厂有限公司
开　　本：787 mm×1092 mm　1/16
印　　张：19.5
字　　数：364千
版　　次：2012年7月第2版
印　　次：2020年8月第7次印刷
书　　号：ISBN 978-7-5641-3424-2
印　　数：18501—19500
定　　价：35.00元

本社图书若有印装质量问题，请直接与营销部联系。电话(传真)：025-83791830

编 者 序

随着我国房地产业的长足发展,房地产经纪业日益活跃。近20年来,房地产经纪机构及从业人员大量涌现,这对于活跃房地产市场、推动房地产业的发展起到了不可或缺的重要作用。以苏州为例,商品房销售通过房地产经纪机构代理的约占85%,存量房交易通过房地产经纪机构成交的约占80%,房屋租赁通过房地产经纪机构成交的约占90%。日益活跃的房地产经纪活动,也为社会提供了大量的就业岗位,全国房地产经纪从业人员超过百万。

自1999年编著出版相关著作、教材以来,我们一直在不断地探讨,面对房地产市场对房地产经纪从业人员在数量和质量"双升"的要求我们所应尽的职责。经过不断的积累和完善,通过总结经验、参照标准、整合内容、补充案例,我们再版的房地产经纪人协理丛书在东南大学出版社的大力支持下与您见面了。

苏州科技学院房地产研究所自成立以来,以科学研究的态度和方法,本着促进行业发展、推动行业进步、培养行业专业人才的宗旨,先后编著出版了《房地产经纪人系列教程》(1999年,一套三本)、《全国房地产经纪人协理从业资格考试指导教材》(2004年,一套三本),教材受到了房地产行业主管部门、房地产业和房地产教育界同行的广泛关注和肯定,更受到了广大读者认可和支持。本次编著出版《房地产经纪人协理丛书》(一套三本),是在以往教材与著作编著,以及教学实践和研究的基础上,结合房地产经纪人的从业现状和房地产经纪业的发展趋势,以中国房地产估价师与房地产经纪人学会2011年征求意见稿《房地产经纪人协理考试大纲》为依据,广泛吸纳了北京、安徽、福建、陕西等省市《房地产经纪协理考试大纲》的内容,以及江苏省房地产经纪人协理的从业和上岗要求。

本套房地产经纪人协理丛书共分三本,《房地产经纪概论》(第2版)由周云、高荣完成,《房地产经纪实务》(第2版)由周云、顾正东、倪莉、盛承懋、张怡完成,《房地产经纪风险与案例分析》由周云、黄国华、张连生、顾正东、张怡完成。

具有专门知识的专业人才,是房地产经纪业发展的重要保障。让我们共同努力,为房地产经纪事业科学、健康、持续的发展尽我们应尽的职责。

周 云
2012-7-5 于江枫园

目 录

第一章 房地产经纪业务 ……………………………………………… 001
第一节 房地产经纪业务的分类 ………………………………… 001
一、根据经纪人与委托人之间的关系划分 …………………… 001
二、根据房地产市场分级的方法划分 ………………………… 002
三、根据房地产经纪所促成的房地产交易的不同方式划分 …… 002
第二节 房地产经纪业务一般流程及其内容 …………………… 003
一、信息的搜集、整理与传播 ………………………………… 004
二、房源与客源的开拓 ………………………………………… 006
三、业务洽谈 …………………………………………………… 007
四、物业查验 …………………………………………………… 007
五、签订房地产经纪合同 ……………………………………… 008
六、引领看房 …………………………………………………… 009
七、代理或协助交易及相关事宜 ……………………………… 009
八、物业交验 …………………………………………………… 010
九、佣金结算 …………………………………………………… 010
十、售后服务 …………………………………………………… 011
第三节 主要房地产经纪业务类型及其重要环节 ……………… 011
一、房地产居间业务 …………………………………………… 011
二、房地产代理业务 …………………………………………… 014
三、存量房买卖、租赁经纪业务 ……………………………… 018
四、新建商品房销售代理业务 ………………………………… 025
第四节 影响房地产经纪业务成交因素的综合分析 …………… 033
一、物业因素 …………………………………………………… 033
二、委托人及其客户因素 ……………………………………… 036
三、房地产经纪人因素 ………………………………………… 037

四、房地产经纪机构因素 ································· 039
　复习思考题 ··· 040

第二章　房地产经纪合同 ··································· 042
　第一节　房地产经纪合同概述 ····························· 042
　　一、房地产经纪合同的概念 ····························· 042
　　二、房地产经纪合同的特征 ····························· 043
　　三、房地产经纪合同的主要条款 ························· 044
　第二节　各类房地产经纪合同文本 ······················· 045
　复习思考题 ··· 083

第三章　房地产实地查看 ··································· 084
　第一节　房地产的分类 ··································· 084
　　一、房地产的综合分类 ································· 084
　　二、房地产按照用途分类描述 ··························· 086
　　三、住房的分类 ······································· 088
　第二节　房地产区位 ····································· 091
　　一、房地产区位的概念与特征 ··························· 091
　　二、房地产区位因素 ··································· 092
　第三节　房地产实物 ····································· 094
　　一、土地实物状况 ····································· 094
　　二、房屋建筑物实物状况 ······························· 096
　　三、环境与景观 ······································· 111
　第四节　房地产权益状况 ································· 124
　　一、房地产权利的种类 ································· 124
　　二、房地产相关权利的关系 ····························· 134
　复习思考题 ··· 140

第四章　房地产交易 ······································· 141
　第一节　房地产市场 ····································· 141
　　一、房地产市场的涵义 ································· 141
　　二、房地产市场的基本特征 ····························· 142

三、房地产市场的特殊性 143
　　四、房地产市场体系 145
　　五、房地产市场的类型 145
　　六、我国房地产市场结构 146
第二节　房地产交易类型与流程 148
　　一、房地产转让 148
　　二、房屋租赁 153
　　三、房地产抵押 158
第三节　房地产交易合同 164
　　一、房地产买卖合同 164
　　二、房屋租赁合同 185
　　三、房地产抵押合同 193
第四节　房地产网上交易 196
　　一、网上挂牌 196
　　二、网上签约 197
　　三、合同备案 198
第五节　房地产交易中其他法律文件及其识别 202
　　一、《建设用地规划许可证》 202
　　二、《建设工程规划许可证》 202
　　三、《施工许可证》 203
　　四、《商品房预售许可证》 204
　　五、《住宅质量保证书》和《住宅使用说明书》 204
复习思考题 206

第五章　房地产交易价格 207
第一节　房地产价格的概念及特征 207
　　一、房地产价格的概念 207
　　二、房地产价格的特征 208
第二节　房地产价格的影响因素 209
第三节　房地产价格的种类 214
　　一、土地价格、建筑物价格和房地价格 214
　　二、基准地价、标定地价和房屋重置价格 214

三、总价格、单位价格和楼面地价 ····· 215
四、成交价格、市场价格、理论价格 ····· 216
五、市场调节价、政府指导价和政府定价 ····· 217
六、买卖价格、租赁价格、抵押价值、典价、保险价值、课税价值等 ····· 217
七、实际价格和名义价格 ····· 218
八、现房价格和期房价格 ····· 219
九、起价、标价、成交价和均价 ····· 220
十、评估价、保留价、起拍价、应价和成交价 ····· 220
十一、房屋租金及其种类 ····· 221
第四节 房地产估价基本方法 ····· 222
一、房地产估价概述 ····· 222
二、市场法 ····· 224
三、成本法 ····· 230
四、收益法 ····· 237
复习思考题 ····· 243

第六章 房地产交易税费 ····· 245
第一节 税收的基本原理及相关术语 ····· 245
第二节 我国的房地产税收 ····· 246
一、契税 ····· 247
二、营业税、城市维护建设税和教育费附加 ····· 248
三、土地增值税 ····· 249
四、房产税 ····· 251
五、印花税 ····· 252
六、企业所得税 ····· 253
七、个人所得税 ····· 254
八、有关住房税收的优惠政策 ····· 254
复习思考题 ····· 256

第七章 房地产登记 ····· 257
第一节 房地产登记是取得产权证的前提 ····· 257
第二节 房地产权属登记的种类 ····· 259

一、总登记 ··· 259
　　二、土地使用权登记 ··· 259
　　三、房屋所有权初始登记(新建房屋登记) ························· 261
　　四、房屋产权转移登记 ·· 261
　　五、变更登记 ··· 261
　　六、他项权利登记 ·· 262
　　七、注销登记 ··· 262
　第三节　房地产登记的范围 ·· 263
　　一、地域范围 ··· 263
　　二、房屋范围 ··· 263
　第四节　房地产登记的基本程序 ·· 264
　　一、受理登记申请(登记收件) ··· 264
　　二、勘丈绘图 ··· 264
　　三、产权(权属)审查、确认 ·· 264
　　四、核准登记并绘制权证 ··· 264
　　五、颁发或者注销权属证书 ·· 265
　复习思考题 ·· 282

第八章　房地产经纪服务相关业务 ·· 283
　第一节　房地产咨询 ·· 283
　　一、房地产咨询的范畴与作用 ··· 283
　　二、房地产咨询业务的基本流程 ····································· 284
　　三、房地产咨询的服务方式 ·· 286
　第二节　住房贷款 ··· 287
　　一、个人住房贷款的种类 ··· 287
　　二、基本要素及主要术语 ··· 289
　　三、还贷方式 ··· 291
　　四、应用计算 ··· 293
　　五、房地产抵押贷款的基本流程 ····································· 298
　复习思考题 ·· 300

第一章 房地产经纪业务

学习要求

- 掌握:存量房买卖代理、居间业务基本流程,存量房租赁代理、居间业务基本流程。
- 熟悉:新建商品房销售代理业务基本流程。

第一节 房地产经纪业务的分类

房地产经纪业务类型的划分不是很复杂,但各种类型之间的边界有时是很难确定的——根据业务接洽的深度和内容的不同,很难在实际操作中有明确的界限来区分不同类型房地产经纪业务的边界。不同的房地产经纪业务涉及不同的房地产细分市场,或形成业务经营模式的不同,这就使得房地产经纪机构需要根据自身条件及行业竞争情况扬长避短地进行选择,从而形成房地产经纪行业内部的专业化分工。

一般的划分方法有以下几种。

一、根据经纪人与委托人之间的关系划分

根据经纪活动中经纪人与委托人之间关系的不同,房地产经纪业务一般分为三种类型:房地产居间、房地产行纪和房地产代理。

居间,是房地产经纪活动中最本质、最经常的服务行为。房地产居间是指房地产经纪机构以自己的名义向委托人报告订立房地产交易合同的机会或者提供订立房地产交易合同媒介服务,并向委托人收取佣金的有偿服务行为。根据房地产交易

形式的不同,房地产居间可以分为:房地产投资居间、房地产买卖居间、房地产租赁居间、房地产置换居间、房地产抵押居间等类型。目前存量房买卖中广泛存在房地产居间行为。

相对于房地产居间而言,房地产代理的经纪人与委托人之间有更加长期且较稳定的合作关系。根据服务对象的不同,代理业务又可分为卖方代理和买方代理。委托人为房地产开发商、存量房的所有者或是出租房屋的业主的代理行为称为卖方代理;受需要购买或承租房屋的机构或个人委托而进行的代理行为称为买方代理。代理人只能在委托人的授权范围内,以委托人的名义从事代理活动。

经纪活动中还有一种行为那就是"行纪"。从一般概念而言,行纪也属于居间的范畴,但与本质性居间活动的主要区别是经纪人的行纪行为意味着有明确的委托方,即:经纪机构受委托人的委托,以自己的名义与第三方进行交易,并承担规定的法律责任的商业行为。房地产行纪与一般商业经纪活动中的"典当"含义相同。

"行纪"在某种程度上与代理的区别有两点:一是经委托人同意,或双方事先约定,经纪机构可以以低于(高于)委托人指定的价格买进(卖出),并因此而增加报酬;二是除非委托人不同意,对具有市场定价的商品,经纪机构自己可以作为买受人或出卖人。

从形式上看,"行纪"与自营也很相似,但是除经纪机构自己买受委托物的情况外,大多数情况下经纪机构都并未取得交易商品的所有权,而是依据委托人的委托来进行活动。从事行纪活动的经纪人员拥有的权力较大,承担的责任也较重。在通常情况下,经纪机构与委托人之间有长期固定的合作关系。

表1-1 房地产经纪行为的差异性比较

类型	有无明确委托方	是否以自己的名义	是否占有商品
居间	无	是	否
行纪	有	是	否/是
代理	有	否	否

二、根据房地产市场分级的方法划分

根据房地产市场分级的方法,房地产经纪业务又可以分为:土地交易经纪业务,新建商品房交易经纪业务和存量房交易经纪业务。

三、根据房地产经纪所促成的房地产交易的不同方式划分

根据房地产经纪所促成的房地产交易的不同方式,还可以将房地产经纪业务分

为:房地产买卖经纪、房地产租赁经纪、房地产抵押经纪等。

第二节　房地产经纪业务一般流程及其内容

房地产经纪活动因其较强的地域性和交易的个别性的特点,使每一种业务、每一个不同地区的习惯性做法,包括各个地方的政策制度都会有较大的差异,因此,房地产经纪业务进行的流程没有什么定式,一般的业务流程和操作内容主要有:信息的搜集整理与传播、房源与客源的开拓、业务洽谈、物业查验、签订房地产经纪合同、引领看房、代理或协助交易及相关事宜、物业交验、佣金结算、售后服务。房地产经纪业务流程见图 1-1。

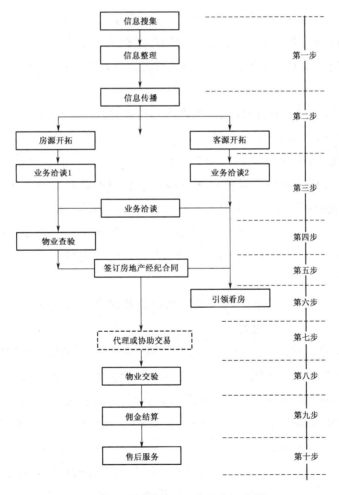

图 1-1　房地产经纪业务流程示意图

一、信息的搜集、整理与传播

信息,是房地产经纪人赖以从事业务、开展经营活动的重要基础资源,经纪人和经纪机构拥有信息量的多少、质量的优劣——尤其是有效信息源的多少,决定着经纪业务成就的大小。因此,收集、整理、传播信息是房地产经纪人业务活动的基础工作。

(1) 房地产经纪信息的特点

任何房地产信息根据房地产及其信息所固有的特性,一般存在着3个方面的特点,即:时效性、地域性和扩散性。

① 时效性。信息具有时效性是因为信息是一种动态资源。在某一时刻,信息能够发挥或产生资源效益,在另一时刻则失去资源效益。经纪人要尽可能快地捕捉信息,得到有价值的信息后要尽快寻找客户,完成交易。一旦信息失去时效性,那么它的效用就会降低,甚至完全丧失。如果房地产经纪人根据失去时效的信息作出错误的决策,不仅给买卖双方带来损失,也会给自己的利益带来损失,使自己的信誉受到影响。

② 地域性。信息的地域性是因为许多信息发挥效用的空间是有限的,由于房地产的不可移动性,其信息的地域性更加突出。

③ 扩散性。信息的扩散性是指不管如何保密或封锁,信息总是可以扩散的,而且通过的渠道和传输手段也是多种多样的。信息的扩散对房地产经纪人的作用具有双重性,有利的一面是经纪人能轻易获取信息,不利的一面是信息扩散导致买卖双方直接会面的可能性增大,经纪人可能失去一些获利机会。经纪人要学会趋利避害,要善于利用时间差,在信息未扩散前找到客户,完成交易。

(2) 房地产经纪信息的内容

房地产经纪人获取信息的内容根据经纪业务的深度和进展阶段性的不同可以分为宏观信息和微观信息两类。

① 宏观信息。房地产经纪人在受理具体的业务之前,搜集和获取信息的类别是较为广泛和宏观的,一般根据经纪人事先制订的业务发展计划、业务类型、地域范围以及经纪人所属机构的营销策略来确定信息取得的原则、类别和内容。由于现今社会正处于一个信息爆炸的时代,也就是说,获取信息不难,但要获取为业务所需要的、具有经济价值的(无论是现存的还是潜在的)、有用的信息必须是事先有计划、有方略的。一般的信息包括下面几种类别:房地产供给方的信息,包括:政府供应、机构——开发商供应和个体产权人供应情况;房地产需求方的信息,包括:需求方的类

型、数量、愿望、支付能力；房地产市场环境信息，包括：政策法律信息、宏微观经济信息、社会文化信息等。

② 微观信息。房地产经纪人受理了委托业务后，所收集的信息主要是有针对性的信息，一般应包括以下三个方面的内容：标的物业信息、与标的物业相关的市场信息和委托方信息。标的物业信息是指标的物业的物质状况、权属状况、环境状况等方面的信息；与标的物业相关的市场信息是指标的物业所属的房地产分类市场，如中心城区二手住宅市场、城市边缘区别墅市场等的供求信息、价格信息等；委托方信息包括委托方的类型（如个人或法人，法人的经营类型）、信誉情况等。

(3) 房地产经纪信息的搜集

对房地产经纪信息的搜集，客观地讲是房地产经纪业务的起点，也是房地产经纪人提供经纪服务工作的基础。搜集信息要做到主动及时，以保证信息的时效性；要真实可靠，将搜集到的信息进行严格核实、检测、筛选，去伪存真，以保证信息的准确性；要明确信息搜集的任务、目的、对象，避免盲目性，搜集信息要有针对性。

信息搜集一般有以下几种渠道：

① 通过报刊资料搜集信息。各类报纸杂志中包含有丰富的信息资源。除专业的房地产报纸杂志外，其他一些资料也有房地产信息。

② 通过房地产开发企业内部搜集。经纪人应与开发企业建立良好的合作关系，以便获得第一手信息资料。

③ 通过定期交纳一定的费用加入信息网络组织。信息网络组织已在许多地方设立。通过网络组织成员之间的相互交流，或者通过网络成员之间提供刊物和联机服务、咨询能获得大量信息。

④ 在房地产交易市场、展销会等场所搜集信息。房地产交易必须到房地产市场办理评估、交费、纳税、登记等有关手续，汇集了买卖双方的人流。房地产市场自然能汇集大量的供求信息。

各种房地产经纪信息有真有假，要进行筛选、分析、整理，去伪存真，去粗取精。同时，信息的时间性很强，必须注意其时效性。有些信息还有一定的局限性和偶然性，采用时不应以偏概全，不符合实际情况的信息要能及时辨认，以排除干扰，不予采用。对看准了可以采用的信息，要尽快整理、利用，并通过有效的传播手段予以传播，以此获得效益。

(4) 房地产经纪信息的整理

经纪人搜集到的信息是大量的，而真正有效的、能够达成交易、直接获利的信息只是少数。因此，对房地产经纪信息的处理要做到准确、及时、有针对性，以免形成不必要的浪费，同时又失去交易机会。因此，房地产经纪人对搜集到的信息必须进行必要的加工、整理，其方法和步骤如下：

① 筛选。通过归纳、分析、对比，去粗取精，去伪存真，剔除重复信息。

② 分类排序。对有价值的信息按目的、要求、时间、地域、需求层次等进行分类、排列成序。

③ 存贮。许多信息一时用不上，有些信息可能不止用一次，必须存贮。

④ 评估、分析。对信息的含量、价值、时效等作出评估、判断，挑选出直接用于交易的信息，同时提取一批与之相关的信息，为交易谈判服务。

完成以上工作后，可以着手寻找客户了。

(5) 房地产经纪信息的传播

有效的信息传播，是房地产经纪业务开展的关键环节。房地产经纪信息传播的内容以微观信息为主，主要包括两类，即：委托标的物和委托方的信息（主要在代理销售时）。传播方式可以通过报纸、电视广告、经纪机构店铺招贴、人员推介、网络、邮发函件等方式。值得注意的是，目前很多房产经纪机构及执业人员都非常重视运用信息高速通道及互联网技术进行信息的采集及传递，使信息成为房地产经纪人的知识财富并转化为实际经营能力。这已成为各房产经纪机构及执业人员提高其竞争能力的有效途径。

房地产信息传播的方式与渠道有多种，对于新建商品房销售代理信息的传播一般采用派发单张宣传页、楼书以及楼盘现场、样板房展示、各种媒体宣传等。存量房买卖及租赁代理、居间信息的传播主要通过报纸广告、房展会、门店、中介公司的网站、亲友的介绍等方式。

二、房源与客源的开拓

在房地产经纪业务中，房地产供需双方的存在是形成交易以及为此而提供中介经纪服务的前提，以房地产经纪人的角色，将支持房地产经纪业务存在的、对房地产有供需要求的双方，分别称之为"房源"和"客源"。房源和客源都是房地产经纪人及经纪机构开展业务的资源，他们互为条件、互为目标。拥有房源和客源数量越多、类型越多的经纪机构在市场中的竞争实力和地位也就越高。只有不断地搜集、积累和利用更多的房源与客源信息，才能取得更好的经纪业绩；只有不断地挖掘房源与客源，开拓客户，才能创造出更多的成交机会。

(1) 关于房源

在房地产经纪业务中，一般将拥有房地产并想要转让的一方称为房源，这是房地产经纪业务开展的供方，包括业主（或委托人）以及委托（或预委托）出售或出租的房地产。

对房源开拓的渠道主要分为大业主和小业主两种。对于小业主一般通过报纸广告、路牌广告、派发宣传单、电话访问、互联网、直接接触等方式；大业主主要是指房地产开发商、房地产相关行业、大型企事业单位、资产管理公司、银行等，一般主要是通过主动接触、专人（或专门工作小组）洽谈的方式进行。

（2）关于客源

在房地产经纪业务中，将对房地产有需求的一方称为客源，也就是房地产经纪业务开展的需方，包括一切对购买或租赁房地产有现实需求或潜在需求的客户。

对客源开拓的渠道主要是通过广告（包括报纸、电视、网络、宣传单张、广播等各种媒体）、会员俱乐部、讲座等方式，通过有效的市场营销手段，建立良好的社会形象和更多长期和较为稳定的客户关系。

三、业务洽谈

房地产经纪人的业务洽谈根据业务受理的情况可以分为两个层次。

第一个层次，咨询洽谈。这一环节的重点是咨询和介绍，在客户尚未确定是否与经纪机构之间产生委托与被委托关系之前，经纪人所进行的业务洽谈只能属于咨询洽谈，虽然不是合同谈判但对业务的达成所起到的作用是相当重要的。在这一环节中，房地产经纪人的专业水准与业务能力在很大程度上会决定业务是否继续。

第二个层次，业务洽谈。当委托人已有初步委托意向时，房地产经纪机构就要派出专门的经纪人员与其进行业务洽谈。首先，业务洽谈的关键是要仔细倾听客户陈述，以充分了解委托人的意图与要求，衡量自身接受委托、完成任务的能力；其次，应通过查验有关证件如身份证、公司营业执照、产权证、土地使用证、新建工程规划许可证以及施工许可证等来了解委托人的主体资格、生产经营状况及信誉；第三，要向客户告知自己及房地产经纪机构的姓名、名称、资格以及按房地产经纪执业规范必须告知的所有事项；第四，与客户进行协商经纪方式、佣金标准、服务标准以及拟采用的经纪合同类型及文本等关键事项，达成委托意向。

四、物业查验

在房地产经纪活动中，交易活动存在的实质是有真实而可靠的房地产——物业的存在，因此，无论是存量房交易还是新建商品房的交易，无论是买卖交易还是租赁交易，房地产经纪人都必须以严格而专业的态度和程序查验物业，在此基础上接受委托，以此作为进一步交易的资源。

(1) 物业查验的主要内容

① 物业的实物状况

对于即将交易的物业实物的现状以及历史的建筑结构等状况进行检查，包括物业所处地块的具体位置和形状、朝向、楼层、房屋建筑的结构、设备、装修情况、房屋建筑的成新度等。

② 物业的权属情况

对物业权属情况的查验主要是通过各类产权文件进行必要的检查和了解相关事实，包括物业权属的类别与范围。

物业权属的真实性与可靠性，是决定交易是否能够进行的前提。对于权属有争议的物业、或未取得房地产权证、或房屋被司法或行政部门依法限制和查封等各种原因而造成房地产产权不完整的，都不得转让出租、抵押，因而涉及此类物业的经纪业务不能成立。这也是房地产经纪活动中的主要风险之一。

另外，房地产其他权利设定情况，即有无设定抵押权、租赁权；如果有，权利人是谁，期限如何确定，这些情况，都将对标的物业交易的难易，以及价格、手续等方面产生很大的影响，必须在事先搞清楚。

③ 物业的环境状况。物业的环境状况是人们购置物业时考虑的重要因素，这里所涉及的环境主要是指自然环境或称为物质环境，包括：标的物业相邻的物业类型、周边的交通、绿地、生活设施、自然景观、污染情况等。这些环境状况将人们所关注的物业的最基本的条件（如：位置、地段、朝向等）具体化。

(2) 物业查验的基本途径

房地产经纪人查验物业实际上就是一个对物业进行调查和验收的过程，其中包括两个方面：一方面是对物业"身份"的查验，即对该物业所涉及的证明其合法、安全存在的相关法律文件的查验；另一方面是对物业实地的查勘，通过物业现场的实地察看、了解，全面掌握与收受委托物业的真实状况，包括对相关人员的调研和了解。实际操作中，这两个方面是缺一不可，相辅相成的。

五、签订房地产经纪合同

接受委托人委托，应签订委托合同（委托协议），委托合同也称经纪合同，具体形式应根据业务类型的不同而异，如居间业务应签房地产居间合同，代理业务应签房地产代理合同。委托合同的当事人双方既可以都是自然人或法人，也可以一方是自然人另一方是法人。自然人必须具有完全民事行为能力。作为委托人的自然人或法人对委托事务必须具备相应的权利能力，即只有委托人依法有权进行的事务才可委托他人办理，否则委托合同无效。

房地产经纪合同详细内容、格式案例及形式见第二章。

六、引领看房

由于房地产的不可移动性，决定了在各类房地产交易活动过程中必然存在着"现场看房"的环节。无论作为买方代理，还是卖方代理，或是从事居间业务，房地产经纪人都有义务引领买方（承租方）或有真实意向的委托方全面了解、查看标的物业的实际现状，包括：房屋建筑物的结构、设备、装修等实体状况和物业的使用状况、环境状况等，并充分告知与该物业相关的一切有利或不利的因素。

七、代理或协助交易及相关事宜

无论是哪一种经纪行为，最终都是为了促成交易，因此这一环节是整个业务流程中的目标。房地产经纪人在这一环节中的主要工作有以下三个方面。

（1）协调交易价格

通常情况下，交易双方总是各自站在自己的立场上来判断房地产价格。因此，常常不能或是很不容易就成交价格达成一致意见。这就需要房地产经纪人以专业的身份和经验来协调双方的认识。一般而言，房地产经纪人应以标的物业的客观市场价值为基准来协调交易双方，必要时还应取得房地产评估（机构）的协助。

（2）代理或协助签订交易合同

签订交易合同是成交的标志。房地产经纪人可代理或协助委托方与交易对象签订房地产交易合同。由于房地产交易合同是比较复杂的经济合同，客户因受自身知识、经验的局限，常常不能或很难把握合同的细节。因此房地产经纪人应在掌握合同细节内容的基础上协助、提醒客户应注意的细节和不容忽视的方面，必要时，应建议客户委托律师协助进行合同的签订。

（3）代理或协助办理产权过户

房地产买卖交易的最终目标和形式就是产权的让渡过户。房地产经纪人在促进交易达成之后，面临的就是委托交易双方对所交易物业及其产权的转移，大多数情况下，由于产权交易过户登记的专业性和特定性，决定了委托人会要求经纪人协助或代理完成这一环节。

八、物业交验

物业交验是房地产交易过程中最容易暴露问题和产生矛盾的一环。房地产经纪人应在交易合同所约定的交房日之前,先向卖方(出租方)确认交房时间,然后书面通知买方(承租方)。由于房地产是权益复杂的商品,其功能和价值受多种内部及外部因素的影响。一份周全的交易合同,通常已对这些因素作了界定。物业交接时买方就要校对物业实际情况是否与合同规定相符,如设备、装修的规格、质量等。这时房地产经纪人必须充分发挥自己的专业知识和经验,协助买方客户进行校对。即使委托方是卖方,房地产经纪人也应该这样做。因为这是避免日后纠纷的重要手段。

此外,由于物业交接与签订成交合同之间常常有一个时间过程,难免一些因素会在其间发生变动,因此如何就这些变动达成解决方案也是避免纠纷的重要环节。有时,一份不够周全的交易合同,也会在物业交验时引起双方的争议。此时,房地产经纪人更应运用自己的市场经验,发挥良好的沟通、协调能力,在交易双方之间进行斡旋,促成调解方案。

九、佣金结算

佣金,是房地产经纪人为委托方提供中介经纪服务的报酬,同时也是对经纪服务过程所发生的各项成本与费用的结算和补偿。佣金的金额和结算方式一般是在签订经纪服务委托合同时约定,在房地产交易完成后支付。我国《合同法》第426条规定:"居间人促成合同成立的,委托人应当按照约定支付报酬……因居间人提供订立合同的媒介服务而促成合同成立的,由该合同的当事人平均负担居间人的报酬。居间人促成合同成立的,居间活动的费用,由居间人负担。"

房地产经纪人的佣金根据业务内容和深度的不同有多种结算方式。如房屋买卖居间一般以房屋的成交价按比例提取,而房屋租赁居间可以以年租金按比例提取,商业习惯中也有的是提取相当于一个月的租金作为佣金。佣金结算的方法主要有以下三种:

① 在成交前提取佣金。这种情况不太多。这种佣金相当于信息咨询费,每笔佣金的数量也不大。一般的做法是经纪人可以要求委托人预付部分佣金或提供保证金,其余的在成交后支付。

② 在买卖双方成交后提取佣金。这是一种较普遍的方式。在这种情况下提取佣金,对经纪人来说风险较大。因此,经纪人应该与委托人事先签订书面的居间

合同。

③ 根据口头协议在成交后提取佣金。这种方式是业余经纪人常采用的方式。这种做法虽然简便，但风险大，经纪人容易被抛弃。经纪人得到佣金后，一项经纪活动随之结束。

十、售后服务

售后服务是房地产经纪人和经纪机构提高服务质量，稳定客户关系的重要环节。房地产经纪业务的售后服务的内容根据其服务性的特点可以包括3个主要方面：第一是延伸服务，如作为买方代理时为买方进一步提供装修、家具配置、搬家等服务；第二是改进服务，即了解客户对本次交易的满意程度，对客户感到不满意的环节进行必要的补救；第三是跟踪服务，即了解客户是否有新的需求意向，并提供针对性的服务。如买了二室户住房的客户，一段时间后又要买更大的住房等。这样做，既能为客户提供最大的便利，也有助于今后业务的进一步开拓。

第三节　主要房地产经纪业务类型及其重要环节

一、房地产居间业务

1. 房地产居间的一般概念

居间，顾名思义是处在双方之间。房地产居间是指房地产经纪人作为中介人为委托方报告房地产成交机会或撮合委托方与他方成交，委托方给付一定报酬的商业服务活动。在房地产居间活动中，一方当事人为居间人（中介人），即房地产经纪人，另一方为委托人，即与居间人签订居间合同的当事人。相对人为委托人的交易方。委托人支付给中介人的报酬称为佣金。

中介活动作为一种商业行为与通常的交易行为的最主要的区别是中介人并不占有交易对象。中介人从事的是一种商业服务行为，他以获取佣金为目的。从广义上说，代理也是一种中介服务活动，但经纪人作为代理人时其所处的地位已不再是中立的了，他必须是以被代理人的名义而且是在被代理人授权范围内从事活动，代理活动所产生的法律后果也由被代理人承担。而居间活动中，居间人（中介人）是以自己的名义从事活动，而且经纪人是根据自己所掌握的信息、资料等独立地作出意思表示。居间人对自己所从事的活动承担法律后果，若委托人与相对人交易成功则

提取佣金,交易不成则徒劳无益。因此,居间是最典型的一种中介活动。

行纪与居间活动的相同之处是在行纪活动中,受托人也是以自己的名义为委托人从事商业活动。行纪与居间所不同的是,在行纪活动中,受托人只能以自己的名义进行活动,而且受托人要与相对第三人发生业务关系,其产生的后果由受托人自己承担(这也是行纪与代理的主要区别)。而居间人只与委托人确立合同关系,与相对第三人有业务上的接洽,但不一定产生法律关系。当然,有时经纪人也可能同时接受相对人的委托,确立合同关系,即成为交易双方的委托人。这样,在一宗居间业务中就存在两个居间合同。但是,居间合同的标的与行纪活动中受托人与第三方业务合同,如拍卖合同等是不同的。拍卖合同中的标的是所拍卖的物品,而居间合同中的标的则是劳务,即居间活动。从居间活动与行纪活动的主体来分析,居间活动中的居间人既可以是个体经纪人,也可以是经纪人事务所或经纪公司,而行纪活动中的受托人通常为从事信托业务的企业法人,如信托商店、拍卖行或拍卖公司等。国家对从事行纪业务的主体资格要求更加严格。

2. 房地产居间活动的特征

① 房地产经纪人只以自己的名义替交易双方媒介交易,并不具体代表其中任何一方。因此,居间人没有代为订立合同的权利。如果经纪人代理委托人签订合同,这时经纪人的身份就不是中介人,而是代理人的身份了。代理人与相对人签订合同只能以被代理人的名义,而不能以代理人自己的名义签订。经纪人在居间活动中的法律地位与在代理中的法律地位是不一样的。

② 房地产居间业务范围广。房地产居间业务可以包括房屋买卖居间、房屋租赁居间、房屋置换居间、土地使用权转让居间等。

③ 房地产经纪人介入交易双方的交易活动程度较浅。居间人只是向委托人报告成交机会或撮合双方成交,起到穿针引线、牵线搭桥的作用,其服务内容较为简单,参与双方交易过程的时间也比较短。

④ 房地产居间是一种有偿的商业服务行为。任何一种居间行为都是有偿的,只要经纪人完成了约定的居间活动,促使交易双方成交,经纪人就有权收取佣金。由于房地产的价值大,因此,佣金收入也较高。

⑤ 房地产居间活动要求经纪人具有一定的房地产专业知识。房地产是一种特殊的商品,交易双方投入的资金比较大,当事人对这种不动产的交易行为都比较慎重。正是因为当事人自己对房地产缺乏专业知识,才更需要经纪人介入交易。而且,由于房地产的不可移动性,房地产市场的地域性尤为突出,其价格的复杂性不是普通居民所能熟悉的。

3. 房地产居间业务的基本流程

(1) 搜集、整理、传播信息

房地产居间业务的工作内容主要就是围绕着信息的搜集、整理、传播进行,相关内容如前所述。

(2) 寻找客户

经纪人是买卖双方的中介,没有客户就无所谓经纪。寻找客户是经纪人达成交易的关键,经纪人必须遵循"客户至上"的原则,自己想方设法寻找客户。当然,一些信誉好的经纪人事务所、经纪公司也会有客户找上门来。这是客户来源之一,而且是被动的。经纪人必须培养主动寻找客户的能力。

寻找客户和搜集信息既有相同之处,又有不同之处。搜集信息包括搜集供给信息和用户需求信息,这本身包括寻找客户的内容。但寻找客户针对性更强,时间更紧迫。所谓针对性更强,就是以特定的信息只能寻找相对的客户。如有些高档别墅只能适合某一层次的消费者,而且客源较少,不主动出击就会失去机会。时间更紧迫,就是说"时间就是金钱"。事实上,时间是金钱,但时间也是风险。一桩生意可能因为耽误一天甚至几个小时,就被别人抢先了,或由买卖双方自己做了。这时,经纪人辛苦搜集到的信息就失去了价值。

(3) 签订居间服务协议

为规范房地产经纪行为,提高房地产经纪服务质量,保障房地产经纪活动当事人的合法权益,维护房地产市场秩序,促进房地产经纪行业持续健康发展,房地产估价师与房地产经纪人学会制定了《房地产经纪执业规则》和《房地产经纪业务合同推荐文本》。房地产经纪机构、注册房地产经纪人应严格遵守、自觉执行《房地产经纪执业规则》,使用《房地产经纪业务合同推荐文本》。在房地产买卖、租赁居间服务协议的签订中通过提供优质的专业服务,让委托人了解和掌握签订房地产经纪业务推荐合同的基本原则和要求,规范合同当事人的行为。委托人选用《房地产经纪业务合同推荐文本》的,房地产经纪机构不得拒绝。

(4) 撮合成交

经纪人在找到买卖双方后,接着就是促成买卖双方签订成交合同。经纪人撮合成交的过程因经纪活动的情况各异而有所不同。

① 经纪人作为中介人不参与成交谈判和合同的签订。经纪人完成牵线搭桥的任务,把买卖双方拉到一起后,经纪活动就已完成。在这种情况下,经纪人促成双方成交的工作要在买卖双方见面前完成。经纪人要把买卖双方需求的详细情况分别告知对方,等到双方基本上取得一致,只剩下签合同的具体工作时,经纪人才让双方

见面。这样,就增大了成交的把握,也让客户感到经纪人确实做了许多工作,认为付给经纪人佣金是应该的,从而减少被客户抛弃的风险。为减少被抛弃的风险,双方首次见面的时间、地点最好由经纪人协助确定。

② 经纪人作为中介人参与合同签订的全过程。在这种情形下,经纪人除了要为双方签订合同提供具体的信息资料外,还要在双方有分歧时做一定的协调工作,直到双方签约成交才能提取佣金。应当指出的是经纪人在整个经纪活动中的法律地位既不是任何一方的代理人,也不是任何一方的保证人,其身份仍然是中介人。即使经纪人在合同上签字,其身份的性质并未改变。经纪人对其签字只承担见证责任。

(5) 提取佣金

佣金的提取方式与额度的计算办法应在服务协议中事先明确,待居间业务达成时支付结算。

二、房地产代理业务

1. 代理的含义

(1) 代理的概念

代理是代理人在代理权限内,以被代理人的名义独立地与第三人(又称相对人)实施民事行为,所产生的法律后果直接归属于被代理人的民事法律制度。代理关系涉及三方当事人:被代理人、代理人、代理行为的相对人。代理制度的设立,使得公民或法人代表在不能亲自从事某些民事活动的情况下,可以通过授权或法律的直接规定,由代理人代为行使权利,而直接承担代理行为的法律后果。代理制度的作用就在于通过授权或法律的直接规定大大扩大了人们参与民事活动的范围。

(2) 代理的特征

① 代理人以被代理人的名义进行代理行为。

② 代理人在代理权限范围内独立进行代理行为。

③ 代理人进行的民事活动的法律后果归属于被代理人。

(3) 代理的种类

根据代理权发生原因的不同,代理可分为委托代理、法定代理和指定代理。

① 委托代理。委托代理是基于被代理人的授权而发生的代理。这是代理中最常见、应用最广泛的一种形式。

② 法定代理。法定代理是指由法律规定而直接产生的代理。在法定代理中,代理关系的产生并不需要任何人的授权,代理权是基于法律的直接规定。法定代理制

度的设立是为了保护特定民事主体的利益,同时也是为保证交易的安全。法定代理主要是为无行为能力人和限制行为能力人设定的。《民法通则》规定,无民事行为能力人、限制行为能力人的监护人是他们的法定代理人。

③ 指定代理。指定代理是指由人民法院或者有关机关的指定而产生的代理。在代理人不明、代理人有正当理由无法行使代理权、代理人互相争夺或推诿代理权时,适用指定代理,由人民法院或对被代理人的合法利益负有保护的法定义务的单位指定代理人。

2. 房地产代理业务的形式

由于房地产的价格确定机制及交易程序都比较复杂,而且房地产又具有不可移动的特点,因此,房地产交易中广泛采用代理这种形式。房地产经纪人介入房地产交易的深度和广度与商业社会的发展程度成正比。在国外,房地产的买卖、租赁、税费的缴纳、权证的登记过户等都可以委托房地产经纪人办理。美国的房地产开发商其产品大都愿意委托经纪人销售,其代理方式有一般代理、总代理、独家代理、包销包租代理、保证酬金代理、联网经销代理和净代理等。下面对几种比较典型的代理形式作一些介绍。

(1) 一般代理

一般代理,也叫开放性代理。这种代理形式业主可以同时雇佣多个经纪人,每个经纪人都有机会卖出该物业,并获得佣金,但是,该佣金只属于成功找到买主,并使买卖双方签订合同的人。这种代理往往没有明确的雇佣期限,卖方有权随时终止他和经纪人的委托关系,由自己出售该物业而不付佣金。

(2) 总代理

总代理,也叫排他性代理。这种代理形式业主通常只与一个经纪人确定代理关系,但是,在这种代理形式下,业主仍然有权在合同期满之前,自己卖出该物业而不付佣金。总代理这种形式比一般代理对经纪人更为有利,因为它可以防止新的经纪人将原来的经纪人取而代之。如果新的经纪人有有意购买该物业的顾客,新的经纪人只能与总代理人联系,经许可后与总代理人一起工作。

(3) 独家代理

独家代理是在美国应用最广泛的一种代理形式。这种代理形式规定只有合同确定的经纪人才有权出售该物业,其他任何人包括业主都不能超越该经纪人的权力。若该物业被其他人包括业主自己卖出,仍然只有独家代理人有权获得该佣金。也就是说,业主不能因为自己出售该物业而拒绝付佣金给独家代理人。这种代理表明业主对该经纪人充满信心,放手委托经纪人全权处理该物业的销售。经纪人则会尽最大努力,在尽可能短的时间内将该物业卖掉。因此,这种代理对委托人与经纪人双方都是最有利的。

(4) 差额佣金代理

差额佣金代理,允许经纪人获得的佣金为该房产的实际卖价与业主期望的卖价之间的差额。与其他代理形式所不同的是,几乎所有的佣金都是按房产的实际卖价的某个百分比来提取的。这种代理形式应用并不广泛,因为业主感到不公平,认为经纪人可能会将该房产压到最低价而获取暴利。这种代理形式在委托合同签订时不能确定佣金的数量,成交后,业主都往往觉得他们得到的太少,而经纪人的佣金太多。

(5) 选择性代理形式

选择性代理形式,也称包销包租代理。这种代理形式使得经纪人可以自己买入该物业或者让顾客买入该物业。经纪人可以自己先从业主手中将该物业买入,过一段时间再转卖给别的买主;经纪人也可以让买主把该物业买下来,并向其保证,过一段时间再帮他转卖给别人或出租给别人。这种代理形式比较适合于具有投资意向的买主。对买主来说,这种投资形式风险较小,买主在一定时间内就能转手出让得到回报或得到稳定的租金收入。

(6) 信息联网委托代理

信息联网委托代理,就是组织愿意委托某经纪人销售的开发商组成商品房促销群体——促销信息网,并与参与代理的经纪人进行联网,收益共享,通过网员单位与代理商的信息交流,加速促销渠道的流通。

(7) 风险包销代理

所谓风险包销代理,就是保证在一定的时间内,销售一定的数量。如果在规定的时间内销不到规定的数量或有剩余,则风险包销就转化为购买。这种代理形式只规定在一定时间内包销的数量而不包底价。由于这种代理形式风险大,因此,中介费提取的比例也大些。

3. 房地产代理业务的基本流程

房地产代理的形式虽然较多,从其实质上而言,主要是确定了经纪人作为代理商与开发商或业主的权利义务关系。而房地产代理作为一种中介活动自身有其规律。房屋买卖代理业务是房地产代理业务中最为广泛的,下面以房屋买卖代理业务为例,介绍代理业务一般的操作步骤:

(1) 确定委托代理关系

房地产经纪人与开发商或业主通过签订委托合同,得到开发商的授权委托,取得代理商的身份,并在委托合同中明确代理方式、中介费用的支取方式及其比例等。经纪人在接受委托时应审查开发商有无《商品房销售许可证》,涉外销售的,还应有《涉外销售许可证》。对二级市场上委托出售的房屋应审查有无《房屋所有权证》和《土地使用权证》。如果不具备这些合法权证,该房销售前景再好,中介利润再大,都不能接受委托,以免引起纠纷。

（2）进行市场销售的可行性论证

经纪人取得代理商身份后,就应着手进行市场销售前景的分析、论证。对房地产这种特殊商品来说,其所处的地理位置是至关重要的。当然,房屋的价格及其建筑风格、品位也决定了其消费对象和消费层次。因此,对代理项目应从其所处的区域、地段、投资结构、平面布局、小区环境以及开发商或业主的报价等方面进行市场可行性论证,把握市场的消费层次及其特点。

（3）制订促销计划

代理商在进行了可行性论证的基础上,针对确定的消费层次设计促销广告、制作售楼书、楼盘模型,并确定房屋的基价、层次价、朝向价。

（4）与客户接洽、谈判、签约

① 接受客户的咨询,介绍所代理物业。客户购置房产都比较慎重,又由于对房地产市场行情及房屋的建筑性质缺乏了解,因此,客户都要"货比三家",所要咨询的内容较多。代理商应着重介绍以下几方面,首先是要了解客户所需要的房产性质及类型,是住宅还是商业用房,房型及层次、地段等。然后,代理商就应针对客户的需求有选择地向客户推荐自己所代理的物业。代理商的介绍除了要让客户了解物业的面积大小、平面布置、层次、朝向、价格及物业管理情况外,还应介绍该物业的建筑性质是砖混结构、砖木结构还是钢混结构或浇注式框架结构等。通常,代理商都应备有售楼说明书、房屋价目表等供客户查阅、询问。

② 与客户签订《购房意向书》或《购房委托书》。客户如有购房意向,首先应要求其与代理商签订《购房意向书》或与经纪人确定委托代理关系,签订《购房委托书》,然后可以带客户去现场看房。《购房委托书》的签订意味着客户承认了经纪人的代理身份且代理商接受了客户的委托,这是代理中介活动具有实质意义的关键一步。

③ 现场看房。在客户已有明确的购房意向后,就可以带客户到现场看房。看房时,代理人可以要求客户在售楼现场进行看房登记。然后,由代理人带客户进入现场看房。客户也可以自己直接去现场看房,也应在售楼现场登记并支付一定的看房费或钥匙押金。进行看房登记,一方面便于代理人统计客户对各类房屋的需求情

况，另一方面也可以让业主了解物业的销售情况，为以后支付代理费提供依据。

④ 签约、付款。在客户正式选中房后，就应该要求客户签订购房协议。代理人代表业主签订售房协议必须要有业主的《授权委托书》。代理人在与客户签约时也应要求客户出示本人身份证。合同签订后，在买主付清房款后双方应到房地产交易市场及产权监理处办理登记过户手续。

4. 代理费的取得

(1) 代理费的收取

房地产代理商的代理费应当向委托人（业主）收取而不能向交易相对人即第三方收取。目前，代理业务较难开展或者说客户不太愿意找代理商买房其中原因之一就是客户误认为代理商收取的代理费是要由客户来承担的，找代理商实际上是多了一道收费环节。因此，代理商在与客户签约之时就应向其说明，以消除其误解。

(2) 收费标准

目前，国家对房地产代理业务的收费标准的规范性文件是国家计划委员会和建设部于1995年7月17日联合发布的《关于房地产中介服务收费的通知》（计价格〔1995〕第971号）。该文件所规定的收费标准对各地的房地产代理商的收费具有指导作用。其中规定：

① 房屋租赁代理收费，无论成交的租赁期限长短，均按半月至一月成交租金额标准，由双方协商议定一次性计收。

② 房屋买卖代理业务收费，按成交价格总额的0.5%～2.5%计收。由于房地产的成交金额大，在实际操作中房屋买卖代理收费可按成交价总额分档累进递减计收。

③ 实行独家代理的，收费标准由委托方与房地产中介机构协商，可适当提高，但最高不超过成交价的3%。

三、存量房买卖、租赁经纪业务

存量房一般是二手房，也称为二手楼，是相对于增量房而言的，增量房是指新建商品房，也称一手楼。对存量房买卖、租赁的代理和居间业务是房地产经纪活动中最主要的和常规项的业务形式，在上述一般交易流程的基础上，存量房相关业务的流程依据其特点主要分为以下几个阶段：信息搜集、顾客接待、签订委托协议、信息配对、客户看房、议价或撮合、签订买卖或租赁合同、后续相关服务、物业交验等。

1. 信息搜集

如前所述，信息搜集是房地产经纪人开展业务的起点。进行存量房买卖代理和居间服务要特别注意信息的时效性和真实性、可靠性。工作中要将搜集到的信息进行严格核实、检测、筛选，去伪存真，以保证信息的准确性；要明确信息搜集的目标，以实现信息满足业务的针对性。

存量房信息的搜集一般有以下几种渠道：

① 门店信息搜集。房地产中介经纪机构固定的门店即经营场所，是经纪人取得信息的重要而稳定的渠道。房地产经纪人在日常的经营活动中，通过门店揽客及不断的接待顾客，可以搜集和积累到相当丰富的市场信息和可供交易的资源。

② 报刊资料信息搜集。各类报刊资料中包含有丰富的信息资源。除专业的房地产报刊外，其他一些房地产相关书籍资料也有这方面的信息。

③ 房地产开发企业内部信息搜集。经纪人应与开发企业建立良好的合作关系，对于在一手楼市场未完成销售的新建商品房的代理，也是存量房房源的重要渠道。

④ 网络信息搜集。房地产经纪机构可以通过建立自己的网站或通过定期交纳一定的费用加入信息网络组织，进行信息的搜集与传播，这种网络交流与传播的方式是现代传播手段对具有不动产性质的房地产交易局限性的巨大贡献。通过网络组织成员之间的相互交流，或者通过网络成员之间提供刊物和联机服务、咨询能获得大量信息。

⑤ 房地产交易市场、房交会等场所的信息搜集。房地产经纪人或经纪机构通过有形的房地产交易市场、房交会、项目推介会等进行房地产经纪信息的搜集是一种效率较高的渠道，加入交易市场和房交会、推介会的顾客，在很大程度上都有着一定对房地产交易的愿望和潜在需求。同时，房地产交易必须到房地产市场办理评估、交费、纳税、登记等有关手续，在这样的集中性交易场中汇集了买卖双方的人流，自然也就汇集着大量的供求信息。

2. 顾客接待

顾客接待，应秉持诚实、守信的原则，作为服务人员的房地产经纪人要努力提高自身的专业素养，国际上通行的服务业的5S是房地产经纪人所必备的素质，即：快速(Speed)、微笑(Smile)、真诚(Sincerity)、机敏(Smart)、研学(Study)。

（1）房地产经纪服务的5S

以快速、微笑、真诚、机敏、研学的态度和方式接待顾客，既是房地产经纪人在接待顾客时的技巧，更是房地产经纪人提供中介服务的基本功能和要求。

① 快速(Speed)

在今天"准时化生产方式"的世界里，具有快速响应客户需求的能力是非常重要的。顾客不仅需要更快速的得到服务，还要求能够柔性地、及时地解决他们的问题。换句话说，提供房地产中介服务的经纪人要学会用更短的时间准确、及时地解答客户的问题和提供客户需要的服务。在这种背景下，快速、敏捷是关键，快速接听电话、及时通知变化事项、准时参加约会、交款等待与办理相关手续的配合等，均应做到在需要的时间和地点提供必要的和质量完美的服务。

② 微笑(Smile)

职业的微笑是健康的、体贴的，表现出心灵上的理解和宽容。

③ 真诚(Sincerity)

诚实、真挚是服务之本，既要真诚地努力，也要让客户感受到你的真诚与努力。

④ 机敏(Smart)

机智、敏捷、漂亮的客户接待方式源自充分的准备和对服务内容与对象的认识，一切应付都不可能实质性地解决客户的问题，甚至还会给公司或本人带来纠纷和损失。

⑤ 研学(Study)

房地产经纪人需要经常不断地研究学习房地产市场变化、客户心理和接待的技术，以便更好地作出判断和提高业务的成交率。

(2) 顾客接待的方法——顾问式服务法

顾问式服务法是房地产经纪人提供中介经纪服务常用的、较为适当的方法与手段。

① 符合客户心理的应对法

房地产经纪活动中的客户服务就是帮助客户完成选择和交易的过程。因此，重要的一点是要能够迅速地对客户的心理作出准确的判断，并用适合对方的方法提供服务。

② 提供实际的房地产知识作为借鉴

由于房地产商品的特殊性和专业性，使参与交易的客户不可能都十分清楚房地产的基础知识，特别是产权交易中的程序性知识和日常生活中房屋使用的知识。因此，经纪人应做恰当和必要的解说和介绍。

③ 信心十足地推介

信心十足的前提是对推介房屋的充分了解，带客户看房之前应做到自己心中有数。否则，既是对客户的不负责任，也容易使自己陷入被动的境地，以至于失去客户的信赖。

④ 以体验性的方式说服顾客

对于具有体验性的知识或是常识,不但可以清楚地了解被交易房屋的优缺点,更能与客户形成较好的默契与沟通,为客户提供确切的情报和信息,更容易说服顾客实现交易。这种体验甚至可以通过与客户的及时交流得到。

3. 签订委托协议(买卖、租赁)

中国房地产估价师与房地产经纪人学会于2006年发布了一套《房地产经纪业务推荐文本》,包括:房地产买卖经纪合同(房屋出售委托协议、房屋承购委托协议);房地产租赁经纪合同(房屋出租委托协议、房屋承租委托协议)。签订协议注意事项及相关详细内容见第二章。

4. 信息配对

经纪人是房地产交易双方的媒介,没有客户就无所谓经纪。因此,房地产经纪人将搜集到的信息在整理之后,接下来的主要活动就是将信息归类、配对。

信息配对是信息整理工作的继续,也是房地产经纪业务的必要环节,与信息搜集不同的是,信息搜集是广泛的,而信息配对是具有针对性的,是对已委托客户信息目标的配对找寻,因此,信息配对过程对寻找目标客户的针对性更强,时间更紧迫。所谓针对性更强,就是以特定的信息只能寻找相对的客户。如有些高档别墅只能适合某一层次的消费者,而且客源较少,不主动出击就会失去机会。时间更紧迫,就是说"时间就是金钱"。事实上,时间就是效益,但时间也是风险。

信息配对可以从以下几方面入手:

① 确定客户的范围,挑选出一批客户候选人。从市场的细分情况可以排列出一批潜在客户,一般从以下两方面来分析:一是从房屋的性质来划分是商品房还是公房,是住宅、营业用房还是闲置厂房;从房屋的面积大小来划分是别墅式、三居室、二居室还是一室户;从房屋所处的地理位置来划分是市中心、新城区还是城郊结合部等。二是从买方的经济承受能力或卖方的供楼能力来划分,如买方是外商、外企职员、工薪阶层还是打工族,卖方是开发商还是居民个人,出租方出租的是私房还是公房使用权的转让;从房屋的价格或租金水平也可以划分出一批客户候选人,如所需房屋是全装修、简单装修或是简易房屋。经纪人在自己贮存的信息资料中挑选出一批可能成为客户的候选人。对客户候选人要按可能性大小,依顺序落实。

② 与客户候选人联系,确定现实的买主或卖主。客户候选人只是潜在的客户,要使潜在的客户变成现实的客户,还要做大量的工作。这也是寻找客户的过程中最关键的一环。与客户联系的方法可以用电话、信函。如果与客户候选人并不熟悉,经纪人通常需要登门拜访,当面会晤。开拓新客户是一门艺术,有许多技巧需要经

纪人在实践中去摸索。在与客户联系的过程中,有几个原则应当遵守:一是信誉第一,二是真诚服务,三是耐心细致。信誉是经纪人得以生存和发展的根本。由于几千年来,社会对经纪人一直有偏见,加上前些年经济秩序比较混乱,交易行为不规范,人们对经纪人有防范心理。因此,经纪人更应该以信誉立足社会,用真诚感动客户,靠耐心细致发现机会,把握住商机。

③ 在竞争中争取更多的客户。在当今竞争激烈的商业社会,必须不断开发新客户才能有生存的空间。要搜集新客户的信息,可以采取以下几种方法:一是直接拜访法,先以电话或信函联系,然后登门拜访。二是缘故法,即通过亲戚、朋友、同学等介绍,然后再按计划去拜访。由于熟人介绍容易取得信任,此法效果颇佳。三是其他方法。通过扩大自己的交际圈,如参加各种俱乐部、社会团体、同乡会、同学会、行业协会等,以增进人际交往。在当今信息时代,广泛的社会关系,良好的人缘对经纪人而言就是一种无形资产。俗话说"多一个朋友多一条路",这句话对经纪人来说就是多一个朋友就多一个信息的来源渠道。

5. 客户看房(约看和实地查看)

存量房一般具有一定时间的使用历史,房屋建筑物多少会存在一些原产权人的使用烙印。房地产经纪人在实施约看以及实地看房的过程中,既要从土地、房屋等房地产物质组成和产权状态的角度做好相应的准备,同时也要充分考虑买卖或租赁双方对成交的意愿和期待。因此,在引领客户看房的环节,要注意房地产交易客体和房地产交易主体两个方面。

(1) 房地产交易客体方面

针对房地产交易客体方面,要充分考虑和准备房地产买卖或租赁标的物在以下四个方面的资料和信息:①交易标的物所在区域的土地(建筑地块)的区位、地段、地形、环境、交通等相关生活条件等实物状况;②交易标的物——房屋建筑物的房屋建筑地基、房屋建筑材料、房屋内设施以及房屋外部环境等实物状况;③交易标的物权属状况;④交易标的物的展示,经纪人应指导和提醒原产权人在房屋展示方面创造有利的成交条件,物业本身的状况是影响交易的重要因素,因此,房屋展示是影响经纪业务成交十分重要的因素。

(2) 房地产交易主体方面

房地产买卖或租赁交易双方当事人的资格、意愿、需求、能力决定着交易过程和交易结果,因此房地产经纪人应事先充分了解双方的具体情况,并在引领客户看房时,适时的结合房地产状况引导双方的交流。

具体内容参见第三章房地产实地看房。

6. 议价或撮合

(1) 代客议价

房地产经纪人代客户议价,要做到了解和把握客户需求,因势利导促进成交,这是中介经纪重要的功能和作用之一。

① 需求调查。需求调查是议价的基础,通过询问和介绍、推荐、交流、沟通,循序渐进地了解客户需求,这是房地产经纪人进行客户调查的一部分。

② 把握客户需求,因势利导促进成交。房地产经纪活动既是一个房地产商品的交易过程,也是一个决策和推动交易的心理活动过程,房地产经纪人所涉及的业务都要经历这样的两个过程。根据美国市场营销学专家罗伯特·阿里恩的观点,从寻找客户到成交后的服务,可将推销过程分为八个阶段,即:寻找客户(准备阶段)、接近客户(开场阶段)、确认需求和问题(探测阶段)、介绍说明(展示阶段)、异议的处理(排除异议阶段)、协商谈判(商谈合同阶段)、促成交易(签约阶段)、售后服务(履约、使客户满意阶段)。对客户而言,以上八个阶段的心理过程表现为:注意、兴趣、联想、欲望、比较、信赖、行动和满足。因此,房地产经纪人应针对这样的过程善意地引导客户行为。

③ 适时采用适当的价格策略。从顾客角度考虑,通常情况下,房地产经纪人在推荐房产时,一般应从低价位的房产开始,以免因不必要的误会和心里感觉而吓跑或赶走了顾客。

(2) 撮合成交

操作与注意事项同"房地产居间业务的基本流程"的相关内容,此处从略。

7. 签订买卖或租赁合同

存量房买卖或租赁交易合同目前没有统一的示范文本,但各个省市地方政府已经制定有存量房的房屋买卖(租赁)合同示范文本。房地产经纪人可根据房地产交易标的物所在地的管理办法,选择合适的合同文本提供给交易双方使用,并在相关方面予以指导和帮助。

8. 后续服务

(1) 代办产权过户与登记

房地产买卖涉及房地产产权的转移,以及他项权利的设立(如抵押、租赁等),而房地产登记是保证这类权利变更有效性的基本手段。大多数情况下,房地产经纪人需代客户办理各类产权登记手续。有时客户要亲自办理这类手续,房地产经纪人也应进行协助,如告知登记部门的工作地点、办公时间及必须准备的材料等。

(2) 费用缴交

房地产交易税费的构成比较复杂,要根据交易房屋的性质而定。比如房改房、拆迁及危改回迁房、经济适用房与其他商品房的税费构成是不一样的。

详细内容见第五章房地产交易税费。

（3）手续代办

对于存量房交易的买卖双方应共同向房地产交易管理部门提出申请,接受审查。买卖双方向房地产管理部门提出申请手续后,管理部门要查验有关证件,审查产权,对符合上市条件的房屋准予办理过户手续,对无产权或部分产权又未得到其他产权共有人书面同意的情况拒绝申请,禁止上市交易。

另外,对贷款的买受人来说在与卖方签订完房屋买卖合同后由买卖双方共同到贷款银行办理贷款手续,银行审核买方的资信,对双方欲交易的房屋进行评估,以确定买方的贷款额度,然后批准买方的贷款,待双方完成产权登记变更,买方领取房屋所有权证后,银行将贷款一次性发放。

9. 物业交验

在存量房居间业务中,标的物业有所有权房也有使用权房。如果是所有权房,要注意其是否为共有房地产。对共有房地产的转让和交易,须得到其他产权共有人的书面同意。如未经其他共有人书面同意,该房地产也不得转让、抵押和租赁,其委托代理的居间业务也不能成立。如果是使用权房,也要注意独用成套房与非独用成套住房的差别,而且各地的有关政策规定不尽相同,如售后公房上市的规定,各地就有一定的差异,房地产经纪人必须及时了解这方面的政策动态。对物业权属所覆盖的空间范围(面积和边界)也要予以确认。

物业交验的主要内容:

① 房屋"身份"的查验。房屋的"身份"主要是通过查阅产权证、售楼说明书、项目批准文件、工程概况等文字性文件资料,了解房屋的结构、层次、面积、房型、价格、绿化面积等。但要注意具有法律效力的文件(如产权证、项目批准文件)与非法律文件(如售楼说明书)的区别,非法律文件只能作为参考,不可作为确认物业的依据。

② 现场实地查看。通过现场实地察看,了解房屋的成新、外形、房屋的质量(如屋顶、楼面、墙面有无渗漏水迹、裂缝,门窗开启是否灵活,上下水道及煤气管道有无渗漏情况等)、房屋的平面布置、公用部位情况、楼宇周围环境、房屋所处地段、交通环境等。

③ 对相关人员的了解。房地产经纪人员可以向已入住的业主了解房屋使用情况,业主往往是房屋质量的第一见证人。如果邻近地区有类似楼盘的话,还应该向邻近楼盘的开发商或代理商了解有关楼盘情况,以比较得出该楼盘与邻近楼盘之间

的区别和特点。

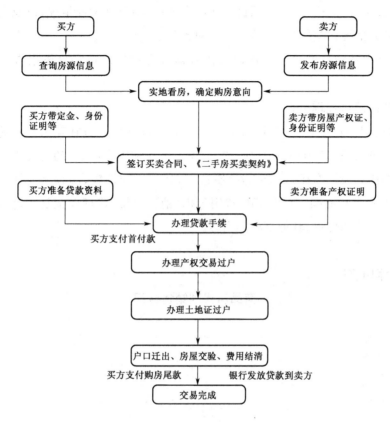

图1-2 存量房(二手房)交易流程示意图

四、新建商品房销售代理业务

新建商品房楼盘的销售,一般有两种销售渠道,一种是房地产开发商自行组织销售,另一种渠道就是开发商委托房地产经纪机构代为销售,这里所讨论和阐述的是第二种情况。房地产经纪机构受房地产开发商的委托,介入房地产项目开发经营管理的全过程,实施销售顾问服务或销售代理服务,提供服务的内容一般包括:项目的市场分析与预测、产品定位与分析、目标客户的选择与定位、营销策略与计划、销售推广与执行计划、广告策划与执行、销售组织及促销活动等。根据项目的业态类型、体量大小,双方会选择不同的代理内容。

单纯的新建商品房销售代理业务一般应包括以下环节。

1. 获取销售代理项目信息

房地产项目信息的内容主要包括:①房地产项目类型业态;②销售代理房地产

项目的规划设计要点；③楼盘平面图、户型图以及房屋分层分户平面图；④公建配套及基础设施条件，周边环境；⑤项目的市场定位；⑥项目开发商情况，以及设计方、施工方、监理方情况；⑦项目所在地区相关的政策法规等。

在了解上述信息的基础上做出具体楼盘代理销售的市场分析报告、营销策划方案。

2. 签订销售代理合同

根据代理销售项目的实际情况，房地产开发商与代理方在互惠互利的基础上，应根据《中华人民共和国民法通则》和《中华人民共和国合同法》的有关规定，经过友好协商，委托方与被委托方（受托方）签订《商品房代理销售合同》，合同内容一般应包括：合作方式和范围、合作期限、费用负担、销售价格、代理佣金及支付、双方的责任、合同的终止和变更、其他事项等内容。

附 1-1：合同范例

商品房代理销售合同

甲方：＿＿＿＿＿＿＿＿＿＿＿＿＿＿＿

　　地址：＿＿＿＿＿＿＿＿＿＿＿＿＿＿＿

　　邮编：＿＿＿＿＿＿＿＿＿＿＿＿＿＿＿

　　电话：＿＿＿＿＿＿＿＿＿＿＿＿＿＿＿

　　法定代表人：＿＿＿＿＿＿＿＿＿＿＿＿

乙方：＿＿＿＿＿＿＿＿＿＿＿＿＿＿＿

　　地址：＿＿＿＿＿＿＿＿＿＿＿＿＿＿＿

　　邮编：＿＿＿＿＿＿＿＿＿＿＿＿＿＿＿

　　电话：＿＿＿＿＿＿＿＿＿＿＿＿＿＿＿

　　法定代表人：＿＿＿＿＿＿＿＿＿＿＿＿

甲、乙双方在互惠互利的基础上，经过友好协商，根据《中华人民共和国民法通则》和《中华人民共和国合同法》的有关规定，就甲方委托乙方独家代理销售甲方开发经营的房产事宜，达成以下协议，并承诺共同遵守。

第一条　合作方式和范围

甲方指定乙方为独家销售代理，销售甲方指定的由甲方在＿＿＿＿＿＿＿＿开发建设的房产（房产具体情况详见本合同的附件），该房产为（别墅、写字楼、公寓、住宅、厂房），销售面积共计＿＿＿＿＿＿＿平方米。

第二条　合作期限

1. 本合同代理期限为 _____ 个月，自 _____ 年 _____ 月 _____ 日至 _____ 年 _____ 月 _____ 日。在本合同到期前的 _____ 天内，如甲、乙双方均未提出反对意见，本合同代理期自动延长 _____ 个月，可循环延期。合同到期后，如甲方或乙方提出终止本合同，则按本合同中合同终止条款处理。

2. 在本合同有效代理期内，除非甲方或乙方违约，双方不得单方面终止本合同。

3. 在本合同有效代理期内，甲方不得指定其他销售代理商。

第三条　费用负担

1. 推广费用由乙方负责。甲方如特别要求制作电视广告、印制单独的宣传材料、售楼书等，该费用则由甲方负责并应在费用发生前一次性到位。

2. 具体销售工作人员的开支及日常支出由乙方负责支付。

第四条　销售价格

1. 销售价目详见本合同的附件。

2. 乙方可视市场销售情况，在甲方确认的销售价目基础上向上灵活浮动，但浮动幅度原则上控制在 _____％内。

3. 甲方同意乙方视市场销售情况，在甲方确认的销售价目基础上向下灵活浮动 _____％内，低于此幅度时应征得甲方的认可。

第五条　代理佣金及支付

1. 乙方的代理佣金为成交额的 _____％。乙方实际销售价格超出本合同规定的销售价目时，超出部分归乙方。

2. 代理佣金由甲方以人民币形式支付。

3. 甲方同意按下列方式支付代理佣金：

甲方在正式销售合同签订并获得首期房款后，乙方对该销售合同中所约定房产的代销即告完成，即可获得本合同所规定的全部代理佣金。甲方在收到首期房款后应不迟于3天将代理佣金全部支付乙方，乙方在收到甲方转来的代理佣金后应开具收据。

如乙方代甲方收取房价款，并在扣除乙方应得佣金后，将其余款项返还甲方。乙方不得擅自挪用代收的房款。

4. 因客户对认购书违约而没收的定金，由甲、乙双方五五分成。

第六条　甲方的责任

1. 甲方应向乙方提供以下文件和资料：

（1）甲方营业执照复印件和银行账户；

（2）政府有关部门批准的国有土地使用权证、建设用地批准文件、建设用地规划许可证、建设工程规划许可证、施工许可证和商品房预售许可证；

（3）关于代售房地产所需的有关资料，包括：平面图、地理位置图、室内设备、建设标准、电器设备配备、楼层高度、面积、规格、价格、其他费用的估算等；

（4）乙方代理销售该项目所需的收据、销售合同，以实际使用的数量为准，余数全部退给甲方；

（5）甲方签署的委托乙方销售的独家代理委托书。

以上文件和资料，甲方应于本合同签订后2天内向乙方交付齐全。

甲方保证若客户购买的房地产的实际情况与其提供的材料不符合或产权不清，所发生的任何纠纷均由甲方负责。

2. 甲方应积极配合乙方的销售，并保证乙方客户所订的房号不发生一屋二卖等误订情况。

3. 甲方应按时按本合同的规定向乙方支付有关费用。

第七条 乙方的责任

1. 在合同期内，乙方应做好以下工作：

（1）根据市场，制定推广计划；

（2）在委托期内，进行网络、媒体、声讯电话等方式的广告、宣传，利用各种形式开展多渠道的销售活动；

（3）派送宣传资料、售楼书；

（4）在甲方的协助下，安排客户实地考察并介绍项目、环境及情况；

（5）在甲方与客户正式签署房地产买卖合同之前，乙方以代理人身份签署房产认购或预定合约，并收取定金；

（6）乙方不得超越甲方授权向客户作出任何承诺。

2. 乙方在销售过程中，应根据甲方提供的项目的特性和状况向客户作如实介绍，尽力促销，不得夸大、隐瞒或过度承诺。

3. 乙方应信守本合同所规定的销售价格与浮动幅度。非经甲方的授权，不得擅自给客户任何形式的折扣。在客户同意购买时，乙方应按甲、乙双方确定的付款方式向客户收款。若遇特殊情况，乙方应告知甲方，作个案协商处理。

4. 乙方收取客户所付款项后不得挪作他用，不得以甲方的名义从事本合同规定的代售房地产以外的任何其他活动。

第八条 合同的终止和变更

1. 在本合同到期时，双方若同意终止本合同，双方应通力协作作妥善处理终止合同后的有关事宜，结清与本合同有关的法律、经济等事宜。本合同一旦终止，双方的合同关系即告结束,甲、乙双方不再互相承担任何经济及法律责任,但甲方未按本合同的规定向乙方支付应付费用的除外。

2. 经双方同意可签订变更或补充合同,其条款与本合同具有同等法律效力。

第九条　其他事项

1. 本合同一式两份,甲、乙双方各执一份,经双方代表签字盖章后生效。
2. 在履约过程中发生的争议,双方可通过协商、诉讼方式解决。

甲方:_____　　　　　　　乙方:_____
代表人:_____　　　　　　　代表人:_____
____年___月___日　　　　　　　____年___月___日

3. 制订销售方案

商品房销售方案既是销售工作的整体设计,更是销售实施的执行与管理文件。针对具体项目——尤其是物业类型和业态的差异,在双方约定的前提下,销售方案一般应包括销售方式、销售分期和销售管理等方面的内容。

(1) 营销方式

营销方式是销售方案的顶层设计,是指营销过程中可以使用的方法。营销方式包括:服务营销、体验营销、知识营销、情感营销、教育营销、差异化营销、直销、网络营销等多种形式。营销方式确定的原则需要在委托方与代理方之间达成共识。

(2) 销售分期

销售分期是对销售实施阶段的细分,主要根据房地产市场销售规律、工程进度、楼盘宣传形象配合等因素进行销售进度的划分。按照代理项目销售时间的约定,可以将房地产代理销售分为销售准备期(预热期)、开盘及强销期、持续销售期和尾期,各销售分期的时间安排和预计累计销量如表1-2所示。

表1-2　商品房代理销售分期

序号	阶段划分	时间安排	预计累计销售量
1	销售准备期(预热期)	开盘前1~2个月	5%~10%
2	开盘及强销期	开盘后1~2个月	40%~50%
3	持续销售期	开盘后3~6个月	70%~80%
4	尾期	开盘后7~10个月	90%~95%

(3) 销售管理

销售管理一般应注意以下几个方面。第一,客户接待管理;第二,销售现场管

理;第三,房号管理;第四,权限的控制管理。

4. 销售准备

房地产项目销售的准备工作主要包括三个方面,即:销售资料的准备、销售队伍及销售人员的准备、销售现场的准备。

(1) 销售资料的准备

按照住建部颁布的《商品房预售管理办法》的规定,商品房预售项目进入市场销售需要符合以下条件:①现售商品房的房地产开发企业应当具有企业法人执照和房地产开发企业资质证书;②取得土地使用权证书或者使用土地的批准文件;③持有建设工程规划许可证和施工许可证;④已通过竣工验收;⑤拆迁安置已落实;⑥完成了"七通一平"且交付使用的条件,其他配套设施和公共设施具备交付使用的条件或者已经确定施工进度和交付日期;⑦物业管理方案已经落实。

(2) 宣传资料的准备

① 项目楼书。项目楼书是预售楼盘项目信息的全面介绍,通常以"文字＋图片＋相关数据"的形式进行综合表现,根据内容主要分为两类:形象楼书和功能楼书。

形象楼书,是介绍楼盘定位和描述楼盘状况的书面资料,通过图片、实景照片或效果图展示楼盘卖点。形象楼书的构成要素包括:项目形象扉页、项目整体效果图、项目位置图、项目整体规划平面图、项目核心卖点描述、小区规划特点和建筑风格、主力户型、公建配套、物业管理等。

功能楼书,是预售楼盘具体建筑指标的详细说明,一般以文字和表格的方式表达,也可以称之为"房地产产品说明书"。功能楼书的主要构成要素包括:规划说明、小区交通组织、建筑要点说明、小区功能分区说明(户型手册)、完整的户型资料、设施配套(社区配套、周边配套、公建配套)条件、角楼标准等。

② 宣传展板、折页、单张。宣传展板是楼盘核心卖点和品质的集中展示,配以较大尺寸的展板形式,实现公开展示和公布信息的作用。折页和单张是项目楼书的凝练版和简要版,主要以形象定位、卖点和主力户型介绍为主,宣传品尺寸以利于宣传和派发为原则。

(3) 销售文件的准备

① 价目表。价目表是根据楼盘的实际方位、坐落位置、楼层、户型、面积、房号等因素综合确定的商品房销售价格明细表。最终确定并用于销售的价目表需经开发商的认可,并有有效签章,同时,价目表中应有价目表生效日期、定价标准、折扣标准等重要提示内容。

② 销售控制表。销售控制是商品房销售代理执行中的重要管理手段,通过对单

元及房号销售情况即时、准确的统计、沟通和反馈,反映销售进度和现状,并及时公开,以便形成对销售的有效控制。销售控制表简称销控表。

③ 购房须知。购房须知是为了帮助购房者清晰的了解所购物业的具体信息、付款方式、购买程序及注意事项等内容而设计的销售文件,该文件内容应符合法律规范的相关约定,并经专业法律人员审核。

④ 客户置业计划。这是根据项目前期市场分析和客户定位所确定的目标客户群的层次特征,所编制的展示付款方式、付款进度和支付金额置业计划,是销售工具的一种。客户置业计划主要内容包括:推荐房号、户型、面积、价格、付款方式、首期额度、月供金额等。

⑤ 确定付款方式。付款方式主要有两种,即一次性付款和分期按揭。当使用分期按揭方式支付房款时,应按照相关法律规范和制度约定执行。

⑥ 合约文件。《商品房认购协议书》、《商品房买卖合同》是商品房销售合约的主要文件形式。《商品房认购协议》大多以地方性文件文本为主,目的在于预约购买;《商品房买卖合同》按照住建部制定的统一示范文本,是买卖双方就具体物业交易的详细书面约定,是双方真实意愿的表述,具有法律效力。2009年后,大多数城市均已实施网上签约(具体内容见第四章)。

⑦ 公示文件

新建商品房进入市场销售需要取得以下文件,并按照要求将这些文件在项目销售现场明显的位置予以公示:房地产开发企业法人营业执照和资质证书,项目土地使用权证或土地使用批准文件,项目建设规划许可证和施工许可证,竣工许可证或预售许可证,拆迁安置落实文件,供水供电供热燃气通讯等配套设施相关文件,气压配套和公共设施具备交付使用条件或者施工进度和交付日期的证明文件;《商品房买卖合同》、《房地产认购协议》、《购房须知》、《购房相关税费一览》、《前期物业管理服务合同》等文本;主管部门批准的小区总平面图、立面图、楼层平面图、分层分户平面图等;经委托方签章及物价部门备案的楼盘价格信息、联网销售信息等。

(4) 销售队伍及销售人员的准备

① 确定销售队伍

商品房销售人员与队伍的规模与结构一般根据代理项目的销售阶段、销售目标和广告投放节奏等因素确定,执行时再根据行销情况进行动态调整。

② 销售培训

销售培训是所有销售人员上岗前所必须完成的准备工作,无论销售人员是否有其他项目的销售经验,都必须按照要求参加特定拟销售项目的岗前培训。培训内容一般包括房地产市场知识、建筑与规划基本常识、房地产交易知识、房地产产品知识、业务素质与业务技巧等,培训方式可根据培训内容进行多种方式的配合(见表 1-3)。

表 1-3 商品房销售培训计划

序号	主题	内容	时间	方式
1	房地产市场	房地产市场与发展分析		
2	建筑基本知识	建筑常识	1～2 天	集中授课
		建筑识图		
		常用专业词汇		
		房屋类别及建筑形态		
		城市与小区规划		
3	房地产交易	项目法律文件	1～2 天	集中授课与分组演练相结合
		合同文本及补偿条款		
		购房须知		
		价格、税费		
		付款方式		
		贷款与按揭		
		公关礼仪		
		接待客户		
4	房地产产品知识	建设单位	2 天	集中授课与分组演练相结合
		建筑设计与规划要点		
		设施设备系统		
		智能化系统		
		装修		
		物业管理		
5	市场调查	区域市场分析	1～3 天	集中授课、研讨与分散调查讨论相结合
		周边项目与竞争项目		
		潜在客户分析		
6	业务素质	销售管理	1 天	分组演练为主、集中授课为辅
7	业务技巧	销售现场接待流程	1～2 天	分组演练为主、集中授课为辅
		电话接听与咨询反馈		
		客户接待		
		引领看房		
		客户追踪		

（5）销售现场的准备

销售现场准备的主要内容包括：售楼处、看楼通道、样板房、形象墙、围墙、施工环境、模型、广告牌、灯箱、导视牌、彩旗等。

5. 销售代理费用清算

按照双方签订的《商品房代理销售合同》和实际销售执行的情况进行佣金及相关费用的清算。

第四节　影响房地产经纪业务成交因素的综合分析

一、物业因素

1. 物业现状

物业本身的状况是影响交易的重要因素，因此，房屋的整体结构是否完整、安全，周边的道路、环境状况等，都是影响房地产经纪业务成交的重要因素。从房屋的物质组成来说一般分为以下四个方面：

（1）房屋建筑材料，包括钢材、水泥、木材、砖瓦、塑料、玻璃、轻质材料等。

（2）房屋建筑地基，包括宅基地及地基。

（3）房屋内设施，包括水、电、煤气、卫生、空调、取暖等附属设施设备。

（4）房屋外部环境，包括地理位置、道路交通、文化娱乐、生活服务。

2. 房屋展示

物业本身的状况是影响交易的重要因素，因此，房屋展示是影响经纪业务成交十分重要的因素。

（1）创造有利的成交条件

房屋是一种个性化很强的商品，交易经常会因为客户的个人偏好而导致原本较好的物业也会很难成交。因此，经纪人应在掌握被交易物业状况的基础上，协助委托人尽力创造有利的交易条件。常用的做法有：

① 建议修复缺陷，如：清扫、油漆、修补裂缝、电灯更新等。

② 留意采光通风，空置房屋应经常开窗通风，避免客户看房时有呼吸不适的感觉。

③ 建议适当整修，甚至是装饰，提升房屋的格调。

④ 清理原房中不必要的杂物、家具，创造开阔的空间。

⑤ 通知业主准备好相应的物业文件，如：房屋所有权证、室内平面图、物业管理公约等。

（2）引导客户看房

房地产经纪必须做双向沟通的工作，既要为委托人服务，也要了解预购房者的要求、愿望，以及其职业、个人偏好、家庭成员等相关资料，并如实地介绍房屋和周边条件等。

3. 物业产权现状

房地产交易中最本质的内容是产权交易，权属过户。因此，产权的真实、合法、清晰是成交的前提。

（1）产权是否真实存在

单位自建房屋，农村宅基地上的房屋，社区或项目配套用房，未经规划或报建批准的房屋等，都有可能无法取得产权证而成为无产权的房屋。所以，有房屋存在，不一定就有产权存在。这类房屋要成交是很困难的。

时下，有一些按国家规定不能出售的"黑房子"经常在偷偷招揽顾客，他们常常采用一些超常的优惠条件和超低价格引诱购房者。这里要强调的是，只有合法进入市场的住宅房，才能具有国家承认的产权，也才能是真正属于购房者的合法房产。

① 违规开发房。这类房屋以前几年房地产开发热中开发建筑的最多，或因为土地使用不合法，或因开发商不具备资格、资质审查不合格等原因，无法办理房地产开发手续，因而所开发的住宅也无法取得商品房销售许可证，从而使购房者在购置房产后无法取得产权证。对此，购房者不仅要看房屋的价格、地段，更要落实销售商是否拥有销售许可证，能否及时获得产权证，否则，再便宜的价格、再好的地段都不能买。

② 城市联建房。由于历史的原因，不少企事业单位或多或少的都拥有一定的"地面"——实为国家行政划拨的土地。有些房地产开发商与这些单位联合建房，一方出土地，一方出资金，共同开发住宅房地产，建成后按五五或四六分成，双方将各自分配的房屋，一部分有偿分给职工，另一部分对外出售。这样做表面看似乎合理，但实际已形成违规。国家规定，联建住宅主要是供单位自用，同时，开发商不向国家缴纳土地使用费，也未办理商品房销售的有关手续，就不得擅自对外销售。如开发商欲出售此类住宅，必须先补交土地使用费并补办有关手续。因此，对于个人购房者若要购买联建房，应弄清该房是否缴纳了土地出让金，有无土地使用证、开工许可证、商品房销售许可证及有关手续；同时要弄清产权的归属，能够拥有个人产权，才能真正拥有对房屋的支配权。

③ 村镇联建房。随着城镇面积的扩大，尤其是许多大城市开发区在空间上的拓展，位于城乡结合部的住宅房地产成为购房者难以判断的购房地段。位于城乡结合部的村镇成为了一些具有投机心理的开发商喜欢钻的"空子"。这里的土地一般为农村集体所有，无需缴纳土地出让金，离城区又比较近，开发商往往采取与村镇联合开发的方式，或以旧村改造为名，或以修路建桥为名，或以助教兴村为名，所建造的住宅受土地所有制的限制，一般均不大可能进入市场交易——也就是说，购房者若是购买了这类住宅是无法办理和取得产权证的。

（2）产权是否合法

房地产转让最主要的特征是发生权属变化，即房屋所有权与房屋所占用的土地使用权发生转移。《中华人民共和国城市房地产管理法》及《房地产转让管理规定》都明确规定了房地产转让应当符合的条件。

① 司法机关和行政机关依法裁定、决定查封或以其他形式限制房地产权利的。司法机关和行政机关可以根据合法请求人的申请或社会公共利益的需要，依法裁定、决定限制房地产权利，如查封、限制转移等，在权利受到限制期间，房地产权利人不得转让该房地产。

② 依法收回土地使用权的。根据国家利益或社会公共利益的需要，国家有权决定收回出让或划拨给他人使用的土地，任何单位和个人应当服从国家的决定，在国家依法作出收回土地使用权决定之后，原土地使用权人不得再行转让土地使用权。

另外还有伪造房地产产权证的情形。

（3）产权是否登记

产权登记是国家依法确认房地产权属的法定手续，未履行该项法律手续，房地产权利人的权利不具有法律效力，因此也不得转让该项房地产。

（4）产权是否完整

① 共有房地产，未经其他共有人书面同意的。共有房地产，是指房屋的所有权、土地使用权为两个或两个以上权利人所共同拥有。共有房地产权利的行使需经全体共有人同意，不能因某一个或部分权利人的请求而转让。

② 设有抵押权的房屋在未解除抵押之前，业主不得擅自处置。

③ 公房、房改房及各种国家和政府投资的房屋在产权转移时，多少都会存在着一定的限制。

（5）产权是否有争议和纠纷

所谓权属有争议的房地产，是指有关当事人对房屋所有权和土地使用权的归属发生争议，致使该项房地产的权属难以确定。转让该类房地产，可能影响交易的合

法性,因此在权属争议解决之前,该项房地产不得转让。有债权债务问题存在的房地产可能会有较多纠纷问题存在,如拍卖所得房屋就容易有纠纷存在。而涉及婚姻、继承等状况的房地产也会使产权转移变得复杂。

二、委托人及其客户因素

房地产经纪人的委托方既可能是卖方,也可能是买方;既可能是业主,也可能是承租人。他们扮演不同的角色,就会有不同的表现和特点。在接洽业务时应注意甄别他们的不同身份和目的。

1. 卖方与业主

（1）资格

房地产经纪人每天最基本的工作就是接待各种客户,或是通过电话,或是客户上门咨询。经纪人在口头报盘后,应首先注意做好对客户身份的核实和对客户提供房产产权状况的调查,应到现场查勘,确认产权人与交易产权的真实性与合法性,在此基础上再联系合适的买方或对其进行推广。

（2）确认客户的真实意愿

房产是出售还是出租,经纪人要学会使用有效的手段确认,如通过签订委托书或协议的方式加以检验和确认。当然委托书不等于买卖合同文本,在形式和内容上均应与严格的买卖合同有所区别。

（3）需求

卖方或业主出售自己的房产,其必定存在着一定的需求。一般来说,这种需求主要表现在:好的价格(卖方关心单价,是与买入价比较,或与现时行情比较;关心总价大多是为了重新购置新的房产,或是用于其他的投资,或是为了还债)、较快的成交速度、贷款保证等。出租方业主则更多地表现在关心押金、租期、续约等方面。

（4）尊重和利用顾问

客户为了使交易对自己有利,或鉴于自己知识与经验的局限,往往会请一些专家、业内懂行的人士或是亲朋好友协助咨询或谈判,经纪人对此应有足够的沟通和尊重,并努力做到使顾问成为促进交易的"扳手"。

2. 买方与承租人

（1）需求与支付能力

房地产市场突出的特点是需求决定市场,即大多数情况下交易决定的主动权掌握在买方或承租人手中。而对房产的价格、户型、地段、环境等条件的选择,或是选择租还是买,在很大程度上都决定于客户的个人支付能力。因此,房地产经纪人要加强和掌握引导需求的能力,以提高谈判和协商的效率和成交率。

(2) 出资人与受益人

购买和租赁房产的出资人到底是谁,这很重要,实际上这与上述的客户需求和个人支付能力是相关的。同时还应关注受益人的身份,以便为客户做好参谋。

(3) 律师的作用

每一位客户不可能都具备较丰富的房产常识,在现代经济社会中聘请律师代为办理成为很多人的首选。因此,房地产经纪人应学会与代理律师沟通,并适当掌握必要的法律知识,叙述、介绍应做到严谨、不兜圈子。

三、房地产经纪人因素

房地产经纪人自身的业务素质与能力在很大程度上制约着经纪业务的成交率,因此,房地产经纪人必须清楚地明白房地产经纪人业务的特点,并形成良好的职业习惯和服务意识,在遵循经纪服务原则的基础上,展开业务。

1. 房地产经纪人以居间为职业特征

经纪人以居间为服务行为本质特征。房地产经纪人是交易双方的桥梁,居间服务过程中房地产居间经纪人同时要向双方负责。

2. 房地产经纪人的业务特点

房地产经纪人与其他行业经纪人虽然同属于一种职业,但是由于房地产业务与其他业务相比有其自身的特点,因此决定了房地产经纪人的业务具有以下特点:

(1) 房地产卖出者的委托经纪人,必须以卖出者对房地产的所有权为前提

房地产属于不动产,具有不可移动性,要求产权十分明晰。所以,经纪人在执行业务时必须首先调查清楚,该房地产的所有权确属于委托卖出者。否则,不给予经办。因为在产权归属不明确时买卖房地产,一旦证明卖主不是所有者,真正的所有者如果不想卖掉房子而要求收回,就会产生麻烦,甚至对证公堂,既有损经纪人的信誉,又白白浪费了时间。因此,房地产经纪人要从业务的起点上把好关,谨慎行事,防患于未然。

(2) 从事房地产经纪业务必须具有足够的耐心

房地产交易的成交金额相当大,对任何个人和组织都不是一个小数目,因此买卖双方都必须审慎而为,经过周密的计划、评估和频繁的讨价还价,成交的过程可能比较长,也可能需要经纪人多次配对谈判后才能成交。在这个过程中经纪人必须始终认真耐心地做好买卖双方的工作,不能因为双方的条件比较苛刻而轻易放弃服务,应在买卖双方之间不断周旋,使买卖双方的条件逐渐接近,最终达成交易。所

以,耐心对于经纪人而言是一个很重要的素质,且直接关系房地产交易的最终结果和经纪人的收入,决不能以介绍多次,交易告吹为由而放弃业务。

(3) 根据房地产的不同使用价值寻找交易对象

由于人们对房地产的位置、结构和朝向有不同的喜好,因此,不同位置、结构、朝向的房地产的价格也不同。位置较好,交通便利,结构合理,朝向南面的房地产的价格一般偏高;反之,则比较便宜。但不同的人由于其实际支付能力的限制,其对房地产的位置、价格等因素考虑的顺序也不同。财力雄厚的单位和家庭考虑更多的是房地产的位置、结构及朝向等有利于健康、交通和通讯等因素;而资金有限的单位和家庭考虑更多的则是房地产的价格因素。根据这些不同规律,经纪人在撮合洽谈对象时,要按照所委托出售的房地产或所委托出租的房地产的位置、结构、朝向、价格等的不同,寻找相应用途的交易对象进行配对洽谈。这样做交易的成功率比较高。

(4) 经纪业务必须从信息的传递开始

房地产供求信息的传播渠道比较广泛,可以通过报纸、杂志、电视、广播等以广告的形式向公众传播信息,也可以采用拍卖会、交易会等形式边交易边宣传。通过这些渠道传播的信息往往是大量的,接受信息的面也比较广。通过经纪人集散的信息仅仅是房地产供求信息的传递和接收的渠道之一,而经纪人传播信息的广度不如广告的作用大,因此经纪人面临着多种房地产供求信息传播媒体的挑战。经纪人为了拓展自己的业务,在竞争中谋求一席之地,必须从信息的传递开始,通过各种途径掌握尽可能多的信息,在掌握的信息量上占有优势,才能保证信息的接收者最终来与经纪人联系,甚至保持经常的联系。

(5) 房地产交易合同要明确产权关系

由于房地产合同期限较长,为了防止在履行合同过程中出现差错或纠纷,房地产的合同中一定要明确产权归谁所有,绝不能用含糊之词或弃而不写。无论是购买还是出租,都必须实行单一产权,合同经过公证才能生效。为了更好地解决合同执行过程中出现的问题,协调交易双方的利益关系,合同中还必须有强有力的条文来约束双方当事人的权利与义务。正规、合理、有效力的合同是履约的必要保证,是保护当事人利益的有效保障。因此,经纪人在接受委托签约时,要特别注意合同的各项条款,以免损害委托人的利益或引起事后不必要的麻烦。

(6) 房地产经纪人的服务可延伸性强

为了能让买卖双方对自己的服务满意,吸引更多的客户,经纪人除了提供供求信息外,还可就房地产的不动性这一特点,适当提供其他延伸性的服务。如提供房屋的建筑时间、建筑单位、建筑材料、以前用户以及周围环境等一系列相关的材料;帮助地产购买者联系投资人、工程师、建筑队、建筑材料;为房产购买者联系承租人等。

3. 房地产经纪人的服务意识

经纪人的服务作为市场中产品的一部分,包括服务保证、经纪人信誉与声誉、提供的信息等,前两者给顾客带来利益、心理上的满足和信任,后者则实现中介交易双方共赢,为房地产的成交提供便利,为顾客需求带来满足。

(1)房地产经纪人服务的层次

房地产经纪人的服务作为一个整体的概念,从理论上可以概括为三个层次:产品的核心层、产品的有形层和产品的延伸层(如图1-3所示)。

① 产品的核心层,顾客通过房地产经纪机构和经纪人的居间、代理服务在房地产交易中获得功能和效用。这是顾客购买经纪服务的基本要求。

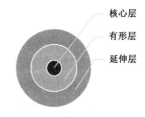

图1-3 服务性产品的层次

② 产品的有形层,对于服务性产品而言主要是指服务组成中用户可以直接观察和感受到的产品部分,包括:服务的质量、价格、广告及公共关系等。房地产经纪人所提供的服务产品在这一层次上是很重要的,没有良好的服务质量,经纪人将最终失去顾客,最终失去市场。

③ 产品的延伸层,包括在提供服务时所伴随能够满足客户心理需求的所有服务,如声誉、指导和维护等。房地产经纪是一种差异性服务,服务的项目往往容易与竞争对手相接近,此时,竞争就体现在延伸层上,即在保证服务质量的基础上,通过不断开发延伸层的服务项目,为客户在购买房地产经纪服务后能够获得额外、附加的利益,从而使参与交易的各方实现共赢。

(2)房地产经纪人服务的动态变化性

服务性产品的一个最大特点是不可以储存,这就给房地产经纪的行业管理及经纪机构的内部管理提出了较高的要求。经纪市场对房地产经纪服务的需求是动态的,而房地产经纪机构所提供的服务供给由于涉及专业人员的素质与配置,很难在极短的时间和空间中得到快速的调整,因此这就要求房地产经纪人从经纪服务整体的概念出发,溶服务的质量、价格、广告、公共关系及经纪人自身的信誉与经纪服务于一体,以市场营销的观念进行决策和提供服务。

四、房地产经纪机构因素

1. 规范管理

房地产经纪机构规范的管理反映在多个方面,如合法营业的手续、严格的规章制度、合理的服务收费标准等。经纪机构公共的营业场所应做到下列文件公开：

① 合法经营的文件，包括工商营业执照、税务登记证。

② 房地产经纪资质证书，包括房地产经纪人员的从业资格证、经纪机构的资质证书。

③ 业务规章流程，包括经纪服务流程、服务制度。

④ 服务收费标准，费率及不同情形下的收费标准，哪些收取服务费，哪些属于免费，均应注明。

2. 形象管理

房地产经纪机构的形象管理是房地产经纪企业管理的主要组成部分，一般主要反映在企业的经营形象、店面的展示形象、员工着装及举止等方面。

3. 协作精神

房地产经纪机构中各经纪人之间应建立良好的诚信关系和真诚的协作关系，一切恶性的竞争都将损害大家的利益。

4. 自我防范

市场竞争即意味着优胜劣汰，各房地产经纪机构之间的关系既是竞争，同时也是协作；对于客户既要善待，也要学会通过观察发现非善意的行为。典型的自我防范主要表现在"同业撬盘"和"顾客跳单"两个方面。

复习思考题

1. 根据经纪活动中经纪人与委托人之间关系的不同，房地产经纪业务一般分为几种类型？不同类型房地产经纪人之间有何差异？
2. 房地产经纪业务的一般流程有哪些环节？
3. 房地产经纪信息的特点是什么？在开展房地产经纪业务时如何应用这些特点？
4. 房地产经纪信息的内容包括哪些方面？
5. 如何进行房地产经纪信息的搜集？
6. 如何进行房地产经纪信息的整理？
7. 如何进行房地产经纪信息的传播？
8. 什么是房源？房源有哪些属性？
9. 什么是客源？客源有哪些属性？
10. 房地产经纪人在进行业务洽谈时应注意哪几个层次？
11. 什么是物业查验？物业查验包括哪些内容？

12. 签订房地产经纪服务合同应注意哪些问题?
13. 房地产经纪人引领看房的内容主要包括哪些?
14. 房地产经纪人代理或协助交易的相关事宜一般包括哪些方面?
15. 何为物业交验?进行物业交验时应注意哪些问题?
16. 如何进行房地产经纪佣金的结算?
17. 简述房地产经纪人售后服务的主要内容。
18. 房地产居间业务有哪些特征?简述房地产居间业务的主要流程和注意事项。
19. 房地产代理业务有哪些特征?简述房地产代理业务的主要流程和注意事项。
20. 存量房交易代理业务的基本流程是什么?
21. 简述存量房信息搜集的一般渠道。
22. 什么是房地产经纪服务的5S?
23. 何为信息配对?如何进行信息配对?
24. 新建商品房销售代理业务的基本流程包括哪些环节?
25. 新建商品房销售信息主要包括哪些内容?
26. 如何制订新建商品房销售代理方案?
27. 简述房地产经纪业务成交的影响因素?综合分析各种影响因素对房地产经纪业务的影响。

第二章 房地产经纪合同

学习要求

- 掌握：房地产经纪合同的特征、内容和主要条款。
- 熟悉：不同房地产经纪业务合同的形式及其文本。

第一节 房地产经纪合同概述

房地产经纪合同是房地产交易中必备的书面文件，是房地产经纪活动中最重要的文字载体。根据《中华人民共和国合同法》及其立法依据和相关的解释，合同是指平等主体的自然人、法人、其他组织之间设立、变更、终止民事权利义务关系的协议。

房地产经纪合同一般包括三个方面的涵义：①合同是一种协议。协议是两个以上当事人对于某种过去或将来的事实或行为，在有关权利和责任的理解和认识上相一致，即当事人之间为实现一定的目的而进行协商的结果。②合同是平等民事主体之间的协议。任何人之间都可以通过协商而取得认识上的一致，但只有平等民事主体之间的协议，才能称为合同。③合同是设立、变更、终止民事权利义务关系的协议。协议的内容多种多样，涉及政治、法律、道德等各方面的内容。只有平等主体之间达成的，以设立、变更、终止民事权利义务为内容的协议才是合同。

一、房地产经纪合同的概念

房地产经纪合同属于服务合同的范畴，是房地产经纪机构或房地产经纪人一方为促成委托人与第三方订立房地产交易合同而进行联系、提供信息、介绍房地产性能特点等活动而达成的,具有一定权利和义务关系的协议。

一般情况下,房地产经纪合同由委托方提出需要经纪人完成的任务,经纪人在完成合同约定的任务后由委托人支付报酬。

房地产经纪合同应包含四个方面的内容:即交易标的价值,当事人各自的责任以及希望履行的标准,对经纪风险及当事人对风险造成损失的分担的事先约定,对履约过程中发生障碍的处理办法。同时,行为规则还包括订约、效力、履行、变更、解除、终止、责任等方面的规则内容。从民事关系而言,合同的内容是指当事人的权利和义务。从法律文书而言,合同的内容是指合同的条款,从这个意义上讲,房地产经纪合同的内容就是指经纪合同的条款。

二、房地产经纪合同的特征

1. 房地产经纪合同属于劳务合同

房地产经纪合同是房地产经纪服务的提供方与服务对象关于房地产服务这种劳务服务订立的合同。

2. 房地产经纪合同是双务合同

双务合同是指双方当事人互相享有权利、承担义务的合同,是商品交换最为典型的法律表现形式。在双务合同中,双方当事人之间存在着互为对价的关系。

3. 房地产经纪合同是有偿合同

有偿合同是指当事人取得权利必须支付相应代价的合同。一方当事人取得利益,必须向对方当事人支付相应的代价,而支付相应代价的一方,必须取得相应的利益。这种代价可以是金钱,也可以是给付实物或提供劳务。但一方取得的利益与对方支付的代价,不要求在经济上、价值上完全相等,只要达到公平合理的程度即可。

4. 房地产经纪合同一般为书面形式的合同

这里需要说明的是,《合同法》中规定合同形式分为要式合同和不要式合同。是否是要式合同主要是以法律规定的特定形式要件为主。因此,从这个意义来讲,房地产经纪合同是一种劳务合同,不是直接表现房地产交易关系的合同,可以是不要式合同。但房地产经纪合同采用书面形式是中外房地产市场的惯例。

5. 房地产经纪合同是从合同

从合同的特点在于它不能单独存在,必须以主合同的存在并有效为前提。房地产经纪合同作为一种劳务合同是以房地产交易合同为主合同的,房地产经纪人在经纪活动中所担负的义务主要是以促成或承担完成房地产的交易为前提的劳务服务。房地产经纪合同在大多数情况下为从合同,必须注意的是,房地产经纪机构为客户

提供信息咨询服务而与客户签订的合同不要求以完成实际交易为前提,但这种合同并不是房地产经纪合同,也不是从合同。

三、房地产经纪合同的主要条款

房地产经纪合同的内容由当事人约定,具体的内容根据当事人不同的需要会有所变化,但合同的主要条款是具有共性的,可以作为明示条款,一般应当包括:

1. 当事人的名称或者姓名和住所

当事人是合同的主体,没有主体,合同就不成立。主体不明确,其权利义务关系就无法明确。房地产权利人的主体与委托房地产经纪人提供劳务服务的经纪合同的主体是有一定区别的。房地产权利人可以是有民事行为能力的成年人,也可以是无民事行为能力的未成年人和成年人。当然,委托人无民事行为能力在订立经纪合同时,应由其法定代理人代理。因此,订立经纪合同时,应当明确主体关系,使合同履行具备法律效力。

2. 标的

合同的标的是合同法律关系的客体。没有标的,合同的权利义务就失去目的,当事人之间无法建立合同关系。合同条款中应当清楚、明确标明合同的客体。在房地产经纪合同中对标的(即房地产)的描述应当清楚、明了,并明示主客体关系(即当事人与标的的关系)的各项内容。

3. 服务事项与服务标准

这一条款是表明房地产经纪人的服务能力和服务质量的条款,也是体现房地产经纪人能否促使合同得以履行的主要条款。服务的事项和标准应当明确,不明确是难以保证合同得到正常履行的,这是必须明示的条款。由于劳务活动的不确定性,该条款在合同的履行过程中经常会引起委托人的争议或在进行中协商、补充,使合同的内容得到调整。

4. 劳务报酬或酬金

酬金是完成服务的价款,也是提供劳务服务的代价。房地产经纪合同是有偿合同,酬金及酬金的标准是合同的主要条款,也属于合同的明示条款。

5. 合同的履行期限、地点和方式

履行期限直接关系到合同义务完成的时间,同时也是确定违约与否的因素之一。一般当事人应当在房地产经纪合同中予以约定。履行的地点和履行的方式也应当在合同中予以明确。

6. 违约责任

违约责任是当事人违反合同约定时约定承担的法律责任。违约责任条款有利于督促当事人履行合同义务，保护守约方的利益。合同条款中应当明确违约责任。合同中没有约定违约责任的，并不意味着违约方不承担违约责任。违约方未依法被免除责任的，守约方仍然可以依法追究其违约责任。

7. 解决争议的方式

争议的解决方式是当事人解决合同纠纷的手段和途径。当事人应当在合同中明确选择解决合同争议或纠纷的具体途径，如通过仲裁或诉讼。当事人没有作明确的选择，则应通过诉讼解决合同纠纷。

第二节　各类房地产经纪合同文本

为减少房地产经纪纠纷，我国房地产管理部门和房地产经纪行业组织制订了很多房地产经纪合同示范文本。如，中国房地产估价师与房地产经纪人学会在2006年发布了一套《房地产经纪业务推荐文本》，包括：房地产买卖经纪合同（房屋出售委托协议、房屋承购委托协议）；房地产租赁经纪合同（房屋出租委托协议、房屋承租委托协议）。

附2-1：房地产经纪业务合同推荐文本（2006）（房屋出售委托协议）

合同编号：_____

房屋出售委托协议

中国房地产估价师与房地产经纪人学会　推荐

委托人：_____
（系房屋出售人）
【本人】【法定代表人】姓名：_____国籍：_____
【身份证号】【护照号】【营业执照注册号】【　】_____
住所：_____
邮政编码：_____联系电话：_____

受托人：_____
（系房地产经纪机构）
法定代表人：_____

营业执照注册号：_____
房地产管理部门备案号：_____
住所：_____
邮政编码：_____ 联系电话：_____

根据《中华人民共和国合同法》《中华人民共和国城市房地产管理法》及其他法律法规，委托人和受托人本着平等、自愿、公平、诚实信用的原则，经协商一致，达成如下协议。

第一条　委托事项

委托人为出售《标的房屋信息》（见本协议附件）所特指的房屋（以下简称标的房屋），委托受托人提供本协议第三条约定的服务。

【受托人指派】【委托人选定】注册在受托人名下的下列房地产经纪人为本协议委托事项的承办人，执行委托事项：

承办人姓名：_____ 性别：_____ 身份证件号码：_____。

房地产经纪人注册号：_____。

承办人选派注册在受托人名下的下列房地产经纪人协理为本协议委托事项的协办人，协助承办人执行委托事项：

协办人姓名：_____ 性别：_____ 身份证件号码：_____。

第二条　标的房屋信息

签订本协议时，受托人应凭借自己的专业知识和经验，向委托人全面、详细询问为促成委托人与第三人进行标的房屋买卖所必需的标的房屋情况，要求委托人如实提供相应的资料；委托人应对其提供的情况和资料的真实性承担法律责任。

受托人应根据委托人提供的情况和资料，到标的房屋现场及有关部门进行必要的调查、核实，并与委托人共同如实填写《标的房屋信息》。

《标的房屋信息》为本协议的重要组成部分。

第三条　服务内容

委托人委托受托人提供下列第_____项服务（可多选）：

（一）提供与标的房屋买卖相关的法律法规、政策、市场行情咨询。

（二）寻找承购人。

（三）在本协议第四条约定的期限内代管标的房屋。

（四）协助委托人与承购人达成房屋买卖合同。

（五）代办房地产估价、公证手续。

（六）为委托人代办税费缴纳事务。

（七）代办解除标的房屋抵押贷款手续。

（八）代办房屋产权及附属设施过户手续。

（九）代理移交房屋、附属设施及家具设备等。

（十）代办各种收费设施的交接手续。

（十一）其他（请注明）＿＿＿＿＿＿＿＿＿＿＿＿＿＿＿＿＿＿＿＿＿＿＿。

受托人为完成委托代办事项而向委托人收取证件、文件、资料时，应向委托人开具规范的收件清单，并妥善保管；完成委托代办事项后，应及时将上述证件、文件、资料退还委托人。

第四条　委托期限与方式

（一）委托期限按照下列第＿＿＿＿＿＿＿种方式确定（只可选一项）：

1. 自＿＿＿＿年＿＿月＿＿日起，至＿＿＿＿年＿＿月＿＿日止。期限届满，本协议自行终止。

2. 自本协议签订之日起，至委托人与承购人签订房屋买卖合同之日止。

3. 其他（请注明）＿＿＿＿＿＿＿＿＿＿＿＿＿＿＿＿＿＿＿＿＿＿＿。

（二）委托人【承诺】【不承诺】在委托期限内本协议约定的委托事项为独家委托。

第五条　委托出售价格

委托人要求标的房屋的出售总价不低于【人民币】【　　】大写＿＿＿＿＿＿＿元（小写＿＿＿＿＿＿＿元）。实际成交价高于前款约定最低出售价的，高出部分属委托人所有。

第六条　服务费用支付

（一）佣金

在本协议第四条约定的期限内委托人与承购人达成房屋买卖合同的，委托人应向受托人支付佣金。

1. 佣金的支付标准及金额按照下列第＿＿＿＿＿＿＿种方式确定（只可选一项）：

（1）按房屋买卖合同中载明的成交价的大写百分之＿＿＿＿＿＿＿（小写＿＿＿＿＿％）计付佣金。

（2）按固定金额【人民币】【　　】大写＿＿＿＿＿＿＿元（小写＿＿＿＿＿＿＿元）支付佣金。

（3）其他（请注明）＿＿＿＿＿＿＿＿＿＿＿＿＿＿＿＿＿。

2. 佣金的支付时间按照下列第＿＿＿＿＿＿＿种方式确定（只可选一项）：

（1）自房屋买卖合同签订之日起＿＿＿＿＿＿＿日内支付。

（2）于房屋买卖合同签订之日，支付佣金总额的大写百分之＿＿＿＿＿＿＿（小写＿＿＿＿＿％）；于房屋产权过户手续完成之日，支付佣金总额的大写百分之＿＿＿＿＿（小写＿＿＿＿＿％）；于房屋交付完成之日，支付佣金总额的大写百分之＿＿＿＿＿（小写＿＿＿＿＿％）。

（3）其他（请注明）＿＿＿＿＿＿＿＿＿＿＿＿＿＿＿＿＿。

3. 在本协议第四条约定的期限内未能达成房屋买卖合同的，对受托人为完成委托事项已支出的必要费用，按照下列第＿＿＿＿＿＿＿种方式处理（下列选项只有一项有效，填写两项或两项以上者，按照有利于委托人的选项执行）：

（1）由受托人承担。

（2）以【人民币】【　　　】大写　_____元（小写　_____元）为限，自委托期限届满之日起_____日内支付。

（3）按上列约定佣金支付标准的大写百分之_____（小写_____%）计算，自委托期限届满之日起_____日内支付。

（4）由委托人和受托人根据受托人完成的工作量另行议定。

（5）其他（请注明）_____。

4．受托人收取佣金后，应向委托人开具正式发票。

（二）代办事项服务费

受托人完成本协议第三条约定的代办事项的，委托人应按照下列第_____种方式向受托人支付服务费（下列选项只有一项有效，填写两项或两项以上者，按照有利于委托人的选项执行）：

1．由受托人承担。

2．按受托人经营场所明示的收费标准，自委托事项完成之日起_____日内或_____支付。

3．按受托人经营场所明示的收费标准的大写百分之_____（小写_____%），自委托事项完成之日起_____日内或_____支付。

4．按固定金额【人民币】【　　　】大写_____元（小写_____元），自委托事项完成之日起_____日内或_____支付。

5．其他（请注明）_____。

受托人收取代办服务费后，应向委托人开具正式发票。

（三）代缴税费

受托人在完成委托事项中，代委托人向第三方缴纳的税费，按照下列第_____种方式处理（下列选项只有一项有效，填写两项或两项以上者，按照有利于委托人的选项执行）：

1．委托人按委托人和受托人认同的估算金额预付给受托人，待约定的代缴税费事项完成、委托期限届满或者本协议终止（以先者为准）时，受托人凭缴纳税费收据与委托人结算，如有差额多退少补。

2．由受托人提供收费标准与金额，委托人按代办进程将应缴税费付给受托人，委托其代为向第三方缴纳。

3．其他（请注明）_____。

第七条　交易过错责任承担

委托人因与本项委托直接关联的交易与承购人发生权属纠纷且委托人属过错方的，除受托人能证明属于委托人过错、应由委托人承担责任的外，受托人作为专业机构应承担过错责任，对委托人应承担的民事责任承担连带责任。

受托人不得在本协议以外的补充约定中，设立明示或者暗示与本条款相冲突的免除受托人责任的条款。

第八条 违约责任

(一)委托人违约责任

1. 委托人故意提供虚假的标的房屋情况和资料的,受托人有权单方解除本协议,给受托人造成损失的,委托人应依法承担赔偿责任;

2. 委托人泄露由受托人提供的承购人资料,给受托人、承购人造成损失的,委托人应依法承担赔偿责任;

3. 委托人在委托期限内自行与第三人达成交易的,应按照本协议约定的标准向受托人支付佣金。但委托人在本协议第四条第二款中不承诺为独家委托,并能证明该项交易与受托人的服务没有直接因果关系的除外。

(二)受托人违约责任

1. 受托人违背执业保密义务,不当泄露委托人商业秘密或个人隐私,给委托人造成损害的,应按照_____标准支付违约金,约定违约金不足以弥补委托人损失的,委托人有权要求补充赔偿。

2. 受托人有隐瞒、虚构信息或恶意串通等影响委托人利益的行为,委托人除有权解除本协议、要求退还已支付的相关款项外,受托人还应按照_____标准,向委托人支付违约金。

3. 在委托代办事项中,受托人因工作疏漏,遗失委托人的证件、文件、资料、发票等,应给予相应经济补偿。

(三)委托人与受托人之间有付款义务而延迟履行的,应按照迟延天数乘以应付款项的大写百分之_____(小写_____%)计算迟延付款违约金支付给对方,但不超过应付款总额。

第九条 协议变更与解除

(一)协议变更

在本协议履行期间,任何一方要求变更本协议条款,应书面通知对方。经双方协商一致,可达成补充协议。补充协议为本协议的组成部分,与本协议具有同等效力。

若经双方协商一致,无需签订补充协议的,应将变更事项简记于本协议的附注栏内。

(二)协议解除

1. 委托人有确凿证据证明受托人有与其执业身份不相称的行为且将影响委托人利益的,可于委托期限届满前,书面通知受托人解除本协议,受托人应在收到通知之日起_____日内将预收的费用退还委托人。

2. 受托人有确凿证据证明委托人隐瞒重要事实且足以影响交易安全的,可于委托期限届满前,书面通知委托人解除本协议,已收费用不予退还,并可依法追偿约定的或已发生的费用。

第十条 争议处理

因履行本协议发生争议,由争议双方协商解决,协商不成的,双方【同意】【不同意】由标的房屋所在地的房地产经纪行业组织调解。

调解不成或者不同意调解的,按照下列第 _____ 种方式解决:

1. 提交 _____ 仲裁委员会仲裁。
2. 依法向人民法院起诉。

第十一条 协议生效

本协议一式 _____ 份,具有同等法律效力,委托人 _____ 份,受托人 _____ 份。

本协议自双方签订之日起生效。

委托人(签章):   受托人(签章):

                                             承办人(签章):

                                             协办人(签章):

签订地点:

签订日期:二〇〇 年 月 日

附 注 栏

变更日期	变更事项	双方签字确认

附件

标的房屋信息

委托出售房屋可公开基本信息
位置:_____省(自治区、直辖市)_____市(县)_____(区)_____路_____(巷)(胡同)_____小区 用途:_____ 建筑结构:_____ 户型:_____室_____厅_____卫_____厨或平房_____间 面积:建筑面积:_____平方米;使用面积:_____平方米   套内建筑面积:_____平方米 装修:【毛坯房】【粗装修】【精装修】【   】
委托出售房屋其他可公开基本信息

委托出售房屋的权益信息
1. 所有权人：_____。 2. 共有权人：_____（没有共有权人的填写"无"，不宜留空）。 3. 房屋所有权人持有_____颁发的所有权证书，证书号_____证书复印件见粘贴页。 4. 房屋所有权性质：【私房】【已购公有住房】【商品房】【经济适用住房】【____】。 5. 房屋所占土地性质：【国有划拨】【国有出让】【农民集体】【____】。 6. 该房屋享有的附属权益：_____（如树木、合法搭建、车位、会所、公用物业受益、公共维修基金等）。 7. 属于有限责任公司、股份有限公司所有的，有无公司董事会、股东大会审议同意【出售】【出租】的合法书面文件，见粘贴页。 8. 属于国有或集体资产的，有无政府主管部门的批准文件，见粘贴页。 9. 属于共有财产的，有无共有权人同意转让的书面证明，见粘贴页。 10. 有无司法机关或者行政机关依法裁定，决定查封或者以其他形式限制权利的情况。 11. 有无抵押等他项权利设置情况，若有，有无取得抵押权人等他项权利人书面同意买卖的证明，见粘贴页。 12. 有无承租人占用房屋，若有，有无承租人放弃优先购买权的书面声明，见粘贴页。 13. 承租人放弃优先购买权，承购人购房后应继续履行租赁合同到合同期满____年____月____日，租赁合同见粘贴页。 14. 委托出售房屋是否被列入拆迁公告范围内。 15. 其他已知可能影响出售的情况：_____。

委托出售房屋的区位信息

坐落：_____省（自治区、直辖市）_____市（县）_____区_____镇_____街（巷）（胡同）_____小区_____号楼_____号房
通邮地址：_____邮政编码：_____
      在_____街道办事处_____居民委员会辖区
      在_____公安局_____派出所管辖区
附近500米内的地标性建筑物：_____
附近500米内的商场、超市：_____
附近500米内的学校、医院：_____
附近500米内的公交车站：_____
其他便利条件：_____

委托出售房屋的实物信息
建成年月：_____年_____月 设计用途：_____ 建筑结构：砖混　砖木　框架　框剪_____ 户型特点：平层　错层　跃层　复式_____

```
垂直通行设施:垂直电梯 _____ 部   步梯 _____ 处
配套设施设备:
供水:自来水   矿泉水   热水   中水 _____
供电:220V   380V   可负荷 _____ kW
供燃气:天然气   煤气 _____
外供暖气:汽暖   水暖   供暖周期 _____
自备采暖:电暖   燃气采暖   燃煤采暖 _____
空调:中央空调   自装柜机 _____ 台   自装挂机 _____ 台
电视馈线:无线   有线(数字、模拟)
电话:外线号码 _____   内线号码 _____
互联网接入方式:拨号   宽带   ADSL _____
```

随房屋家具、电器、用品清单					
名　称	数量	成新率	名　称	数量	成新率
双人床			电　视		
单人床			冰　箱		
床头柜			洗衣机		
梳妆台			热水器		
衣　柜			空　调		
书　柜			燃气灶		
写字台			排油烟机		
沙　发			饮水机		
茶　几			电话机		
椅　子			吸尘器		
餐　桌					
电视柜					

```
                    委托出售房屋的债权债务信息

水费:价格 _____ 预付余额 _____ 欠费额 _____ 近期交费凭证见粘贴页
电费:价格 _____ 预付余额 _____ 欠费额 _____ 近期交费凭证见粘贴页
燃气费:价格 _____ 预付余额 _____ 欠费额 _____ 近期交费凭证见粘贴页
固定电话费:价格 _____ 预付余额 _____ 欠费额 _____ 近期交费凭证见粘贴页
物业管理费:价格 _____ 预付余额 _____ 欠费额 _____ 近期交费凭证见粘贴页
供暖费:价格 _____ 预付余额 _____ 欠费额 _____ 近期交费凭证见粘贴页
电视收视费:价格 _____ 预付余额 _____ 欠费额 _____ 近期交费凭证见粘贴页
互联网费:价格 _____ 预付余额 _____ 欠费额 _____ 近期交费凭证见粘贴页
```

粘　贴　页

附 2-2：房地产经纪业务合同推荐文本(2006)(房屋出租委托协议)

合同编号：_____

房屋出租委托协议

中国房地产估价师与房地产经纪人学会　推荐

委托人：_____
(系房屋出租人)
【本人】【法定代表人】姓名：_____　国籍：_____
【身份证号】【护照号】【营业执照注册号】【　　】_____
住所：_____
邮政编码：_____　联系电话：_____

受托人：_____
(系房地产经纪机构)
法定代表人：_____
营业执照注册号：_____
房地产管理部门备案号：_____
住所：_____
邮政编码：_____　联系电话：_____

根据《中华人民共和国合同法》、《中华人民共和国城市房地产管理法》及其他法律法规，委托人和受托人本着平等、自愿、公平、诚实信用的原则，经协商一致，达成如下协议。

第一条　委托事项

委托人为出租《标的房屋信息》(见本协议附件)所特指的房屋(以下简称标的房屋)，委托受托人提供本协议第三条约定的服务。

【受托人指派】【委托人选定】注册在受托人名下的下列房地产经纪人为本协议委托事项的承办人，执行委托事项：

承办人姓名：_____　性别：_____　身份证件号码：_____
房地产经纪人注册号：_____。

承办人选派注册在受托人名下的下列房地产经纪人协理为本协议委托事项的协办人，协助承办人执行委托事项：

协办人姓名：_____　性别：_____　身份证件号码：_____。

第二条　标的房屋信息

签订本协议时,受托人应凭借自己的专业知识和经验,向委托人全面、详细询问为促成委托人与第三人进行标的房屋租赁所必需的标的房屋情况,要求委托人如实提供相应的资料;委托人应对其提供的情况和资料的真实性承担法律责任。

受托人应根据委托人提供的情况和资料,到标的房屋现场及有关部门进行必要的调查、核实,并与委托人共同如实填写《标的房屋信息》。

《标的房屋信息》为本协议的重要组成部分。

第三条　服务内容

委托人委托受托人提供下列第_____项服务(可多选):

(一)提供与标的房屋租赁相关的法律法规、政策、市场行情咨询。

(二)寻找承租人。

(三)在本协议第四条约定的期限内代管标的房屋。

(四)协助委托人与承租人达成房屋租赁合同。

(五)为委托人代办税费缴纳事务。

(六)代理交接房屋、附属设施及家具设备等。

(七)代办各种收费设施的交接手续。

(八)其他(请注明)_____。

受托人为完成委托代办事项而向委托人收取证件、文件、资料时,应向委托人开具规范的收件清单,并妥善保管;完成委托代办事项后,应及时将上述证件、文件、资料退还委托人。

第四条　委托期限与方式

(一)委托期限按照下列第_____种方式确定(只可选一项):

1. 自_____年___月___日起,至_____年___月___日止。期限届满,本协议自行终止。

2. 自本协议签订之日起,至委托人与承租人签订房屋租赁合同之日止。

3. 其他(请注明)_____。

(二)委托人【承诺】【不承诺】在委托期限内本协议约定的委托事项为独家委托。

第五条　委托出租价格

委托人要求标的房屋的【月】【季】【年】【　　】租金不低于【人民币】【　　】大写_____元(小写____元)。实际租金高于前款约定最低租金的,高出部分属委托人所有。

第六条　服务费用支付

(一)佣金

在本协议第四条约定的期限内委托人与承租人达成房屋租赁合同的,委托人应向受托人支付佣金。

1. 佣金的支付标准及金额按照下列第_____种方式确定(只可选一项):

(1)按房屋租赁合同中载明的【月】【季】【年】【　　】租金的大写百分之_____

(小写 _____％)计付佣金。

(2) 按固定金额【人民币】【　　】大写 _____元(小写 _____元)支付佣金。

(3) 其他(请注明) _____。

2. 佣金的支付时间按照下列第 _____种方式确定(只可选一项):

(1) 自房屋租赁合同签订之日起 _____日内支付。

(2) 其他(请注明) _____。

3. 在本协议第四条约定的期限内未能达成房屋租赁合同的,对受托人为完成委托事项已支出的必要费用,按照下列第 _____种方式处理(下列选项只有一项有效,填写两项或两项以上者,按照有利于委托人的选项执行):

(1) 由受托人承担。

(2) 以【人民币】【　　】大写 _____元(小写 _____元)为限,自委托期限届满之日起 _____日内支付。

(3) 按上列约定佣金支付标准的大写百分之 _____(小写 _____％)计算,自委托期限届满之日起 _____日内支付。

(4) 由委托人和受托人根据受托人完成的工作量另行议定。

(5) 其他(请注明) _____。

4. 受托人收取佣金后,应向委托人开具正式发票。

(二) 代办事项服务费

受托人完成本协议第三条约定的代办事项的,委托人应按照下列第_____种方式向受托人支付服务费(下列选项只有一项有效,填写两项或两项以上者,按照有利于委托人的选项执行):

1. 由受托人承担。

2. 按受托人经营场所明示的收费标准,自委托事项完成之日起 _____日内或 _____支付。

3. 按受托人经营场所明示的收费标准的大写百分之 _____(小写 _____％),自委托事项完成之日起 _____日内或 _____支付。

4. 按固定金额【人民币】【　　】大写 _____元(小写 _____元),自委托事项完成之日起 _____日内或 _____支付。

5. 其他(请注明) _____。

受托人收取代办服务费后,应向委托人开具正式发票。

(三) 代缴税费

受托人在完成委托事项中,代委托人向第三方缴纳的税费,按照下列第 _____种方式处理(下列选项只有一项有效,填写两项或两项以上者,按照有利于委托人的选项执行):

1. 委托人按委托人和受托人认同的估算金额预付给受托人,待约定的代缴税费事项完成、委托期限届满或者本协议终止(以先者为准)时,受托人凭缴纳税费收据与委托人结算,如有差额多退少补。

2. 由受托人提供收费标准与金额,委托人按代办进程将应缴税费付给受托人,委托其代为向第三方缴纳。

3. 其他(请注明)_____。

第七条　交易过错责任承担

委托人因与本项委托直接关联的交易与承租人发生房屋租赁权纠纷且委托人属过错方的,除受托人能证明属于委托人过错、应由委托人承担责任的外,受托人作为专业机构应承担过错责任,对委托人应承担的民事责任承担连带责任。

受托人不得在本协议以外的补充约定中,设立明示或者暗示与本条款相冲突的免除受托人责任的条款。

第八条　违约责任

(一)委托人违约责任

1. 委托人故意提供虚假的标的房屋情况和资料的,受托人有权单方解除本协议,给受托人造成损失的,委托人应依法承担赔偿责任;

2. 委托人泄露由受托人提供的承租人资料,给受托人、承租人造成损失的,委托人应依法承担赔偿责任;

3. 委托人在委托期限内自行与第三人达成交易的,应按照本协议约定的标准向受托人支付佣金。但委托人在本协议第四条第二款中不承诺为独家委托,并能证明该项交易与受托人的服务没有直接因果关系的除外。

(二)受托人违约责任

1. 受托人违背执业保密义务,不当泄露委托人商业秘密或个人隐私,给委托人造成损害的,应按照_____标准支付违约金,约定违约金不足以弥补委托人损失的,委托人有权要求补充赔偿。

2. 受托人有隐瞒、虚构信息或恶意串通等影响委托人利益的行为,委托人除有权解除本协议、要求退还已支付的相关款项外,受托人还应按照_____标准,向委托人支付违约金。

3. 在委托代办事项中,受托人因工作疏漏,遗失委托人的证件、文件、资料、发票等,应给予相应经济补偿。

(三)委托人与受托人之间有付款义务而延迟履行的,应按照迟延天数乘以应付款项的大写百分之_____(小写_____%)计算迟延付款违约金支付给对方,但不超过应付款总额。

第九条　协议变更与解除

(一)协议变更

在本协议履行期间,任何一方要求变更本协议条款,应书面通知对方。经双方协商一致,可达成补充协议。补充协议为本协议的组成部分,与本协议具有同等效力。

如经双方协商一致,无需签订补充协议的,应将变更事项简记于本协议的附注栏内。

（二）协议解除

1. 委托人有确凿证据证明受托人有与其执业身份不相称的行为且将影响委托人利益的，可于委托期限届满前，书面通知受托人解除本协议，受托人应在收到通知之日起_____日内将预收的费用退还委托人。

2. 受托人有确凿证据证明委托人隐瞒重要事实且足以影响交易安全的，可于委托期限届满前，书面通知委托人解除本协议，已收费用不予退还，并可依法追偿约定的或已发生的费用。

第十条 争议处理

因履行本协议发生争议，由争议双方协商解决，协商不成的，双方【同意】【不同意】由标的房屋所在地的房地产经纪行业组织调解。

调解不成或者不同意调解的，按照下列第_____种方式解决：

1. 提交_____仲裁委员会仲裁。
2. 依法向人民法院起诉。

第十一条 协议生效

本协议一式_____份，具有同等法律效力，委托人_____份，受托人_____份。

本协议自双方签订之日起生效。

委托人（签章）： 受托人（签章）：
                 承办人（签章）：
                 协办人（签章）：

签订地点：

签订日期：二〇〇 年 月 日

附 注 栏

变更日期	变更事项	双方签字确认

附件

标的房屋信息

委托出租房屋可公开基本信息
位置：_____省（自治区、直辖市）_____市（县）_____（区）_____路_____（巷）（胡同）_____小区 用途：_____ 建筑结构：_____ 户型：____室____厅____卫____厨或平房____间 面积：建筑面积：____平方米；使用面积：____平方米 　　　套内建筑面积：____平方米 装修：【毛坯房】【粗装修】【精装修】【　　】
委托出租房屋其他可公开基本信息

委托出租房屋的权益信息
1. 所有权人：_____ 2. 共有权人：_____（没有共有权人的填写"无"，不宜留空）。 3. 房屋所有权人持有_____颁发的所有权证书，证书号_____证书复印件见粘贴页。 4. 房屋所有权性质：【私房】【已购公有住房】【商品房】【经济适用住房】【　　】。 5. 房屋所占土地性质：【国有划拨】【国有出让】【农民集体】【　　】。 6. 该房屋享有的附属权益：_____（如树木、合法搭建、车位、会所、公用物业受益、公共维修基金等）。 7. 属于共有财产的，有无共有权人同意出租的书面证明，见粘贴页。 8. 有无司法机关或者行政机关依法裁定，决定查封或者以其他形式限制权利的情况。 9. 委托出租房屋是否被列入拆迁公告范围内。 10. 其他已知可能影响出租的情况：_____。

委托出租房屋的区位信息
坐落：_____省（自治区、直辖市）_____市（县）_____区_____镇_____街（巷）（胡同）_____小区_____号楼_____号房 通邮地址：_____邮政编码：_____ 在_____街道办事处_____居民委员会辖区 在_____公安局_____派出所管辖区 附近500米内的地标性建筑物：_____ 附近500米内的商场、超市：_____

附近 500 米内的学校、医院：_____
附近 500 米内的公交车站：_____
其他便利条件：_____
_____

委托出租房屋的实物信息

建成年月：_____年_____月
设计用途：_____
建筑结构：砖混　砖木　框架　框剪　_____
户型特点：平层　错层　跃层　复式　_____
垂直通行设施：垂直电梯_____部　步梯_____处
配套设施设备：
供水：自来水　矿泉水　热水　中水　_____
供电：220V　380V　可负荷_____kW
供燃气：天然气　煤气　_____
外供暖气：汽暖　水暖　供暖周期_____
自备采暖：电暖　燃气采暖　燃煤采暖　_____
空调：中央空调　自装柜机_____台　自装挂机_____台
电视馈线：无线　有线（数字、模拟）
电话：外线号码　　　　内线号码
互联网接入方式：拨号　宽带　ADSL　_____

随房屋家具、电器、用品清单					
名　称	数量	成新率	名　称	数量	成新率
双人床			电　视		
单人床			冰　箱		
床头柜			洗衣机		
梳妆台			热水器		
衣　柜			空　调		
书　柜			燃气灶		
写字台			排油烟机		
沙　发			饮水机		
茶　几			电话机		
椅　子			吸尘器		
餐　桌					
电视柜					

委托出租房屋的债权债务信息
水费：价格 _____ 预付余额 _____ 欠费额 _____ 近期交费凭证见粘贴页
电费：价格 _____ 预付余额 _____ 欠费额 _____ 近期交费凭证见粘贴页
燃气费：价格 _____ 预付余额 _____ 欠费额 _____ 近期交费凭证见粘贴页
固定电话费：价格 _____ 预付余额 _____ 欠费额 _____ 近期交费凭证见粘贴页
物业管理费：价格 _____ 预付余额 _____ 欠费额 _____ 近期交费凭证见粘贴页
供暖费：价格 _____ 预付余额 _____ 欠费额 _____ 近期交费凭证见粘贴页
电视收视费：价格 _____ 预付余额 _____ 欠费额 _____ 近期交费凭证见粘贴页
互联网费：价格 _____ 预付余额 _____ 欠费额 _____ 近期交费凭证见粘贴页

粘 贴 页

附2-3：房地产经纪业务合同推荐文本（2006）（房屋承购委托协议）

合同编号：_____

房屋承购委托协议

中国房地产估价师与房地产经纪人学会　推荐

委托人：_____

（系房屋承购人）

【本人】【法定代表人】姓名：_____　国籍：_____

【身份证号】【护照号】【营业执照注册号】【　　】_____

住所：_____

邮政编码：_____　联系电话：_____

受托人：_____

（系房地产经纪机构）

法定代表人：_____

营业执照注册号：_____

房地产管理部门备案号：_____

住所：_____

邮政编码：_____　联系电话：_____

根据《中华人民共和国合同法》、《中华人民共和国城市房地产管理法》及其他法律法规，委托人和受托人本着平等、自愿、公平、诚实信用的原则，经协商一致，达成如下协议。

第一条 委托事项

委托人为购买《房屋需求信息》(见本协议附件)所要求的房屋(以下简称意愿购买房屋),委托受托人提供本协议第三条约定的服务。

【受托人指派】【委托人选定】注册在受托人名下的下列房地产经纪人为本协议委托事项的承办人,执行委托事项:

承办人姓名:_____ 性别:_____ 身份证件号码:_____

房地产经纪人注册号:_____。

承办人选派注册在受托人名下的下列房地产经纪人协理为本协议委托事项的协办人,协助承办人执行委托事项:

协办人姓名:_____ 性别:_____ 身份证件号码:_____。

第二条 房屋需求信息

签订本协议时,受托人应凭借自己的专业知识和经验,向委托人详细询问其意愿购买房屋的用途、区位、价位、户型、面积、建成年份或新旧程度等要求;委托人应对其购买意愿表示的真实性承担法律责任。

受托人应根据委托人的购买意愿,与委托人共同如实填写《房屋需求信息》。

《房屋需求信息》为本协议的重要组成部分。

第三条 服务内容

委托人委托受托人提供下列第_____项服务(可多选):

(一)提供与意愿购买房屋买卖相关的法律法规、政策、市场行情咨询。

(二)寻找意愿购买房屋及其出售人。

(三)对符合委托人购买《房屋需求信息》要求且得到委托人基本认可的房屋进行产权调查和实地查验。

(四)协助委托人与出售人达成房屋买卖合同。

(五)代办房地产估价、公证手续。

(六)为委托人代办税费缴纳事务。

(七)代办购房抵押贷款手续。

(八)代办房屋产权及附属设施过户手续。

(九)代理查验并接收房屋、附属设施及家具设备等。

(十)代办各种收费设施的交接手续。

(十一)其他(请注明)_____。

受托人为完成委托代办事项而向委托人收取证件、文件、资料时,应向委托人开具规范的收件清单,并妥善保管;完成委托代办事项后,应及时将上述证件、文件、资料退还委托人。

第四条 委托期限与方式

(一)委托期限按照下列第_____种方式确定(只可选一项):

1. 自＿＿＿年＿＿＿月＿＿＿日起，至＿＿＿年＿＿＿月＿＿＿日止。期限届满，本协议自行终止。

2. 自本协议签订之日起，至委托人与出售人签订房屋买卖合同之日止。

3. 其他（请注明）＿＿＿＿＿＿＿＿＿＿＿＿＿＿。

（二）委托人【承诺】【不承诺】在委托期限内本协议约定的委托事项为独家委托。

第五条　委托承购价格

委托人要求委托承购的房屋总价不高于【人民币】【　　】大写＿＿＿＿＿＿元（小写＿＿＿＿＿＿元）。委托人支付的价格应与出售人得到的价格相同。

第六条　服务费用支付

（一）佣金

在本协议第四条约定的期限内委托人与出售人达成房屋买卖合同的，委托人应向受托人支付佣金。

1. 佣金的支付标准及金额按照下列第＿＿＿＿种方式确定（只可选一项）：

（1）按房屋买卖合同中载明的成交价的大写百分之＿＿＿＿（小写＿＿＿＿%）计付佣金。

（2）按固定金额【人民币】【　　】大写＿＿＿＿＿＿元（小写＿＿＿＿＿＿元）支付佣金。

（3）其他（请注明）＿＿＿＿＿＿＿＿＿＿＿＿。

2. 佣金的支付时间按照下列第＿＿＿＿种方式确定（只可选一项）：

（1）自房屋买卖合同签订之日起＿＿＿＿日内支付。

（2）于房屋买卖合同签订之日，支付佣金总额的大写百分之＿＿＿＿（小写＿＿＿＿%）；于房屋产权过户手续完成之日，支付佣金总额的大写百分之＿＿＿＿（小写＿＿＿＿%）；于房屋交付完成之日，支付佣金总额的大写百分之＿＿＿＿（小写＿＿＿＿%）。

（3）其他（请注明）＿＿＿＿＿＿＿＿＿＿＿＿＿＿＿＿＿＿。

3. 在本协议第四条约定的期限内未能达成房屋买卖合同的，对受托人为完成委托事项已支出的必要费用，按照下列第＿＿＿＿＿＿种方式处理（下列选项只有一项有效，填写两项或两项以上者，按照有利于委托人的选项执行）：

（1）由受托人承担。

（2）以【人民币】【　　】大写＿＿＿＿＿＿＿＿元（小写＿＿＿＿＿元）为限，自委托期限届满之日起＿＿＿＿＿日内支付。

（3）按上列约定佣金支付标准的大写百分之＿＿＿＿（小写＿＿＿＿＿%）计算，自委托期限届满之日起＿＿＿＿＿日内支付。

（4）由委托人和受托人根据受托人完成的工作量另行议定。

（5）其他（请注明）＿＿＿＿＿＿＿＿＿＿＿＿＿＿＿＿＿＿。

4. 受托人收取佣金后，应向委托人开具正式发票。

（二）代办事项服务费

受托人完成本协议第三条约定的代办事项的，委托人应按照下列第_____种方式向受托人支付服务费（下列选项只有一项有效，填写两项或两项以上者，按照有利于委托人的选项执行）：

1. 由受托人承担。

2. 按受托人经营场所明示的收费标准，自委托事项完成之日起_____日内或_____支付。

3. 按受托人经营场所明示的收费标准的大写百分之_____（小写____%），自委托事项完成之日起_____日内或_____支付。

4. 按固定金额【人民币】【　　】大写_____元(小写____元)，自委托事项完成之日起_____日内或_____支付。

5. 其他（请注明）_____。

受托人收取代办服务费后，应向委托人开具正式发票。

（三）代缴税费

受托人在完成委托事项中，代委托人向第三方缴纳的税费，按照下列第_____种方式处理（下列选项只有一项有效，填写两项或两项以上者，按照有利于委托人的选项执行）：

1. 委托人按委托人和受托人认同的估算金额预付给受托人，待约定的代缴税费事项完成、委托期限届满或者本协议终止（以先者为准）时，受托人凭缴纳税费收据与委托人结算，如有差额多退少补。

2. 由受托人提供收费标准与金额，委托人按代办进程将应缴税费付给受托人，委托其代为向第三方缴纳。

3. 其他（请注明）_____。

第七条　交易过错责任承担

委托人因与本项委托直接关联的交易与出售人发生权属纠纷且委托人属过错方的，除受托人能证明属于委托人过错、应由委托人承担责任的外，受托人作为专业机构应承担过错责任，对委托人应承担的民事责任承担连带责任。

受托人不得在本协议以外的补充约定中，设立明示或者暗示与本条款相冲突的免除受托人责任的条款。

第八条　违约责任

（一）委托人违约责任

1. 委托人故意提供虚假的房屋需求信息的，受托人有权单方解除本协议，给受托人造成损失的，委托人应依法承担赔偿责任；

2. 委托人泄露由受托人提供的出售人资料，给受托人、出售人造成损失的，委托人应依法承担赔偿责任；

3. 委托人在委托期限内自行与第三人达成交易的，应按照本协议约定的标准向受托人支付佣金。但委托人在本协议第四条第二款中不承诺为独家委托,并能证明该项交易与受托人的服务没有直接因果关系的除外。

(二)受托人违约责任

1. 受托人违背执业保密义务,不当泄露委托人商业秘密或个人隐私,给委托人造成损害的,应按照_____标准支付违约金,约定违约金不足以弥补委托人损失的,委托人有权要求补充赔偿。

2. 受托人有隐瞒、虚构信息或恶意串通等影响委托人利益的行为,委托人除有权解除本协议、要求退还已支付的相关款项外,受托人还应按照_____标准,向委托人支付违约金。

3. 在委托代办事项中,受托人因工作疏漏,遗失委托人的证件、文件、资料、发票等,应给予相应经济补偿。

(三)委托人与受托人之间有付款义务而延迟履行的,应按照迟延天数乘以应付款项的大写百分之_____(小写_____%)计算迟延付款违约金支付给对方,但不超过应付款总额。

第九条 协议变更与解除

(一)协议变更

在本协议履行期间,任何一方要求变更本协议条款,应书面通知对方。经双方协商一致,可达成补充协议。补充协议为本协议的组成部分,与本协议具有同等效力。

若经双方协商一致,无需签订补充协议的,应将变更事项简记于本协议的附注栏内。

(二)协议解除

1. 委托人有确凿证据证明受托人有与其执业身份不相称的行为且将影响委托人利益的,可于委托期限届满前,书面通知受托人解除本协议,受托人应在收到通知之日起_____日内将预收的费用退还委托人。

2. 受托人有确凿证据证明委托人隐瞒重要事实且足以影响交易安全的,可于委托期限届满前,书面通知委托人解除本协议,已收费用不予退还,并可依法追偿约定的或已发生的费用。

第十条 争议处理

因履行本协议发生争议,由争议双方协商解决,协商不成的,双方【同意】【不同意】由标的房屋所在地的房地产经纪行业组织调解。

调解不成或者不同意调解的,按照下列第_____种方式解决:

1. 提交_____仲裁委员会仲裁。
2. 依法向人民法院起诉。

第十一条 协议生效

本协议一式____份,具有同等法律效力,委托人____份,受托人____份。

本协议自双方签订之日起生效。

委托人(签章):　　　　　　　　受托人(签章):
　　　　　　　　　　　　　　　承办人(签章):
　　　　　　　　　　　　　　　协办人(签章):

签订地点:
签订日期:二〇〇　　年　　月　　日

附 注 栏

变更日期	变更事项	双方签字确认

附件

房屋需求信息

用途:_____。
区位:_____市_____区_____附近_____米内的范围。
价位:单价【人民币】【　】_____元/平方米至_____元/平方米,总价【人民币】
　　【　】_____元至_____元。
户型:____室____厅____卫____厨或_____。
面积:【建筑面积】【使用面积】【　】_____平方米至_____平方米。
新旧:【房屋建成年份】【新旧程度】【　】:_____。
其他要求:_____

委托人和受托人对上述信息签字确认:
委托人:　　　　　　　　　受托人:
　　　　　　　　　　　　　承办人:
　　　　　　　　　　　　　协办人:

签订地点:
签订日期:二〇〇　　年　　月　　日

附2-4:房地产经纪业务合同推荐文本(2006)(房屋承租委托协议)

合同编号:＿＿＿＿＿＿＿

房屋承租委托协议

中国房地产估价师与房地产经纪人学会　推荐

委托人:＿＿＿＿＿＿＿＿＿＿＿＿＿＿＿＿＿
(系房屋承租人)
【本人】【法定代表人】姓名:＿＿＿＿＿＿　国籍:＿＿＿＿＿＿
【身份证号】【护照号】【营业执照注册号】【　】＿＿＿＿＿＿
住所:＿＿＿＿＿＿＿＿＿＿＿＿＿＿＿＿＿
邮政编码:＿＿＿＿＿＿＿＿＿＿联系电话:＿＿＿＿＿＿

受托人:＿＿＿＿＿＿＿＿＿＿＿＿＿＿＿＿＿
(系房地产经纪机构)
法定代表人:＿＿＿＿＿＿＿＿＿＿＿＿＿＿
营业执照注册号:＿＿＿＿＿＿＿＿＿＿＿＿
房地产管理部门备案号:＿＿＿＿＿＿＿＿＿＿
住所:＿＿＿＿＿＿＿＿＿＿＿＿＿＿＿＿＿
邮政编码:＿＿＿＿＿＿＿＿＿＿联系电话:＿＿＿＿＿＿

根据《中华人民共和国合同法》、《中华人民共和国城市房地产管理法》及其他法律法规,委托人和受托人本着平等、自愿、公平、诚实信用的原则,经协商一致,达成如下协议。

第一条　委托事项

委托人为租赁《房屋需求信息》(见本协议附件)所要求的房屋(以下简称意愿租赁房屋),委托受托人提供本协议第三条约定的服务。

【受托人指派】【委托人选定】注册在受托人名下的下列房地产经纪人为本协议委托事项的承办人,执行委托事项:

承办人姓名:＿＿＿＿＿＿　性别:＿＿＿＿　身份证件号码:＿＿＿＿＿＿＿＿
房地产经纪人注册号:＿＿＿＿＿＿＿＿＿＿＿＿＿＿＿＿＿。

承办人选派注册在受托人名下的下列房地产经纪人协理为本协议委托事项的协办人,协助承办人执行委托事项:

协办人姓名:＿＿＿＿＿＿　性别:＿＿＿＿　身份证件号码:＿＿＿＿＿＿＿＿。

第二条　房屋需求信息

签订本协议时,受托人应凭借自己的专业知识和经验,向委托人详细询问其意愿租赁房屋的用途、区位、租金水平、户型、面积、建成年份或新旧程度等要求;委托人应对其租赁意愿表示的真实性承担法律责任。

受托人应根据委托人的租赁意愿,与委托人共同如实填写《房屋需求信息》。

《房屋需求信息》为本协议的重要组成部分。

第三条 服务内容

委托人委托受托人提供下列第_____项服务(可多选):

(一)提供与意愿租赁房屋租赁相关的法律法规、政策、市场行情咨询。

(二)寻找意愿租赁房屋及其出租人。

(三)对符合委托人租赁《房屋需求信息》要求且得到委托人基本认可的房屋进行产权调查和实地查验。

(四)协助委托人与出租人达成房屋租赁合同。

(五)为委托人代办税费缴纳事务。

(六)代理交接房屋、附属设施及家具设备等。

(七)代办各种收费设施的交接手续。

(八)其他(请注明)_____。

受托人为完成委托代办事项而向委托人收取证件、文件、资料时,应向委托人开具规范的收件清单,并妥善保管;完成委托代办事项后,应及时将上述证件、文件、资料退还委托人。

第四条 委托期限与方式

(一)委托期限按照下列第_____种方式确定(只可选一项):

1. 自_____年____月____日起,至_____年____月____日止。期限届满,本协议自行终止。

2. 自本协议签订之日起,至委托人与出租人签订房屋租赁合同之日止。

3. 其他(请注明)_____。

(二)委托人【承诺】【不承诺】在委托期限内本协议约定的委托事项为独家委托。

第五条 委托承租价格

委托人要求委托承租的房屋【月】【季】【年】【 】租金不高于【人民币】【 】大写_____元(小写____元)。委托人支付的租金应与出租人得到的租金相同。

第六条 服务费用支付

(一)佣金

在本协议第四条约定的期限内委托人与出租人达成房屋租赁合同的,委托人应向受托人支付佣金。

1. 佣金的支付标准及金额按照下列第_____种方式确定(只可选一项):

(1)按房屋租赁合同中载明的【月】【季】【年】【 】租金的大写百分之_____(小写_____%)计付佣金。

(2) 按固定金额【人民币】【　　】大写＿＿＿元＿＿＿（小写＿＿＿元）支付佣金。

(3) 其他（请注明）＿＿＿＿＿＿＿＿。

2. 佣金的支付时间按照下列第＿＿＿＿种方式确定（只可选一项）：

(1) 自房屋租赁合同签订之日起＿＿＿＿日内支付。

(2) 其他（请注明）＿＿＿＿＿＿＿＿。

3. 在本协议第四条约定的期限内未能达成房屋租赁合同的，对受托人为完成委托事项已支出的必要费用，按照下列第＿＿＿＿种方式处理（下列选项只有一项有效，填写两项或两项以上者，按照有利于委托人的选项执行）：

(1) 由受托人承担。

(2) 以【人民币】【　　】大写＿＿＿元（小写＿＿＿元）为限，自委托期限届满之日起＿＿＿日内支付。

(3) 按上列约定佣金支付标准的大写百分之＿＿＿（小写＿＿＿％）计算，自委托期限届满之日起＿＿＿日内支付。

(4) 由委托人和受托人根据受托人完成的工作量另行议定。

(5) 其他（请注明）＿＿＿＿＿＿＿＿。

4. 受托人收取佣金后，应向委托人开具正式发票。

（二）代办事项服务费

受托人完成本协议第三条约定的代办事项的，委托人应按照下列第＿＿＿＿种方式向受托人支付服务费（下列选项只有一项有效，填写两项或两项以上者，按照有利于委托人的选项执行）：

1. 由受托人承担。

2. 按受托人经营场所明示的收费标准，自委托事项完成之日起＿＿＿＿日内或＿＿＿＿支付。

3. 按受托人经营场所明示的收费标准的大写百分之＿＿＿（小写＿＿＿％），自委托事项完成之日起＿＿＿日内或＿＿＿支付。

4. 按固定金额【人民币】【　　】大写＿＿＿元（小写＿＿＿元），自委托事项完成之日起＿＿＿日内或＿＿＿支付。

5. 其他（请注明）＿＿＿＿＿＿＿＿。

受托人收取代办服务费后，应向委托人开具正式发票。

（三）代缴税费

受托人在完成委托事项中，代委托人向第三方缴纳的税费，按照下列第＿＿＿＿种方式处理（下列选项只有一项有效，填写两项或两项以上者，按照有利于委托人的选项执行）：

1. 委托人按委托人和受托人认同的估算金额预付给受托人，待约定的代缴税费事项完成、委托期限届满或者本协议终止（以先者为准）时，受托人凭缴纳税费收据与委托人结算,如有差额多退少补。

2. 由受托人提供收费标准与金额,委托人按代办进程将应缴税费付给受托人,委托其代为向第三方缴纳。

3. 其他(请注明)＿＿＿＿＿＿＿＿＿＿＿＿＿＿＿＿＿＿＿＿。

第七条　交易过错责任承担

委托人因与本项委托直接关联的交易与出租人发生房屋租赁权纠纷且委托人属过错方的,除受托人能证明属于委托人过错、应由委托人承担责任的外,受托人作为专业机构应承担过错责任,对委托人应承担的民事责任承担连带责任。

受托人不得在本协议以外的补充约定中,设立明示或者暗示与本条款相冲突的免除受托人责任的条款。

第八条　违约责任

(一)委托人违约责任

1. 委托人故意提供虚假的房屋需求信息的,受托人有权单方解除本协议,给受托人造成损失的,委托人应依法承担赔偿责任;

2. 委托人泄露由受托人提供的出租人资料,给受托人、出租人造成损失的,委托人应依法承担赔偿责任;

3. 委托人在委托期限内自行与第三人达成交易的,应按照本协议约定的标准向受托人支付佣金。但委托人在本协议第四条第二款中不承诺为独家委托,并能证明该项交易与受托人的服务没有直接因果关系的除外。

(二)受托人违约责任

1. 受托人违背执业保密义务,不当泄露委托人商业秘密或个人隐私,给委托人造成损害的,应按照＿＿＿＿＿＿＿＿＿＿标准支付违约金,约定违约金不足以弥补委托人损失的,委托人有权要求补充赔偿。

2. 受托人有隐瞒、虚构信息或恶意串通等影响委托人利益的行为,委托人除有权解除本协议、要求退还已支付的相关款项外,受托人还应按照＿＿＿＿＿＿＿＿＿＿标准,向委托人支付违约金。

3. 在委托代办事项中,受托人因工作疏漏,遗失委托人的证件、文件、资料、发票等,应给予相应经济补偿。

(三)委托人与受托人之间有付款义务而延迟履行的,应按照迟延天数乘以应付款项的大写百分之＿＿＿＿＿＿(小写＿＿＿＿％)计算迟延付款违约金支付给对方,但不超过应付款总额。

第九条　协议变更与解除

(一)协议变更

在本协议履行期间,任何一方要求变更本协议条款,应书面通知对方。经双方协商一致,可达成补充协议。补充协议为本协议的组成部分,与本协议具有同等效力。

如经双方协商一致,无需签订补充协议的,应将变更事项简记于本协议的附注栏内。

(二)协议解除

1. 委托人有确凿证据证明受托人有与其执业身份不相称的行为且将影响委托人利益的,可于委托期限届满前,书面通知受托人解除本协议,受托人应在收到通知之日起_____日内将预收的费用退还委托人。

2. 受托人有确凿证据证明委托人隐瞒重要事实且足以影响交易安全的,可于委托期限届满前,书面通知委托人解除本协议,已收费用不予退还,并可依法追偿约定的或已发生的费用。

第十条 争议处理

因履行本协议发生争议,由争议双方协商解决,协商不成的,双方【同意】【不同意】由标的房屋所在地的房地产经纪行业组织调解。

调解不成或者不同意调解的,按照下列第_____种方式解决:

1. 提交_____仲裁委员会仲裁。
2. 依法向人民法院起诉。

第十一条 协议生效

本协议一式____份,具有同等法律效力,委托人____份,受托人____份。

本协议自双方签订之日起生效。

委托人(签章):　　　　　　受托人(签章):
　　　　　　　　　　　　　　承办人(签章):
　　　　　　　　　　　　　　协办人(签章):

签订地点:

签订日期:二〇〇 年 月 日

附 注 栏

变更日期	变更事项	双方签字确认

附件

房屋需求信息

用途：_____
区位：_____市_____区_____附近_____米内的范围。
租金：【月】【季】【年】【 】租金【人民币】【 】_____元至_____元,单位【月】【季】【年】【 】租金【人民币】【 】_____元/平方米至_____元/平方米。
户型：____室____厅____卫____厨或____。
面积：【建筑面积】【使用面积】【 】_____平方米至_____平方米。
新旧：【房屋建成年份】【新旧程度】【 】：_____。
其他要求：_____
委托人和受托人对上述信息签字确认：
委托人：   受托人：
承办人：
协办人：
签订地点：
签订日期：二〇〇　年　月　日

附2-5：苏州市存量房出售居间代理委托协议

编号：苏　售

苏州市住房和城乡建设局制定

二〇〇七版

委托方留存

使用须知

一、本协议是苏州市住房和城乡建设局依据国家和本省、本市有关政策法规,制定的存量房出售居间代理委托协议示范文本。房地产经纪机构承接苏州市区范围内存量房出售居间代理业务时应当采用本协议文本。出售方与房地产经纪机构签订本协议之前,应当阅读并了解本协议内容,对本协议中固定内容及专业用词理解不一致的,可向苏州市房地产市场管理处咨询。

二、存量房出售居间代理是一种民事法律行为,实行自愿委托,出售方应当慎重选择受托房地产经纪机构。

三、本协议所称存量房专指已经依法取得房屋所有权证和国有土地使用权证的房屋。

四、本协议中的固定内容不得修改,下划线处和附件空白处的文字输入、【】和[]

的内容选择,应当由协议双方自行约定。房地产经纪机构不得在下划线处和附件空白处设立免除受托方责任、加重委托方责任或排除委托方合法权利的条款。

　　五、协议双方就存量房出售居间代理委托事宜协商一致后,应当依托苏州市区存量房买卖网上管理系统,在线拟订、修改、校对协议电子文本具体内容,确认无误后由受托房地产经纪机构即时打印出协议纸质文本,经双方签章后即行上传备案。本协议电子文本一经网上备案,任何人均不得对协议内容进行更改。

　　六、本协议文本固定内容和网上签约操作事项由苏州市住房和城乡建设局负责解释。

存量房出售居间代理委托协议

协议各方当事人:
委托方:_____
　　出售信息挂牌登记表编号:_____
　　本人姓名:_____ 国籍:_____
　　法定代表人姓名:_____ 国籍:_____
　　本人身份证照:_____ 机构证照:_____
　　证照号:_____
　　联系地址:_____
　　联系电话:_____ 邮政编码:_____
　　监护人:_____ 国籍:_____
　　身份证照:_____ 机构证照:_____
　　证照号:_____
　　联系地址:_____
　　联系电话:_____ 邮政编码:_____
　　委托方代理人姓名:_____ 国籍:_____
　　身份证照:_____ 证照号:_____
　　联系地址:_____
　　联系电话:_____ 邮政编码:_____
受托方:_____
　　法定代表人姓名:_____ 国籍:_____
　　营业执照注册号:_____
　　经纪机构备案证号:_____
　　注册地址:_____
　　联系电话:_____ 邮政编码:_____
　　房地产经纪人姓名:_____ 国籍:_____
　　身份证照:_____ 证照号:_____

经纪人资格证：＿＿＿＿＿＿＿＿＿＿　资格证号：＿＿＿＿＿＿＿＿
联系地址：＿＿＿＿＿＿＿＿＿＿＿＿＿＿＿＿＿＿＿＿＿＿＿
联系电话：＿＿＿＿＿＿＿＿＿＿＿　邮政编码：＿＿＿＿＿＿＿＿

以上所列各方地址均为履行本协议期间之法定送达地址，若有变更应及时通知所有各方。

根据《中华人民共和国合同法》、《中华人民共和国城市房地产管理法》、《江苏省城市房地产交易管理条例》、《城市房地产中介服务管理规定》和《苏州市房地产中介管理办法》之规定，委托方与受托方遵循平等、自愿、公平、守法、诚实信用的原则，经协商一致，就以下房屋出售居间代理委托事宜订立本协议。

第一条　房屋出售信息。

1. 坐落：本市＿＿＿＿＿区＿＿＿＿＿＿＿＿＿＿＿＿。
   地号：＿＿＿＿＿幢号：＿＿＿＿＿室号：＿＿＿＿＿。
2. 房屋所有权证编号：＿＿＿＿＿。
3. 建筑面积：＿＿＿＿＿＿＿＿＿＿＿＿＿＿＿＿＿＿平方米。
   产权登记附记：阁楼＿＿＿＿个，套内建筑面积：＿＿＿＿＿平方米；
   　　　　　　　汽车库＿＿＿＿个，套内建筑面积：＿＿＿＿＿平方米；
   　　　　　　　自行车库＿＿＿＿个，套内建筑面积：＿＿＿＿＿平方米。
4. 房屋用途：＿＿＿＿＿＿＿＿＿＿＿＿＿。
5. 国有土地使用权证编号：＿＿＿＿＿。
6. 国有土地使用权类型为＿＿＿＿＿（【出让】或【划拨】或【　】）。（仅选一种）
7. 出售总价：不低于人民币(￥＿＿＿＿＿元)＿＿亿＿＿千＿＿百＿＿十＿＿万＿＿千＿＿百＿＿十＿＿元整。
   实际成交价高于本条款出售总价的，高出部分属委托方所有。
8. 随同该房屋一并转让的房屋附属物品情况详见出售信息挂牌登记表。
9. 其他：＿＿＿＿＿＿＿＿＿＿＿＿＿＿＿＿＿＿＿＿。

第二条　委托方式约定为下列第＿＿＿＿款。（仅选一款）

【1】委托方委托包括受托方在内的多家（不超过三家）房地产经纪机构提供居间代理服务。

【2】委托方仅委托受托方独家提供居间代理服务。

第三条　委托事项约定为下列第【1】＿＿＿＿＿款。（可以全选）

【1】提供市场行情、介绍客源信息、组织房源察勘、协助上网签订《存量房买卖契约》(简称《存量房契约》)。

【2】协助交割房源、代办房地产权属转移及变更登记手续。

【3】其他：＿＿＿＿＿＿＿＿＿＿＿＿＿。

第四条　委托时限约定为下列第【1】＿＿＿＿＿款。（可以全选）

【1】受托方应当在出售信息上网挂牌之日起90天内，完成本协议第三条第【1】款委托事项，逾期本协议自行失效。逾期后双方同意续期的，应当另行签订委托协议。

【2】受托方应当在《存量房契约》生效之日起_____天内，完成本协议第三条第【2】款委托事项。逾期后委托方不同意延期的，本协议第三条第【2】款委托事项终止执行。

【3】其他：_____。

第五条 佣金及支付方式约定为下列第【1】_____款。（可以全选）

【1】买卖代理费：

（1）受托方在本协议第四条第【1】款委托时限内完成本协议第三条第【1】款委托事项的，委托方应当于《存量房契约》生效之日起_____天内，按房屋及其附属物品实际成交价的_____%，向受托方支付买卖代理费；

（2）受托方在本协议第四条第【2】款委托时限内完成本协议第三条第【2】款委托事项的，委托方应当于房地产权属转移登记完成之日起_____天内，按房屋及其附属物品实际成交价的_____%，向受托方支付买卖代理费。

【2】其他：_____。

受托方收取委托方支付的相应佣金后，应当即时向委托方如数开具规范、合法的收款票据。

第六条 委托方义务。

1. 委托方应当向受托方提供真实、准确、合法、有效的出售信息。

2. 委托方应当按本协议第五条约定向受托方支付相应佣金。

3. 委托方应当根据受托方要求按时收集并提供相关资料，及时协助、配合受托方共同完成相关事宜。

4. 委托方式为本协议第二条第【2】款的，委托方不得将本协议第三条约定的委托事项另行委托其他房地产经纪机构。

5. 委托方不得在本协议第四条第【1】款约定委托时限内，或该约定委托时限届满之后与受托方介绍的客源私下洽谈并签订《存量房契约》。

6. 委托方不得向无关者泄露有损于受托方权益的商业秘密以及受托方介绍的客源之秘密。

第七条 受托方义务。

1. 受托方应当向委托方明示营业执照、备案证书、收费等级证和相关房地产经纪人资格证件等合法的经营资格证明文件。

2. 受托方应当按本协议第二条约定委托方式和本协议第四条约定委托时限，完成本协议第三条约定的相应委托事项。

3. 受托方应当积极为委托方寻找合适客源，如实向委托方介绍客源挂牌承购价格等涉及委托方权益的情况，协调买卖双方共同完成现场勘查、房屋交接和房地产权利转移登记等事项。

4. 受托方应当如实报告房价,不赚取差价。

5. 受托方收取委托方任何费用应当及时开具规范合法票据。

6. 受托方应当如实将售房政策法规、市场行情和交易税费、佣金等详细信息及时告知委托方。

7. 受托方不得无理扣押应当属于委托方的证件、资料和财物。

8. 本协议生效之后两个工作日内,受托方应当及时将本协议向苏州市房地产市场管理处网上备案。

9. 受托方应当在委托方和承购方签订的《存量房契约》生效之后两个工作日内,及时将该《存量房契约》向苏州市房地产市场管理处网上备案。

10. 受托方不得向无关者泄露有损于委托方权益的秘密。

第八条 委托方违约责任。

1. 委托方有下列情形之一致使受托方无法履约的,自受托方告知书到达之日起_____天内,委托方按本协议第五条约定的佣金的_____倍向受托方支付违约金,成交价按《存量房出售信息挂牌登记表》挂牌价上限确定;造成受托方其他损失的,委托方另行依法承担赔偿责任:

（1）委托方虚假委托的;

（2）委托方未经受托方书面同意,擅自毁约的;

（3）委托方在本协议第四条第【1】款约定委托时限内,或该约定委托时限届满之后撇开受托方,私下与受托方介绍的承购方串通并签订《存量房契约》的。

2. 委托方无正当理由,未能按本协议第五条约定向受托方支付相应佣金的,按逾期时间,分别作如下处理:（不作累加）

（1）逾期不超过_____天,每逾期一天,委托方按天向受托方支付本协议第五条约定相应佣金千分之_____的违约金,协议继续履行。

（2）逾期超过_____天后,受托方有权解除协议。自受托方解除协议通知书到达之日起_____天内,委托方按本协议第五条约定相应佣金的_____%向受托方支付违约金。委托方要求继续履行协议的,经受托方同意,每逾期一天,委托方按天向受托方支付本协议第五条约定相应佣金千分之_____的违约金,协议继续履行。

3. 委托方无正当理由,未能履行本协议第六条第3款约定义务的,自受托方告知书到达之日起_____天内,委托方按本协议第五条约定相应佣金的_____%向受托方支付违约金;造成受托方其他损失的,委托方另行依法承担赔偿责任。

4. 委托方未能履行本协议第六条第6款约定义务的,自受托方告知书到达之日起_____天内,委托方按人民币_____元向受托方支付违约金;造成受托方其他损失的,委托方另行依法承担赔偿责任。

5. 其他_____。

第九条 受托方违约责任。

1. 受托方向委托方收取下列情形之一不当收益的,自委托方告知书到达之日起

_____天内,受托方向委托方退还所收取的不当收益,并按不当收益的_____倍向委托方支付违约金:

(1)受托方牟取本协议约定以外的非法收益的;
(2)受托方私下赚取差价的;
(3)受托方利用虚假信息骗取中介费、服务费、看房费等费用的。

2.非委托方责任,受托方未能按本协议第四条中第【1】款约定委托时限,完成本协议第三条中第【1】款约定委托事项的,受托方不得向委托方收取本协议第五条约定的佣金;委托方式约定为本协议第二条第【2】款的,自本协议自行失效之日起_____天内,受托方按本协议第五条第【1】款第(1)项约定佣金的_____‰向委托方支付违约金。

3.非委托方责任,受托方未能按本协议第四条中第【2】款或第【3】款约定委托时限,完成本协议第三条中第【2】款或第【3】款约定委托事项的,自委托方告知书到达之日起_____天内,按下列第_____项方式处理:(仅选一项)

【1】委托方不同意延期的,受托方不得向委托方收取本协议第五条中第【1】款第(2)项或第【3】款约定的相应佣金。

【2】委托方同意延期的,每延期一天,受托方按天向委托方支付本协议第五条中第【1】款第(2)项或第【2】款约定相应佣金千分之_____的违约金,该违约金累计计算到等于本协议第五条中第【1】款第(2)项或第【2】款约定的相应佣金时终止,相应委托事项亦不再延期。受托方在此期限内完成本协议第三条中第【2】款或第【3】款约定委托事项的,可以向委托方结算本协议第五条中第【1】款第(2)项或第【2】款约定的相应佣金。

4.受托方未能按本协议第七条第1、第5款约定,履行其中某款义务的,自委托方告知书到达之日起_____天内,受托方按每款人民币_____元向委托方支付违约金。

5.受托方未能按本协议第七条第6、第7、第8、第9款约定,履行其中某款义务的,自委托方告知书到达之日起_____天内,受托方按每款人民币_____元向委托方支付违约金;造成委托方其他损失的,受托方另行依法承担赔偿责任。

6.受托方未能按本协议第七条第10款约定履行义务的,自委托方告知书到达之日起_____天内,受托方按人民币_____元向委托方支付违约金;造成委托方其他损失的,受托方另行依法承担赔偿责任。

7.其他:_____。

第十条 本协议在履行过程中发生的争议,由协议双方协商解决;协商不成的,按下述第_____款方式解决:(仅选一款)

【1】提交苏州仲裁委员会仲裁。
【2】依法向人民法院起诉。

第十一条 本协议未尽事宜,可由协议双方在本协议附件内协商约定补充条款。

受托方不得在本协议附件或本协议以外的其他约定中,设立明确或者暗示与本协议内容相冲突的、免除受托方责任的条款。

第十二条　协议附件与本协议具有同等法律效力。本协议及其附件内,选择、输入部分的文字与固定部分的文字具有同等效力。

第十三条　本协议连同附件及签章页共_____页,一式三份,具有同等法律效力,一份电子文档存入苏州市房地产市场管理处专设网络数据库备查,打印文本由协议双方各执一份。

第十四条　本协议自协议双方签订之日起生效。

附件:补充条款

协议各方当事人签章

委托方(章):　　　　　　　　　　　受托方(章):
本人(签章):　　　　　　　　　　　法定代表人(签章):
法定代表人(签章):　　　　　　　　居间代理经纪人(签章):
监护人(签章):
委托代理人(签章):

_____年_____月_____日　　　　　　_____年_____月_____日
　　签于:_____
打印人:_____　　　　打印日期:_____年_____月_____日

附2-6:苏州市存量房承购居间代理委托协议

编号:苏　购

苏州市住房和城乡建设局制定

二〇〇七版

受托方留存

使　用　须　知

　　一、本协议是苏州市住房和城乡建设局依据国家和本省、本市有关政策法规,制定的存量房承购居间代理委托协议示范文本。房地产经纪机构承接苏州市区范围内存量房承购居间代理业务时应当采用本协议文本。承购方与房地产经纪机构签订本协议之前，应当阅读并了解本协议内容，对本协议中固定内容及专业用词理解不一致的，可向苏州市房地产市场管理处咨询。

　　二、存量房承购居间代理是一种民事法律行为，实行自愿委托，承购方应当慎重选择受托房地产经纪机构。

　　三、本协议所称存量房专指已经依法取得房屋所有权证和国有土地使用权证的房屋。

　　四、本协议中的固定内容不得修改，下划线处和附件空白处的文字输入、【】和[ ]的内容选择，应当由协议双方自行约定。房地产经纪机构不得在下划线处和附件空白处设立免除受托方责任、加重委托方责任或排除委托方合法权利的条款。

　　五、协议双方就存量房承购居间代理委托事宜协商一致后，应当依托苏州市区存量房买卖网上管理系统，在线拟订、修改、校对协议电子文本具体内容，确认无误后由受托房地产经纪机构即时打印出协议纸质文本，经双方签章后即行上传备案。本协议电子文本一经网上备案，任何人均不得对协议内容进行更改。

　　六、本协议文本固定内容和网上签约操作事项由苏州市住房和城乡建设局负责解释。

存量房承购居间代理委托协议

协议各方当事人：
委托方：＿＿＿＿＿＿＿＿＿＿＿＿＿＿＿＿＿＿＿＿＿＿＿＿＿＿＿＿＿＿＿＿＿＿＿
承购信息挂牌登记表编号：＿＿＿＿＿＿＿＿＿＿＿＿＿＿＿＿＿＿＿＿＿＿＿＿＿
本人姓名：＿＿＿＿＿＿＿＿＿＿＿＿＿＿＿＿国籍：＿＿＿＿＿＿＿＿＿＿
法定代表人姓名：＿＿＿＿＿＿＿＿＿＿＿＿国籍：＿＿＿＿＿＿＿＿＿＿
本人身份证照：＿＿＿＿＿＿＿＿＿＿＿＿＿机构证照：＿＿＿＿＿＿＿＿＿＿
证照号：＿＿＿＿＿＿＿＿＿＿＿＿＿＿＿＿＿＿＿＿＿＿＿＿＿＿＿＿＿＿＿＿
联系地址：＿＿＿＿＿＿＿＿＿＿＿＿＿＿＿＿＿＿＿＿＿＿＿＿＿＿＿＿＿＿＿
联系电话：＿＿＿＿＿＿＿＿＿＿＿＿＿＿＿＿邮政编码：＿＿＿＿＿＿＿＿＿
监护人：＿＿＿＿＿＿＿＿＿＿＿＿＿＿＿＿＿国籍：＿＿＿＿＿＿＿＿＿＿
身份证照：＿＿＿＿＿＿＿＿＿＿＿＿＿＿＿＿机构证照：＿＿＿＿＿＿＿＿＿＿
证照号：＿＿＿＿＿＿＿＿＿＿＿＿＿＿＿＿＿＿＿＿＿＿＿＿＿＿＿＿＿＿＿＿
联系地址：＿＿＿＿＿＿＿＿＿＿＿＿＿＿＿＿＿＿＿＿＿＿＿＿＿＿＿＿＿＿＿
联系电话：＿＿＿＿＿＿＿＿＿＿＿＿＿＿＿＿邮政编码：＿＿＿＿＿＿＿＿＿
委托方代理人姓名：＿＿＿＿＿＿＿＿＿＿＿国籍：＿＿＿＿＿＿＿＿＿＿
身份证照：＿＿＿＿＿＿＿＿＿＿＿＿＿＿＿＿证照号：＿＿＿＿＿＿＿＿＿＿
联系地址：＿＿＿＿＿＿＿＿＿＿＿＿＿＿＿＿＿＿＿＿＿＿＿＿＿＿＿＿＿＿＿
联系电话：＿＿＿＿＿＿＿＿＿＿＿＿＿＿＿＿邮政编码：＿＿＿＿＿＿＿＿＿
受托方：＿＿＿＿＿＿＿＿＿＿＿＿＿＿＿＿＿＿＿＿＿＿＿＿＿＿＿＿＿＿＿＿
法定代表人姓名：＿＿＿＿＿＿＿＿＿＿＿＿国籍：＿＿＿＿＿＿＿＿＿＿

营业执照注册号：＿＿＿＿＿＿＿＿＿＿＿＿＿＿＿＿＿＿＿＿＿＿＿＿＿
经纪机构备案证号：＿＿＿＿＿＿＿＿＿＿＿＿＿＿＿＿＿＿＿＿＿＿＿
注册地址：＿＿＿＿＿＿＿＿＿＿＿＿＿＿＿＿＿＿＿＿＿＿＿＿＿＿＿＿
联系电话：＿＿＿＿＿＿＿＿＿＿＿＿邮政编码：＿＿＿＿＿＿＿＿＿＿＿
房地产经纪人姓名：＿＿＿＿＿＿＿＿＿＿国籍：＿＿＿＿＿＿＿＿＿＿
身份证照：＿＿＿＿＿＿＿＿＿＿＿＿证照号：＿＿＿＿＿＿＿＿＿＿＿
经纪人资格证：＿＿＿＿＿＿＿＿＿＿资格证号：＿＿＿＿＿＿＿＿＿＿
联系地址：＿＿＿＿＿＿＿＿＿＿＿＿＿＿＿＿＿＿＿＿＿＿＿＿＿＿＿
联系电话：＿＿＿＿＿＿＿＿＿＿＿＿＿＿邮政编码：＿＿＿＿＿＿＿＿

以上所列各方地址均为履行本协议期间之法定送达地址，若有变更应及时通知所有各方。

根据《中华人民共和国合同法》、《中华人民共和国城市房地产管理法》、《江苏省城市房地产交易管理条例》、《城市房地产中介服务管理规定》和《苏州市房地产中介管理办法》之规定，委托方与受托方遵循平等、自愿、公平、守法、诚实信用的原则，经协商一致，就以下房屋承购居间代理委托事宜订立本协议。

第一条 房屋承购信息。

1. 位置：本市 ＿＿＿＿＿＿＿＿ 区 ＿＿＿＿＿＿＿＿＿＿＿＿。
2. 建筑面积：＿＿＿＿＿＿＿＿＿＿＿＿＿＿＿＿＿＿平方米左右。
3. 房屋用途：＿＿＿＿＿＿＿＿＿＿＿＿＿＿。
4. 承购总价：不高于人民币（￥＿＿＿＿＿＿元）＿＿亿＿＿千＿＿百＿＿十＿＿万＿＿千＿＿百＿＿十＿＿元整。

委托方实际支付的房屋总价款应当等于出售方实际收取的房屋总价款。

5. 承购房屋其他需求详见承购信息挂牌登记表。
6. 其他：＿＿＿＿＿＿＿＿＿＿＿＿＿＿＿＿＿＿＿＿＿＿＿＿＿＿＿。

第二条 委托方式约定为下列第 ＿＿＿＿＿ 款。（仅选一款）

【1】委托方委托包括受托方在内的多家（不超过三家）房地产经纪机构提供居间代理服务。

【2】委托方仅委托受托方独家提供居间代理服务。

第三条 委托事项约定为下列第【1】＿＿＿＿＿＿＿＿款。（可以全选）

【1】提供市场行情咨询、介绍房源信息、组织房源察勘、协助签订《存量房买卖契约》（简称《存量房契约》）。

【2】协助交接房源、代办房地产权属转移及变更登记手续。

【3】代办下列第 ＿＿＿＿＿ 项购房抵押贷款手续。（仅选一项）

〖1〗商业贷款。

〖2〗公积金贷款。

【3】商业和公积金组合贷款。

【4】其他：_____。

第四条　委托时限约定为下列第【1】_____款。（可以全选）

【1】受托方应当在承购信息上网挂牌之日起 90 天内，完成本协议第三条第【1】款委托事项，逾期本协议自行失效。逾期后双方同意续期的，应当另行签订委托协议。

【2】受托方应当在《存量房契约》生效之日起 _____ 天内，完成本协议第三条第【2】款委托事项。逾期后委托方不同意延期的，本协议第三条第【2】款委托事项终止执行。

【3】受托方应当在房屋所有权转移登记完成之日起 _____ 天内，完成本协议第三条第【3】款委托事项。逾期后委托方不同意延期的，本协议第三条第【3】款委托事项终止执行。

【4】其他：_____。

第五条　佣金及支付方式约定为下列第【1】_____款。（可以全选）

【1】买卖代理费：

（1）受托方在本协议第四条第【1】款委托时限内完成本协议第三条第【1】款委托事项的，委托方应当于《存量房契约》生效之日起 _____ 天内，按房屋及其附属物品实际成交价的 _____％，向受托方支付买卖代理费；

（2）受托方在本协议第四条第【2】款委托时限内完成本协议第三条第【2】款委托事项的，委托方应当于房地产权属转移登记完成之日起 _____ 天内，按房屋及其附属物品实际成交价的 _____％，向受托方支付买卖代理费。

【2】抵押贷款代办服务费：

受托方在本协议第四条第【3】款委托时限内完成本协议第三条第【3】款委托事项的，委托方应当于房屋他项权利登记完成之日起 _____ 天内，按人民币 _____ 元，向受托方支付抵押贷款代办服务费。

【3】其他：_____。

受托方收取委托方支付的相应佣金后，应当即时向委托方如数开具规范、合法的收款票据。

第六条　委托方义务。

1. 委托方应当向受托方提供真实、准确、合法、有效的承购信息。

2. 委托方应当按本协议第五条约定向受托方支付相应佣金。

3. 委托方应当根据受托方要求按时收集并提供相关资料，及时协助、配合受托方共同完成相关事宜。

4. 委托方式为本协议第二条第【2】款的，委托方不得将本协议第三条约定的委托事项另行委托其他房地产经纪机构。

5. 委托方不得在本协议第四条第【1】款约定委托时限内，或该约定委托时限届满之后与受托方介绍的客源私下洽谈并签订《存量房契约》。

6. 委托方不得向无关者泄露有损于受托方权益的商业秘密以及受托方介绍的客源之秘密。

第七条 受托方义务。

1. 受托方应当向委托方明示营业执照、备案证书、收费等级证和相关房地产经纪人资格证件等合法的经营资格证明文件。

2. 受托方应当按本协议第二条约定委托方式和本协议第四条约定委托时限,完成本协议第三条约定的相应委托事项。

3. 受托方应当积极为委托方寻找合适客源,如实向委托方介绍客源挂牌出售价格以及房地产权利限制等涉委托方权益的情况,协调买卖双方共同完成现场勘查、房屋交接和房地产权利转移登记等事项。

4. 受托方应当如实报告房价,不赚取差价。

5. 受托方收取委托方任何费用应当及时开具规范合法票据。

6. 受托方应当如实将购房政策法规、市场行情和交易税费、佣金等详细信息及时告知委托方。

7. 受托方不得无理扣押应当属于委托方的证件、资料和财物。

8. 本协议生效之后两个工作日内,受托方应当及时将本协议向苏州市房地产市场管理处网上备案。

9. 受托方不得向无关者泄露有损于委托方权益的秘密。

第八条 委托方违约责任。

1. 委托方有下列情形之一致使受托方无法履约的,自受托方告知书到达之日起_____天内,委托方按本协议第五条约定的佣金的_____倍向受托方支付违约金,成交价按《存量房承购信息挂牌登记表》挂牌价上限确定;造成受托方其他损失的,委托方另行依法承担赔偿责任:

(1) 委托方虚假委托的;

(2) 委托方未经受托方书面同意,擅自毁约的;

(3) 委托方在本协议第四条第【1】款约定委托时限内,或该约定委托时限届满之后撇开受托方,私下与受托方介绍的出售方串通并签订《存量房契约》的。

2. 委托方无正当理由,未能按本协议第五条约定向受托方支付相应佣金的,按逾期时间,分别作如下处理:(不作累加)

(1) 逾期不超过_____天,每逾期一天,委托方按天向受托方支付本协议第五条约定相应佣金千分之_____的违约金,协议继续履行。

(2) 逾期超过_____天后,受托方有权解除协议。自受托方解除协议通知书到达之日起_____天内,委托方按本协议第五条约定相应佣金的_____%向受托方支付违约金。委托方要求继续履行协议的,经受托方同意,每逾期一天,委托方按天向受托方支付本协议第五条约定相应佣金千分之_____的违约金,协议继续履行。

3. 委托方无正当理由,未能履行本协议第六条第3款约定义务的,自受托方告知书到达之日起_____天内,委托方按本协议第五条约定相应佣金的_____％向受托方支付违约金;造成受托方其他损失的,委托方另行依法承担赔偿责任。

4. 委托方未能履行本协议第六条第6款约定义务的,自受托方告知书到达之日起_____天内,委托方按人民币_____元向受托方支付违约金;造成受托方其他损失的,委托方另行依法承担赔偿责任。

5. 其他:_____。

第九条　受托方违约责任。

1. 受托方向委托方收取下列情形之一不当收益的,自委托方告知书到达之日起_____天内,受托方向委托方退还所收取的不当收益,并按不当收益的_____倍向委托方支付违约金:

（1）受托方牟取本协议约定以外的非法收益的;

（2）受托方私下赚取差价的;

（3）受托方利用虚假信息骗取中介费、服务费、看房费等费用的。

2. 非委托方责任,受托方未能按本协议第四条中第【1】款约定委托时限,完成本协议第三条中第【1】款约定委托事项的,受托方不得向委托方收取本协议第五条约定的佣金;委托方式约定为本协议第二条第【2】款的,自本协议自行失效之日起_____天内,受托方按本协议第五条第【1】款第(1)项约定佣金的_____％向委托方支付违约金。

3. 非委托方责任,受托方未能按本协议第四条中第【2】款或第【3】款约定委托时限,完成本协议第三条中第【2】款或第【3】款约定委托事项的,自委托方告知书到达之日起_____天内,按下列第_____项方式处理:(仅选一项)

【1】委托方不同意延期的,受托方不得向委托方收取本协议第五条中第【1】款第(2)项或第【3】款约定的相应佣金。

【2】委托方同意延期的,每延期一天,受托方按天向委托方支付本协议第五条中第【1】款第(2)项或第【2】款约定相应佣金千分之_____的违约金,该违约金累计计算到等于本协议第五条中第【1】款第(2)项或第【2】款约定的相应佣金时终止,相应委托事项亦不再延期。受托方在此期限内完成本协议第三条中第【2】款或第【3】款约定委托事项的,可以向委托方结算本协议第五条中第【1】款第(2)项或第【2】款约定的相应佣金。

4. 受托方未能按本协议第七条第1、第5款约定,履行其中某款义务的,自委托方告知书到达之日起_____天内,受托方按每款人民币_____元向委托方支付违约金。

5. 受托方未能按本协议第七条第6、第7、第8款约定,履行其中某款义务的,自委托方告知书到达之日起_____天内,受托方按每款人民币_____元向委托方支付违约金;造成委托方其他损失的,受托方另行依法承担赔偿责任。

6. 受托方未能按本协议第七条第9款约定履行义务的,自委托方告知书到达之日起_____天内,受托方按人民币_____元向委托方支付违约金;造成委托方其他损失的,受托方另行依法承担赔偿责任。

7. 其他:_____。

第十条 本协议在履行过程中发生的争议,由协议双方协商解决;协商不成的,按下述第_____款方式解决:(仅选一款)

【1】提交苏州仲裁委员会仲裁。

【2】依法向人民法院起诉。

第十一条 本协议未尽事宜,可由协议双方在本协议附件内协商约定补充条款。受托方不得在本协议附件或本协议以外的其他约定中,设立明确或者暗示与本协议内容相冲突的、免除受托方责任的条款。

第十二条 协议附件与本协议具有同等法律效力。本协议及其附件内,选择、输入部分的文字与固定部分的文字具有同等效力。

第十三条 本协议连同附件及签章页共_____页,一式三份,具有同等法律效力,一份电子文档存入苏州市房地产市场管理处专设网络数据库备查,打印文本由协议双方各执一份。

第十四条 本协议自协议双方签订之日起生效。

附件:补充条款

协议各方当事人签章

委托方(章): 　　　　　　　　　　　　受托方(章):
本人(签章): 　　　　　　　　　　　　法定代表人(签章):
法定代表人(签章): 　　　　　　　　　居间代理经纪人(签章):
监护人(签章):
委托代理人(签章):

_____年_____月_____日　　　　　　　_____年_____月_____日
　　　　签于:_____

打印人:_____　　　　打印日期:_____年_____月_____日

复习思考题

1. 什么是房地产经纪合同?简述房地产经济合同的涵义和特征。
2. 房地产经纪合同主要包括哪些内容?
3. 房地产经纪合同的主要条款是什么?
4. 中国房地产估价师与房地产经纪人学会在2006年发布的房地产经纪合同示范文本有哪些类型?

第二章 房地产实地查看

学习要求

- 掌握:房地产分类及住房分类的相关知识;房屋权属及其识别。
- 熟悉:按照房地产用途的分类、房地产区位、房地产实物、房地产权利。

第一节 房地产的分类

房地产的类型,根据分类依据和目的的不同,有多种分类方式和内容。

一、房地产的综合分类

1. 城市用地类型

为适应城乡统筹发展要求、体现城乡规划公共政策属性、加强"两规"衔接、加强与相关国家标准的衔接,住建部颁发了《城市用地分类与规划建设用地标准》(GB 50137—2011),并于 2012 年 1 月 1 日期施行。按照《城市用地分类与规划建设用地标准》规范,城市建设用地划分为大类、中类和小类三级,共分 8 大类,35 中类,43 小类。在计算城市现状和规划用地时,应统一城市总体规划用地的范围为界进行汇总统计。

表 3-1　城市建设用地分类

代码	用地名称	内 容	说 明
R	居住用地	住宅用地、公共服务设施用地、道路用地、绿地	包括：不同条件的居住用地、服务设施用地以及一、二、三类居住用地
A	公共管理与公共服务用地	行政、文化、教育、体育、卫生等机构和设施的用地，不包括居住用地中的服务设施用地	包括：行政办公用地、文化设施用地、教育科研用地、体育用地、医疗卫生用地、社会福利设施用地、文物古迹用地、外事用地、宗教设施用地
B	商业服务业设施用地	商业、商务、娱乐康体等设施用地，不包括居住用地中的服务设施用地	包括：商业设施用地、商务设施用地、娱乐康体设施用地、公用设施营业网点用地、其他服务设施用地
M	工业用地	工矿企业的生产车间、库房及其附属设施用地，包括专用铁路、码头和附属道路、停车场等用地，不包括露天矿用地	包括：一、二、三类工业用地
W	物流仓储用地	物资储备、中转、配送等用地，包括附属道路、停车场以及货运公司车队的站场等用地	包括：一、二、三类物流仓储用地
S	道路广场用地	城市道路、交通设施等用地，不包括居住用地、工业用地等内部的道路、停车场等用地	包括：城市道路用地、城市轨道交通用地、交通枢纽用地、交通场站用地、公共交通场站用地、社会停车场用地、其他交通设施用地
U	公用设施用地	供应、环境、安全等设施用地	包括：供应设施用地、环境设施用地、安全设施用地、其他公用设施用地
G	绿地与广场用地	公园绿地、防护绿地、广场等公共开放空间用地	包括：公园绿地、防护绿地、广场等公共开放空间用地

2. 房地产的多种类型描述

房地产的类型有许多种分类依据，如按物质形态划分，按用途划分，按基本社会经济功能划分等（见表 3-2）。

表 3-2　房地产类型

序号	分类依据	类　型
1	按物质形态划分	土地、在建工程、建成后物业
2	按用途划分（《世界银行发展报告》）	森林、农田、住宅、商业房地产、工业房地产、开发基地
3	按基本社会经济功能划分	住宅、非住宅、配套设施
4	按经营方式划分	用于出售的房地产、用于出租的房地产
5	按是否产生收益划分	收益性物业、非收益性物业
6	按开发程度划分	生地、毛地、熟地，或：已开发土地、未开发土地、未来待开发土地

另外，以房屋建筑物为划分依据的分类方式也普遍使用于日常的生产和生活中。如：按照全国城镇房屋普查住建部统一规定的类别划分，房屋分为七种类型（见表 3-3）。

表 3-3　房屋普查分类

序号	房屋按使用性质分类	房屋用途
1	住宅	居住用房（包括民居和集体宿舍）
2	工业交通仓库用房	用于生产、业务、储备物资等及各种附属用房
3	商业服务用房	对外营业及各种商业、服务业用房及附属用房
4	教育、医疗、科研用房	从事教育、医疗、科研活动的各种房屋及附属房屋
5	文化、体育、娱乐用房	文化馆、影剧院、展览馆、体育场、公园、游乐场等
6	办公用房	各级党政机关、群众团体、党校、干校等及其附属用房
7	其他用房	不属于上述的各种特殊用房，如：外交使馆、外交公寓、军事、宗教、寺庙、监狱等

二、房地产按照用途分类描述

1. 居住房地产（residential）

居住房地产是人类赖以生存的基本条件之一。在现代城市中，居住类房地产一般占到房屋总量的50%左右。住房与人们的生活工作息息相关，同时由于房地产本身的特点，尤其是房地产位置的唯一性、空间上的不可移动性等因素，居住房地产是一种十分复杂而敏感的商品。住房的供应量，尤其是房租、房价哪怕是十分微小的变化，都会引起整个社会的关注——可以说，这是一个关系到社会安定的大事。我国自1994年开始实施全面的住房制度改革时人均居住面积4平方米，到2009年的人均居住面积26平方米，住房的成套率由45%变为现在的100%。可以说住房状况已发生了彻底的变化。

住宅成套率是指成套住宅建筑面积与实有住宅建筑面积的比例。计算公式：

$$住宅成套率(\%) = \frac{成套住宅建筑面积}{实有住宅建筑面积} \times 100\%$$

从实践上看，居住房地产可以分为三类：

第一类，福利设施。住房本身不是商品，而仅仅是一种福利设施。这类住房由政府投资兴建，承租户只是象征性地交纳少量的租金。这类住房是针对城市困难群体和极低收入家庭，由政府提供廉租房或公租屋，这种住房是靠国家财政补贴而维持的。

第二类，准商品。这类住房的买卖、租赁，通常是国家通过一定的财政补贴给予其各种优惠政策，如控制最高租金水平、给予低息购买贷款等。这类住房是针对中低收入群体，政府通过货币化补助、优惠利率、优惠税收等办法提供的住房，其租金与价格已同建筑的成本、利润挂钩，并在一定程度上受房地产市场供求的影响，但它们的租金和价格是不与市场供求、竞争直接联系的。

第三类,商品房。住房本身也是一种商品,这部分房地产与其他商品一样,其价格、租金,以及供求关系完全由市场决定。

2. 办公房地产(official)

各级党政机关、群众团体、党校等及其附属用房。

3. 商业房地产(commercial)

商业房地产是房地产市场中主要的商品,它包括店铺、购物中心、商业大厦、写字楼、旅馆、酒吧、餐厅、各种文化娱乐设施以及服务业用建筑等。其中,办公房地产、旅馆房地产、餐饮房地产和体育娱乐房地产的商业运作性最强。

商业房地产具有以下显著特征:

① 商业房地产由于装修等原因,地上建筑价值占整个房地产价值的比重较大。

② 由于商业房地产单位营业面积盈利率高,因而商业用房地产单位面积的售价和租金也相对比较高。

③ 商业房地产对周围环境的反应特别敏感,在城市中的位置往往成为决定商业房地产价值的关键因素。同样,商业用地或店面分别处于城市商业中心区和城郊结合部,售价和租金前者往往高于后者,会是后者的数十倍,甚至上百倍。

④ 商业房地产具有较强的适应性。商业是一个十分广泛的概念,商业房地产在具体用途发生变化时不会有太大困难。经营自行车的店铺稍加装修便可以经营家用电器,办公楼的楼面则可以出租给各种不同的行业。

4. 工业房地产(industrial)

工业房地产包括工厂、仓库、成品和材料堆放场地、码头等。工业用房地产是工业生产的重要生产资料,一般认为它们部分地参加产品的生产过程,工业用房地产有这样几个特点:

① 工业用房地产一般不作外部装修,总建筑成本相对比较低。

② 工业用房地产在结构设计方面技术性要求很高,因而一般适应性比较差。有时一幢厂房就是专门为某一条生产线而设计的。

③ 工业用房地产对周围环境也有一定要求,主要是交通运输便利,有较大的发展空间。

④ 工业用房地产中的专用厂房进入市场的可能性很小,标准厂房、仓库、码头、堆放场地,大量地被用来开展租赁业务,也可买卖。

5. 农业房地产(agricultural)

按照国际惯例农业房地产可以分为两种形式,即农田和森林。

(1) 农田

农业是国民经济的基础,粮食是人类生存最基本的生产资料,因此各国政府都制定有明确的法律和政策对农田进行严格的管理。由于土地是不可再生资源,而随着人口的增长和经济的发展,人类对农田的需求日益扩大,因而土地价格和租金呈上升趋势。随着现代科学技术在农业生产上不断得到推广运用,农业生产率日益提高。但由于存在投资报酬递减现象,以及单位面积农产品产量的限制,与其他行业相比,农业投资的利润通常是比较低的。

从经营角度讲,现代农田投资者的投资目的并不是为了种植,而是要获得利润,农田地产交易的前提是允许买卖、转租。

(2) 森林

森林的投资回收期很长,有时投资者需要投资60年以上方能有稳定的收入,因此,一片森林中必须有相当比重的成材树,而且各种年龄的树木应各占一定比例。鉴于木材是重要的生产、生活资料,而森林投资回收期又很长,所以许多国家对森林投资采取了各种优惠的政策。如减、免税,甚至预付一部分利润等。

由于世界上成材林面积不断下降,人类对木材的需求却日益增加,导致木材价格急剧上升。

6. 特殊房地产(special estate)

特殊类型的房地产一般主要是指:军事、外事及保安等类型的房地产。

三、住房的分类

1. 商品住房

商品住房本身也是一种商品,这部分房地产与其他商品一样,其价格、租金,以及供求关系完全由市场决定。

我国早期的住宅除了私有住宅外,其他均由国家或单位建设和分配。上世纪90年代末开始住房改革后,原有的分配的住宅开始私有,新的住宅由开发商建设、向社会销售,成为一种商品,所以对应早期的住宅种类,这些新的住宅叫做商品住宅。

我国的土地制度分为两种,全民所有和集体所有。全民所有也称为国有,除农村集体所有制土地之外,国有土地按照其使用性质又分为两种(因为这种土地的所有权为全民所有,不能买卖,所以国家买卖的都是使用权),划拨用地和出让用地。划拨用地为国家根据需要,无偿划拨给使用人使用,如国有企事业单位用地,公共设施用地等;还有一种是将土地使用权有偿出让给使用人,一般现行市场上销售的住宅、办公、商业、工业建筑的用地基本都属于这种,在这种土地上开发的住宅就是通常所说的商品住宅或商品住房。

2. 限价房

限价房的完整表达应该是指限房价、限地价的"两限"商品房。

保证中低价位、中小套型普通商品住房土地供应,要优先保证中低价位、中小套型普通商品住房和廉租住房的土地供应,其年度供应量不得低于居住用地供应总量的70%;土地的供应应在限套型、限房价的基础上,采取竞地价、竞房价的办法,以招标方式确定开发建设单位。

3. 经济适用住房

经济适用住房是我国在住房制度改革过程中,为适应中国社会经济形势和社会需要,由政府推出的新型房产种类,是为解决城市中低收入家庭的住房问题而修建的适合于中低收入家庭承受能力、具有社会保障性质的普通商品住房的一种。具体而言,经济适用住房是指以中低收入家庭、住房困难户为供应对象,并按国家住房建设标准(不含别墅、高级公寓、外销住宅)建设的普通住房。这类住房的基本类型主要包括平价房、安居房、解困房等。

经济适用住房强调住房社会保障性质,强调其经济性和适用性的特点。所谓经济性是指住房价格相对市场价格而言是适中的,能够适应中低收入家庭的消费承受能力;所谓适用性是指在住房设计及其建设标准上强调住房的使用效果,突出实用性和使用效率,而不是降低建筑标准。其住房的社会保障性,一方面体现在对经济适用住房项目,政府免收土地出让金,其他应征收的各项收费减免50%,同时,这类住房将享受减免工程报建中的部分费用,因此,其成本略低于普通商品房;另一方面也体现在对成交价格、购买对象、面积和开发建设单位的利润进行限制。

1994年由建设部、国务院房改领导小组、财政部联合发布的《城镇经济适用住房建设管理办法》首次发布了关于经济适用住房的标准、建设成本核算标准。时至今日,在国家不断出台房改方案中基本上沿用了"经济适用房"这个概念和相应的标准事项。

经济适用住房在市场中的交易方式采取以微利价出售,只售不租。根据《城镇经济适用住房建设管理办法》,经济适用住房的建设成本由以下规定的方面构成:①征地及拆迁补偿安置费;②勘察设计及前期工程费;③住房建筑及设备安装工程费;④小区内基础设施和非经营性公用配套设施建设费;⑤贷款利息;⑥税金;⑦以①至④项费用之和为基数1%~3%的管理费。经济适用住房按照国家住房规划,总量约占住房总量的70%。出售经济适用房实行政府指导价,其售价由经济适用住房建设的主管部门会同同级物价管理部门按建设成本确定,报当地人民政府(一般为

市、县级以上）审批后执行。对价格采取定期公布，不得擅自提价销售。

经济适用住房本着政企分开的原则，由政府主管部门指定或设立专门机构，承担经济适用住房的建设、出售、出租等工作，并对其进行监督和管理；在暂不具备条件的地区，也可由房地产行政主管部门具体组织实施经济适用住房的建设。

经济适用住房与商品住房主要的差别是：经济适用住房的用地原则上采取划拨用地，而商品住房的用地是政府的出让用地。换句话说，经济适用住房是政府为了中低收入的家庭能住上房子，不向房地产开发商收取土地出让金，并在"市政配套费"等费用上给予减免的优惠政策，以降低房屋的建造成本，使低收入的人们可以买得起房子。

随着时代的发展，经济适用住房的适用性也会发生定性和定量的变化，即随着经济发展水平的提高而不断的提高住房质量。因而经济适用房的建设在数量上必须满足不断增长的住房需求，在质量上通过精心规划、精心设计和精心施工，使经济适用住房的建设达到：标准不高水平高，面积适中功能全，造价不高质量高，占地不多环境美。

4. 廉租住房

廉租住房与经济适用型住房性质一致，也属于政策保障性住房。这类住房是指政府以租金补贴或实物配租的方式，向符合城镇居民最低生活保障标准且住房困难的家庭提供社会保障性质的住房。

廉租住房制度是中国住房供应体系的重要组成部分，解决城市低收入家庭住房问题有三种方式可供选择：提供租房补贴、廉租房、经济适用房。廉租住房的基本宗旨是努力保护低收入者的生存空间。其最大的特点就是政府供应并提供资金补贴，其对象是人均收入偏低的城镇无房户。由于用地较少、成本较低和可以反复使用，廉租住房制度被认为是在市场经济条件下，能有效满足城市低收入者住房需求的一种保障方式。

家庭年收入是廉租房供给的动态因素，政策的制定需要根据不同阶段的要求而定。准入标准的改变与经济适用房、限价房等保障性住房供给不足有关，在供应量不足的情况下，也应该尽可能先满足最需要住房人的需求。

廉租住房产权属性为公共产权，归国家所有。这种类型的住房在新加坡占到整个房地产数量的40%~50%，在美国的比例也较大，有大量的社会福利房，产权为公共性质，供符合条件的家庭或个人通过申请居住使用。

第二节 房地产区位

一、房地产区位的概念与特征

1. 区位的概念

"区位"一词最早源于德语的"standort"(意为"站立之地")。1937年,杜能《孤立国》译成中文时,始用为"区位",意为"分布地区和地点"。

一般来讲,区位指某一经济事物或经济活动所占据的空间位置,以及该位置与周围微观主体或中观主体之间的经济地理位置。狭义的区位是指:特定地块(宗地)的地理空间位置及其与相邻地块的相互关系。广义的区位是指:人类一切活动的空间布局及其相互关系。

根据区位上经济活动内容的不同,区位可以分为:农业区位、工业区位、商业区位、住宅区位、其他区位(金融业务、保险业、教育文化事业、政府服务业、交通运输业等)。

2. 区位的特征

区位既是地理学的概念,以自然地理位置为依托,又是经济学的范畴,以人类经济活动、经济联系以及人类经济活动的选择和设计为内容。概括而言,区位具有双重性、动态性、层次性、等级性、稀缺性、相对性和设计性等方面的特征。

(1) 双重性。区位既是一个地理学的概念,也是一个经济学的概念;它以自然地理位置为依托,同时又表示该位置上的经济联系。

(2) 动态性。区位的自然地理位置是固定不变的,但同时由于区位有着空间经济联系的内涵而又处于动态的变化之中(这是因为构成区位的经济性因素一直处于变化之中),例如:处于偏僻小镇的工厂由于铁路、公路等交通干线的修筑而使区位特征改变、区位等级提高;处于背街的一家商店会由于街道的改建使其变为处于十字路口(街面)的位置上,其区位质量也可得到明显改善等;一个住宅小区因为周边增加修建了医院或学校、超市、地铁等公共服务设施而使区位出现显著的改变。

(3) 层次性。从区位的选择与设计的内涵出发,可以将区位分为宏观区位和微观区位。

宏观区位是指某项经济活动从宏观区域尺度上看,应当选择在哪个地方,如房

地产商在选择将哪座城市作为发展的基地时,实际上是在作宏观区位的设计与选择。

微观区位是指某经济活动拟在选定的区域或城市中的哪个地段展开,如房地产商选定上海作为其房地产开发的主要地区,他下一步面临的问题就是选择上海的哪个街区或地段作为投资的具体地点。

(4) 等级性,即区位质量的等级性。区位质量是指某一区位对特定经济活动带来的社会经济效益的高低,是一个相对的概念。这也即是区位的经济贡献,其实质是经济活动对该区位所拥有的资源,包括土地、资本、劳动力、技术、管理、信息等的利用效果。区位质量的高低呈现出随地点不同而不同的差异性。例如,对于商业区位,随着与市中心的距离由近至远的变化,区位质量一般会发生由高到低的等级差异。

(5) 稀缺性。稀缺性是指对某一类经济活动或是不同的经济活动而言,对优良区位的供给总是小于对其的需求,因而说它是稀缺的。区位的稀缺性是导致区位需求者之间进行激烈的区位竞争的根本原因。

(6) 相对性。同一区位会因为区位经济活动类型的差异而产生不同的区位效益,因而区位质量的好坏亦具有相对性。如风景优美的城市郊区是山地式别墅住宅开发的优良区位,但对商业活动而言却是一个劣等区位。

(7) 设计性。区位的设计性是指区位的被动性,即区位具有典型的人为设计色彩。人类可以根据自身经济活动的需要,发挥主观能动性,在不违背生态和经济规律的前提下改善区位质量、提高区位效益。例如,为提高住宅的区位质量,房地产商可以兴建通往市区的便捷公路,以有效降低通勤成本。

二、房地产区位因素

1. 一般区位因素的类型

区位因素,是指构成区位或者影响区位经济活动的各种因素。区位差异通常是由区位因素及其组合的不同而引起的。一般情况下,区位因素主要包括以下几个方面。

(1) 自然因素,主要是指区位质量的自然资源、自然条件和地理位置等。

(2) 地价因素,主要是指影响工业、商业和住宅业区位的地租、地价等因素。

(3) 交通运输因素,处于不同位置的自然和经济要素的结合要通过交通运输来实现,交通运输的可获得性及其价格对区位的影响尤甚。

(4) 生产要素因素,包括劳动力、资本等要素的数量、质量、组合及其价格水平。

(5) 公共服务因素,包括教育、医疗、治安及城市基础设施条件等。

(6) 科学技术因素,主要指科学技术水平及其发展趋势。

(7) 制度文化因素,包括经济制度、政治制度、法律制度等正式的制度安排和地区文化观念、风俗习惯等非正式的制度因素。

(8) 市场因素,主要是决定区域市场规模、结构、分布及其发展潜力等的诸多因素,特别是居民收入水平及其分布特征。

(9) 信息通讯因素,主要指影响区位的信息网络和通讯条件。

(10) 政策因素,包括中央或地方政府的税收、规划、资源保护、住房、公共设施等政策。

2. 主要的房地产区位因素

(1) 位置

任何一块土地,在地球上都有特定的经纬度,以及由此所决定的地理位置,房屋是建造在土地之上的,因而,也就具有了相应的位置。不仅如此,房地产的位置还包括坐落位置、方位与朝向位置(方位与朝向涉及周围的可视景观、采光、通风等因素)、与相关地物之间距离位置(如:与各种交通设施的距离、与市中心 CBD 的距离甚或与学校的距离、与医院的距离、与超市的距离、与飞机场/汽车站的距离……)、楼层(一方面会有层高、层差以及由此所产生的遮蔽、采光、通风、景观楼层的差异;另一方面由楼层的数字所产生的心理也是显著的楼层因素)。

在房地产投资决策中有这样一句传统而经典的阐述,那就是:"第一是地段,第二是地段,第三还是地段。"位置或位置因素是房地产区位的首要因素。

(2) 交通条件

交通条件从宏观角度而言是指某地区(点)与外界进行人员来往(客运)和物质交流(货运)的方便程度。交通条件与交通设施的种类、等级以及与相关地物之间的结合度紧密相关。交通条件的好坏可用交通线路、交通工具和港站的设备状况来反映。

从房地产区位因素而言,主要涉及车行条件,交通管制,公共交通,关口以及交通流量等因素。交通流量常常能带来人潮,使人潮驻留地点的商业价值得到提升。同时,交通流量的过大也会引起噪音污染、交通拥塞和出行效率的降低等负面因素。

(3) 周围环境和景观

房地产项目周围的环境与景观包括自然环境、人工环境和社会环境,具体地说是指内景、外景以及生活条件、人文氛围、卫生与安全环境。房地产周边的景观包括自然景观、人文景观、遮挡物以及可能对环境和景观造成破坏的景观因素。更多细节内容见本章第三节相关介绍。

从我国房地产市场发展的情况来看，业主及住户在选择和投资房地产时对周围的环境和景观的重视程度越来越高。

（4）外部配套设施

外部配套设施，在房地产项目开发中通常也称为公建配套。一般是指住宅或其他房地产开发项目区域配套的公共建筑，指开发商按照国家及地方有关规定在住宅区土地范围内与商品住宅配套修建的各种公用建筑，一般包括教育（学校、幼儿园）、医疗卫生（医院、诊所）、文化体育（图书馆、健身房、游泳馆等）、商业服务（菜场、商场、超市）、金融邮电（银行、储蓄所、邮电局）、社区服务（便民服务设施、法院）、市政公用、行政管理及其他八类公用建筑。对于各住宅区或各项目区域具体公建配套的内容因项目地块实际设施情况的不同会有所区别。

第三节 房地产实物

一、土地实物状况

1. 面积

（1）用地面积测算的范围

用地面积以"丘"为单位进行测算，包括房屋占地面积、其他用途的土地面积测算，各项地类面积的测算。

"丘"是指用地界线封闭的地块。在房地产权簿册中的"丘（地）号"是指以图幅为单位，一般按一个单位、一个门牌、一个院落或无院落的独立房屋编定一个丘（地）号。

（2）不计入用地面积的土地

① 无明确使用权属的冷巷、巷道或间隙地。

② 市政管辖的道路、街道、巷道等公共用地。

③ 公共使用的河涌、水沟、排污沟。

④ 已征用、划拨或者属于原房地产证记载范围，经规划部门核定需要作市政建设的用地。

⑤ 其他按规定不计入用地面积的土地。

(3) 共有共用面积的处理与分摊

共有共用面积包括共有的房屋建筑面积和共用的房屋用地面积。

共有共用面积的处理原则：①产权各方有合法权属分割文件或协议的，按文件或协议规定执行；②无产权分割文件或协议的，可按相关房屋的建筑面积按比例进行分摊。

2. 地块情况

不论是住宅、商业还是工业用地，房地产项目地块情况都要从以下几个方面加以分析和考察，即：地块形状与地块土地平整程度、地质条件与地基基础、地块地上物状况、邻地状况以及地块四周道路和给排水状况、附近公共设施及交通状况等各类基础设施完备程度。

(1) 地块形状

地块的形状和大小、连片程度、周界的完整性，都是影响房地产项目地块的重要因素。一般情况下，在同一区域范围内，地块边界越完整、越整齐，土地单价越高。

房地产开发项目中常说的"边角料地块"特指形状不完整、地块边界不整齐的项目地块。

(2) 地质条件与地基基础

地质条件是指建筑物所在地区地质环境各项因素的综合，是房屋建筑的基础条件。这些因素包括：地层的岩性、地质构造、水文地质条件、地表地质作用以及地形地貌，这些因素都直接影响到建筑物的结构和选型。

地基是指建筑物下面支承基础的土体或岩体。地基一般可以分为天然地基和人工地基。不需要对地基进行处理就可以直接放置基础的天然土层称为天然地基；天然土层的土质过于软弱或不良的地质条件，经过人工加固或处理后才能修建的地基叫做人工地基。当土层的地质状况较好，承载力较强时可以采用天然地基；而在地质状况不佳的条件下，如坡地、沙地或淤泥地质，或虽然土层质地较好，但上部荷载过大时，为使地基具有足够的承载能力，则要采用人工加固地基，即人工地基。对地基的基本要求是：①强度，地基要具有足够的承载力；②变形，地基的沉降量需控制在一定范围内，其次不同部位的地基沉降差不能太大，否则建筑物上部会产生开裂变形；③稳定，地基要有防止产生倾覆、失稳方面的能力；④压力，适当的压力。

(3) 基础设施完备程度

基础设施完备的程度是地块价值的重要体现，一般情况下我们可以通过管网线路畅通的程度加以评价，例如"三通一平"、"五通一平"、"七通一平"、"九通一平"或是更高规格的基础设施配置。

"三通一平"是基本建设项目开工的前提条件，也是我国招标工程必须具备的条件中的重要组成部分。具体指：水通、电通、路通和场地平整。其中，"水通"专指给水，"电通"指施工用电接到施工现场具备施工条件，"路通"指场外道路已铺到施工现场周围入口处，满足车辆出入条件；"场地平整"指拟建建筑物及条件现场基本平整，无需机械平整，人工简单平整即可进入施工的状态，简称"三通一平"。

"五通一平"是建筑中为了合理有序施工进行的前期准备工作，一般是指在"三通一平"的基础上增加通讯和能源，具体包括：通水、通电、通路、通讯、通气、平整土地。

"七通一平"是指土地（生地）在通过一级开发后，使其达到具备上水、雨污水、电力、暖气、电信和道路通以及场地平整的条件，使二级开发商可以在进场后迅速开发建设。主要包括：通给水、通排水、通电、通讯、通路、通燃气、通热力以及场地平整。在我国东部地区商品房预售一般均要求完成"七通一平"。

"九通一平"指道路、电力、通讯、有线电视、给水、排水、排污、供热、天然气等"九通"和场地自然平整。在土地国有的情况下，土地出让金根据批租地块的条件，可以分为两种，其中一种就是"熟地价"，即提供"九通一平"的地块，出让金包括土地使用费和开发费，"九通"就是指有完善的基础配套。另外，有时"九通"的内容也称为：市政道路、雨水、污水、自来水、供电、通讯、热力、天然气及宽带信息网等九条市政管线齐全。

二、房屋建筑物实物状况

（一）建筑的基本要素

不同时代、不同地区、不同民族创造了不同风格的建筑。然而，无论是最原始的、最简单的建筑，还是最现代的、最复杂的建筑，从根本上讲，都必须满足人的使用需要，都需要运用一定技术，也都会涉及艺术。所以，建筑的基本要素包括三项内容：建筑功能、建筑技术和建筑形象。

1. 建筑功能

（1）建筑功能的含义

第一，建筑功能即指建筑的实用性，具体到每一栋建筑物或者一个建筑群体的时候，是指建筑物被赋予的某项功能。如住宅楼、国际公寓楼、商业用房等，是地产开发商吸引顾客的招牌。

第二，建筑功能即建筑的使用要求，如居住、饮食、娱乐、会议等各种活动对建筑的基本要求，是决定建筑形式的基本因素，建筑各房间的大小，相互间联系方式等，都应该满足建筑的功能要求。在古代社会,由于人类居住等活动分化不细,建筑功能的发展也不是十分成熟,如中国古代木构架大屋顶式建筑形式几乎可以适用于当时所有功能的建筑,如居住、办公。

按上述内容描述,建筑可以分为工业建筑、民用建筑和公共建筑。所谓工业建筑常见的是工业厂房。

民用建筑功能是指建筑结构在规定的设计使用年限内(一般考虑70年),应满足下列功能:安全性、适用性、耐久性和抗震性。

第三,建筑功能分区的概念是将空间按不同功能要求进行分类,并根据它们之间联系的密切程度加以组合、划分。

功能分区的原则是:分区明确、联系方便,并按主、次、内、外、闹、静关系合理安排,使其各得其所;同时还要根据实际使用要求,按人流活动的顺序关系安排位置。空间组合、划分时要以主要空间为核心,次要空间的安排要有利于主要空间功能的发挥;对外联系的空间要靠近交通枢纽,内部使用的空间要相对隐蔽;空间的联系与隔离要在深入分析的基础上恰当处理。

(2) 建筑功能的主要内容

建筑功能的内容包括以下几个主要方面:空间构成、功能分区、人流组织与疏散以及空间的量度、形状和物理环境(量、形、质)。

① 民用建筑功能

各种建筑的使用性质和类型尽管不同,但都可以分成主要使用部分、次要使用部分(或称辅助部分)和交通联系部分三大部分。设计中应首先抓住这三大部分的关系进行排列和组合,逐一解决各种矛盾问题以求得功能关系的合理与完善。在这三部分的构成关系中,交通联系空间的配置往往起关键作用。

交通联系部分一般可分为:水平交通、垂直交通和枢纽交通三种基本空间形式。

走道(水平交通空间)布置要点:应直截了当,防曲折多变,与各部分空间有密切联系,宜有较好的采光和照明。

楼梯(垂直交通空间)布置要点:位置与数量依功能需要和消防要求而定,应靠近交通枢纽,布置均匀并有主次,与使用人流数量相适应。

门厅(交通枢纽空间)布置要点:使用方便,空间得体,结构合理,装修适当,经济有效。应兼顾使用功能和空间意境的创造。

② 民用建筑的功能分区

一个简单的居室,如人们常说的一厨一卫三室一厅就是按照功能所划分的。按照用途形成所要格局,即衣食住行表现为建筑满足人们生活的需求,如居室的遮寒、烹饪、休息、会客、学习、哺育、赡养、洗漱等，甚至还有美观；商场的购物；医院、学校、火车站、机关大楼等使得社会福利达成。

③ 工业厂房的功能

工业厂房是为满足生产需要建造的特殊功能的建筑。一般都有下列功能：满足采光照明功能；满足通风功能；有控制噪声的功能；有防腐蚀抗侵蚀的功能等。此外，还有一些特殊的厂房为满足生产需要有着特殊的功能。机械制造类的厂房一般都有吊装功能；储存类的厂房都有集散货物的功能；核电站、化学制品厂的建筑有的有防辐射、防泄漏的功能等。

④ 建筑的安全功能

不管是工业厂房还是民用建筑，都必须在满足人民的生命财产安全的前提下投入使用。

抗震功能：根据当地所处的地理位置，建筑设计建造时便有抗震设防烈度的考虑在内，使得一般的建筑都具有抗震的功能，能够做到"大震不倒、中震可修、小震不坏"。

防火功能：由于操作不当等人为因素或者不可抗拒的自然因素，火灾造成人员伤亡、财产损失的例子不在少数，所以，商场、学校或者其他一些人口密集地方的建筑都必须有防火的设计在内。建筑中常见的有设置防火墙、各种防火设施等，使得建筑具有了防火的功能。

⑤ 建筑有紧急状况下对人流的疏散功能

人流的紧急疏散是集中的，房屋建筑设计师要考虑到枢纽处的缓冲地带设置，防止过度拥挤，按照防火规范，充分考虑疏散时间，计算通行能力，使建筑的交通达到预期的功能。

2. 建筑技术

建筑技术涵盖很多方面知识，一般主要是指建筑工程技术，包括建筑结构设计和建筑施工与工艺等。建筑结构设计主要指钢结构设计、混凝土结构设计及混合结构设计等；建筑施工技术与工艺主要有：土方工程、桩基础施工、钢筋混凝土结构工程、预应力混凝土结构工程、结构安装工程、砌体工程、防水工程、装饰工程等八大工程内容。

建筑技术依照相应的设计规范以及图纸实施，一般受控于质量、成本和进度三大控制目标。

3. 建筑形象

建筑物既是建筑物质产品，更是建筑艺术品。建筑形象应包括建筑外部的形体和内部空间的组合,包括表面的色彩和质感,包括建筑各部分的装修处理等的综合艺术效果。建筑形象常常与建筑性质、建筑特点、民族文化以及建筑功能的定位与实现、建筑技术水平等密切相关。

建筑形象拥有巨大的感染力,能给人以精神上的满足与享受,如亲切与庄严,朴素与华贵,秀丽与宏伟等。

建筑功能、建筑技术和建筑形象三者是辩证统一,又相互制约的。然而绝大多数建筑物是为功能而建造的,所以建筑功能经常起着主导作用,满足功能要求是这一类建筑物的主要目的。建筑技术是手段,依靠它可以达到和改善功能要求。有些建筑物的形象非常重要,为了达到美的意境,或某种形象效果,建筑功能和技术手段在一定条件下,需要和形象协调,取得统一,有时建筑形象处于主导地位。例如有纪念意义的、象征性的、装饰性强的建筑物,其形象和艺术效果常常起着决定性的作用,成为主导因素。

(二) 房屋的组成及其作用

1. 房屋建筑的结构组成及其作用

各种不同的建筑物,尽管它们的使用要求、空间组合、外形处理、结构形式、构造方式、规模大小等方面各有其特点,但构成建筑物的主要部分都是由基础、承重结构、墙体、楼板、屋顶等五大部分组成。此外,一般建筑物还有楼梯、门窗、台阶、坡道、阳台、雨篷、散水以及其他各种配件和装饰部分等。

(1) 基础

基础,通常也称地基,是房屋建筑最底层的部分,埋在自然地面以下。它承受房屋的全部荷载,并把这些荷载传导给下面的土层——地基。

(2) 承重结构

承重结构,是指直接将本身自重与各种外加作用力系统地传递给基础地基的主要结构构件和其连接节点,包括承重墙体、立杆、框架柱、支墩、楼板、梁、屋架、悬索等。

(3) 墙体

墙体或柱是房屋的垂直承重构件,它承受着楼地层和屋顶传给的荷载,并将这些荷载传给基础。墙体,不仅仅是垂直承重构件,同时还是房屋的围护结构。

(4) 楼板

楼板,也称为楼地层,是房屋的水平承重和分隔构建,包括楼层和首层地面两个部分。楼层将建筑空间在垂直方向上划分为若干层,并将所承受的荷载传给墙体和

柱。楼板支撑在墙体上，对墙体也有水平支撑作用。

（5）屋顶

屋顶，是房屋或构筑物外部的顶盖，包括屋面以及在墙或其他支撑物以上用以支承屋面的一切必要材料和构造部分。屋顶往往还包括房屋顶层覆盖的外围护结构，其功能是用于抵御自然界的风雪霜雨、太阳辐射、气温变化以及其他不利因素。有平顶、坡顶、壳体、折板等形式。干旱地区房屋多用平顶，湿润地区多用坡顶，多雨地区屋顶坡度较大。坡顶又分为单坡、双坡、四坡等。

屋顶防水作用主要靠排水坡度和防水盖料协同防水。屋顶防水通过"导"和"堵"实现，其中，"导"是指利用屋顶的坡度进行排水，"堵"是指利用屋面的防水盖料之间的相互搭接，从而达到密封效果。

2. 房屋综合体构成要素

（1）房屋建筑材料

房屋建筑材料是房屋建筑的物质基础，一栋建筑物的建筑材料通常包括钢材、水泥、木材、空心实心砖、沙、玻璃、白钢、铁艺、塑料、塑钢窗、防盗门、彩铝塑钢、白灰、毛石、彩钢瓦、陶瓷瓦及砖、理石、苯板（保温材料）、PP（水暖管件）、消防管件、SPS（防水材料）、轻质材料、电线及电缆、焊接材料，另外还有园林绿化所用材料、排风管道、欧式预制件等众多材料。

随着建筑节能技术的革新、环保与可持续发展的促进，大量新材料和新工艺广泛应用于房屋建筑之中。

（2）房屋建筑地基

地基是承受由基础传下来的荷载的土层或岩体。与地基直接接触的是基础，基础是建筑物最下部的承重构件。与地基不同的是，基础是建筑物组成的一部分，而地基则是独立的构建部分，因此，地基从另一个角度而言，往往也包括宅基地。

（3）房屋内设施

房屋内设施主要是满足居住或工作所需要的各种功能终端，包括：水（上水、下水、雨污水）、电、燃气（其他能源供给终端）、厨房设施、卫生设施以及空调、取暖、通讯等设施。我国商品房验收规定，限售商品房必须完成的"七通一平"中"七通"——通给水、通排水、通电、通讯、通路、通燃气、通热力——即房屋内设施完备的基本标准。

（4）房屋外部环境

房屋建筑物的外部环境是房地产实物重要的组成部分，通常包括：地理位置、道路交通、文化娱乐、生活服务等四个大的方面。

(三) 房屋建筑物实物状况的一般考虑

1. 规模—面积

不同类型建筑物反映规模的指标有多种，但一般情况下主要是指建筑物面积。

(1) 面积测算的类型

面积测算系指水平面积测算。分为房屋面积和用地面积测算两类，其中房屋面积测算包括房屋建筑面积、共有建筑面积、产权面积、使用面积等测算。

① 房屋的建筑面积

房屋建筑面积系指具备上盖，结构牢固，层高 2.20 m 以上（含2.20 m）的永久性建筑外墙（柱）勒脚以上各层的外围水平投影面积，包括阳台、挑廊、地下室、室外楼梯等。

② 房屋的使用面积

房屋使用面积系指房屋户内全部可供使用的空间面积，按房屋的内墙面水平投影计算。房屋的实际使用的面积，不包括墙、柱等结构构造和保温层的面积。

③ 房屋的产权面积

房屋产权面积系指产权主依法拥有房屋所有权的房屋的建筑面积。房屋产权面积由直辖市、市、县房地产行政主管部门登记确权认定。

④ 房屋的共有建筑面积

房屋共有建设面积系指各产权主共同占有或共同使用的建筑面积。

(2) 房屋面积测算的要求

各类面积测算必须独立测算两次，其较差应在规定的限差以内，取中数作为最后结果。量距应使用经检定合格的卷尺或其他能达到相应精度的仪器和工具。面积以平方米为单位，取至 0.01 m^2。

(3) 房屋建筑面积测算的有关规定

第一，计算全部建筑面积的范围：

① 永久性结构的单层房屋，按一层计算建筑面积；多层房屋按各层建筑面积的总和计算。

② 房屋内的夹层、插层、技术层及楼梯间、电梯间等其高度在 2.20 m 以上部位计算建筑面积。

③ 穿过房屋的通道，房屋内的门厅、大厅，均按一层计算面积。门厅、大厅内的回廊部分，层高在 2.20 m 以上的，按其水平投影面积计算。

④ 楼梯间、电梯（观光梯）井、提物井、垃圾道、管道井等均按房屋自然层计算面积。

⑤ 房屋天面上，属永久性建筑，层高在2.20 m以上的楼梯间、水箱间、电梯机房及斜面结构屋顶高度在2.20 m以上的部位，按其外围水平投影面积计算。

⑥ 挑楼、全封闭的阳台按其外围水平投影面积计算。

⑦ 属永久性结构有上盖的室外楼梯，按各层水平投影面积计算。

⑧ 与房屋相连的有柱走廊，两房屋间有上盖和柱的走廊，均按其柱的外围水平投影面积计算。

⑨ 房屋间永久性的封闭的架空通廊，按外围水平投影面积计算。

⑩ 地下室、半地下室及其相应出入口，层高在2.20 m以上的，按其外墙（不包括采光井、防潮层及保护墙）外围水平投影面积计算。

⑪ 有柱或有围护结构的门廊、门斗，按其柱或围护结构的外围水平投影面积计算。

⑫ 玻璃幕墙、金属幕墙及其他幕墙作为房屋外墙的，按其外围水平投影面积计算。

⑬ 属永久性建筑有柱的车棚、货棚等按柱的外围水平投影面积计算。

⑭ 依坡地建筑的房屋，利用吊脚做架空层，有围护结构的，按其高度在2.20 m以上部位的外围水平投影面积计算。

⑮ 有伸缩缝的房屋，若其与室内相通的，伸缩缝计算建筑面积。

第二，计算一半建筑面积的范围：

① 与房屋相连，有上盖无柱的走廊、檐廊，按其围护结构外围水平投影面积的一半计算。

② 独立柱、单排柱的门廊、车棚、货棚等属永久性建筑的，按其上盖水平投影面积的一半计算。

③ 未封闭的阳台、挑廊，按其围护结构外围水平投影面积的一半计算。

④ 无顶盖的室外楼梯按各层水平投影面积的一半计算。

⑤ 有顶盖不封闭的永久性的架空通廊，按外围水平投影面积的一半计算。

第三，不计算建筑面积的范围：

① 层高2.20 m以下的夹层、插层、技术层和层高小于2.20 m的地下室和半地下室。

② 突出房屋外墙面的构件、配件、装饰柱、装饰性的玻璃幕墙、垛、勒脚、台阶、无柱雨篷等。

③ 房屋之间无上盖的架空通廊。
④ 房屋的天面、挑台、天面上的花园、泳池。
⑤ 建筑物内的操作平台、上料平台及利用建筑物的空间安置箱、罐的平台。
⑥ 骑楼、过街楼的底层用作道路街巷通行的部分。
⑦ 利用引桥、高架路、高架桥、路面作为顶盖建造的房屋。
⑧ 活动房屋、临时房屋、简易房屋。
⑨ 独立烟囱、亭、塔、罐、池、地下人防干、支线。
⑩ 与房屋室内不相通的房屋间伸缩缝。

(4) 商品房面积误差处理

商品房最终的交付面积,以房产管理部门认定的房地产终测面积为准。2000年颁布并实施的《商品房买卖合同示范文本》明确了关于面积确认及面积差异处理的方式。根据当事人选择的计价方式,规定以【建筑面积】【套内建筑面积】(本条款中均简称面积)为依据进行面积确认及面积差异处理。当事人选择按套计价的,不适用本条约定——即:按套内建筑面积或者建筑面积计价的,当事人应当在合同中载明合同约定面积与产权登记面积发生误差的处理方式。

《商品房买卖合同示范文本》第五条指出,合同约定面积与产权登记面积有差异的,以产权登记面积为准。商品房交付后,产权登记面积与合同约定面积发生差异,双方应在签订预售合同时明确处理方式,即:双方可自行约定,也可按《商品房买卖合同示范文本》明示的原则处理。

面积误差处理原则:
① 面积误差比绝对值在3%以内(含3%)的,据实结算房价款。
② 面积误差比绝对值超出3%时,买受人有权退房。

对于买受人退房的,出卖人在买受人提出退房之日起30天内将买受人已付款退还给买受人,并按约定的利率(通常为银行同期利率水平)付给利息。

对于买受人不退房的,产权登记面积大于合同约定面积时,面积误差比在3%以内(含3%)部分的房价款由买受人补足;超出3%部分的房价款由出卖人承担,产权归买受人。产权登记面积小于合同约定面积时,面积误差比绝对值在3%以内(含3%)部分的房价款由出卖人返还买受人;绝对值超出3%部分的房价款由出卖人双倍返还买受人。其中:

$$面积误差比 = \frac{产权登记面积 - 合同约定面积}{合同约定面积} \times 100\%$$

因设计变更造成面积差异,双方不解除合同的,应当签署补充协议。

2. 总层数和总高度

房屋建筑物的总层数,为地上层数加地下层数之和。房屋所在层数系指房屋的层次,采光窗在室外地坪以上的层数用自然数表示,地下的层数用负数表示;房屋层高在2.20 m(含)以上的计算层数。其中:

房屋地上层数:一般按室内地坪以上计算;采光窗在室外地坪以上的半地下室,其室内层高在2.20 m(含)以上的,计算地上层数。

房屋地下层数:指采光窗在室外地坪以下的,其室内层高在2.20 m(含)以上的地下室的层数。

另外关于建筑物各功能层的概念还包括:

自然层:一般指楼层高度在2.28 m以上的标准层次及在2.70 m以上的住宅。

技术层:指建筑物的自然层内,用作水、电、暖、卫生等设备安装的局部层次。

附属层(夹层):指介于自然层之间的夹层。

假层:指位于自然层以上,层高不是全部为2.20 m以上的非正式层,不计层数,如屋面层。

避难层:高层建筑中用作消防避难的楼层。

自然层数:按楼板、地板结构分层的楼层数。

中间层:底层和最高住户入口层之间的中间楼层。

标准层:平面布置相同的住宅楼层。

结构(设备)转换层:建筑物某楼层的上部与下部因平面使用功能不同,该楼层上部与下部采用不同结构(设备)类型,并通过该楼层进行结构(设备)转换,则该楼层称为结构(设备)转换层。

根据建筑高度和层数的不同,建筑物一般分为:低层建筑(1～3层)、多层建筑(4～6层)、中高层建筑(7～9层)、高层建筑(10～30层)、超高层建筑(30层以上,建筑高度大于100 m),以上为我国《民用建筑设计通则》中的约定。

在实际的房地产市场上还有一种常见的说法,那就是"小高层"。小高层是指楼层在8至11层间,配备电梯的住房。在相关规定中,没有"小高层"这个概念,它是人们的习惯性称谓。按规定7层及以上的住房必须配电梯,所以小高层属于配电梯的范围之内,它的特点是方便的同时又能给生活带来一种新的高度。小高层在实际使用和建设中有以下特点:一是小高层通过电梯的配置,使原有意义的多层住房具有了高层的优点。小高层以现浇楼板施工,建筑结构上与高层基本相同,建筑质量好,住户上下方便。小高层的房型、建筑系数又接近多层,间距大、得房率高、通风好、采光条件优越。特别是一些建筑优良、档次高的小高层,水电配置精良,集供冷暖气、冷热水于一身,双路供水供电,且采用智能化的布线系统,使楼宇更易于管理,居住舒适、安全性高。二是很多小高层的得房率不低于普通多层,且通过多阳台、多露台的设计,使住房的有效使用面积大大增加。小高层视野宽阔、景观美好,更是多层住房难以企及。因此小高层在南方城市越来越受到人们的喜欢。

3. 建筑结构

房屋建筑物按照建筑结构使用材料的不同,一般可以划分为:钢结构、钢筋混凝土结构、砖混结构(也常简称:混合结构)、砖木结构和其他建筑结构,这也是住建部"房屋完损等级评定标准"的分类形式(见表3-4)。在当前的房屋建筑开发建设中常见的建筑结构主要有三种,即:砖混结构、钢筋混凝土结构和钢结构。

表3-4 房屋结构分类

序号	房屋按结构分类	房屋承重的主要结构材料
1	钢、钢筋混凝土结构	钢或钢筋混凝土建造
2	混合结构	钢筋混凝土和砖木建造
3	砖木结构	砖木建造
4	其他结构	竹木、砖石、土建造的简易房屋

砖混结构建筑——用砖墙、钢筋混凝土楼板层、钢筋混凝土屋面板建造的建筑。混合结构房屋是指承重的主要构件是用钢筋混凝土和砖木建造的。比如房屋的梁、柱是用钢筋混凝土制成,以砖墙为承重墙,或者梁是用木材建造,柱是用钢筋混凝土建造。目前市场上销售的商品房六层以下的大多是混合结构的房屋。

钢筋混凝土结构建筑——建筑物的主要承重构件全部采用钢筋混凝土,如:钢筋混凝土框架结构、框架剪力墙结构、剪力墙结构建筑。钢筋混凝土结构房屋是指承重的主要构件是用钢筋混凝土建造的。包括现浇结构及使用滑模、倒模等建造的钢筋混凝土结构的建筑物。目前市场上销售的六层以上的房屋(不含六层)大多是钢筋混凝土结构的房屋。

钢结构建筑——建筑物的主要承重构件全部采用型钢,如:全部用钢柱、钢梁建造的超高层建筑。

另外,按照施工手法的不同,房屋建筑物又可以分为:装配式建筑——建筑物的主要承重构件,如墙体、楼板、楼梯等均是先在工厂制成预制构件,然后在施工现场组装而成,这类建筑的主要形式有大板、框架、盒子式建筑;现浇式建筑——顾名思义,主要承重构件均在施工现场浇筑,以滑模式建筑为代表;装配整体式建筑——是一种常用混合模式建筑的施工方法,即部分结构现场浇筑,部分结构在工厂预制。

目前多层房一般采用混合结构,高层采用钢筋混凝土结构或钢、钢筋混凝土结构多些,也有用钢结构的。

按现在有关规定,十层以上为高层。

高层和多层建筑的重要区别是高层结构不仅要承受竖向荷载,还要承受水平荷载(如风、地震作用)。而对于多层建筑,水平荷载的问题就不是那么突出了。

建筑物如果太高,砖混结构就难以承受水平荷载的作用,这时采用钢筋混凝土框架结构,其承受水平荷载的能力就会大大提高。但是如果建筑物再高,钢筋混凝土框架结构也难以满足承受水平荷载的要求,这时在框架结构中加上钢筋混凝土墙体(称为剪力墙,承受水平荷载的能力很强),或者全部采用钢筋混凝土墙体,就能承受更大的水平荷载作用。

进行高层建筑结构设计时,不仅要考虑竖向荷载,还要考虑水平荷载的作用。

复式结构房屋简称复式住房,是受跃层式住房的设计构思启发,由香港建筑师李鸿仁创造设计的一种经济型住房。这类住房在建造上仍每户占有上下两层,实际是在层高较高的一层楼中增建一个1.2 m的夹层,两层合计的层高要大大低于跃层式住房(李氏设计为3.3 m,而一般跃层式为5.6 m),复式住房的下层供起居用,炊事、进餐、洗浴等,上层供休息睡眠用,户内设多处墙式壁柜和楼梯,中间楼板也即上层地板。一层的厨房高2 m,上层贮藏间高1.2 m,上层直接作为卧室床面,人可坐起但无法直立。复式住房的经济性体现在:①平面利用系数高,通过夹层复合,可使住房的使用面积提高50%~70%。②户内的隔层为木结构,将隔断、家具、装饰融为一体,即是墙又是楼板、床、柜,降低了综合造价。③上部夹层采用推拉窗及墙身多面窗户,通风采光良好,与一般层高和面积相同的住房相比,土地利用率可提高40%。因此复式住房同时具备了省地、省工、省料的特点。

复式住房在设计施工和使用上有一些不足:①复式住房的面宽大,进深小,如采用内廊式平面组合必然导致一部分户型朝向不佳,自然采光较差。②层高过低,如厨房只有2 m高度,长期使用易产生局促憋气的不适感;贮藏间较大,但层高只有1.2 m,很难充分利用。③由于室内的隔断楼板均采用轻薄的木隔断,木材成本较高,且隔音、防火功能差,房间的私密性、安全性较差。尽管复式住房有这些缺点,但近年来建筑师通过不断改进、完善、不断探索,结合我国的国情,设计出了更加合理的结构。可以预见,这种精巧的复式住房,由于经济效益十分明显,价格相对偏低,必然成为住房市场上的热销产品。

4. 房屋附属设备设施

房屋附属设备,是对房屋建筑内部附属的和相关的公用、市政、配套的各类设备、设施的简称。房屋附属设备是否齐全、档次的高低、服务质量的差异已成为房屋建筑质量、造价的集中表现,是确定房屋使用功能的主要指标之一。各类设备的正常运行,是向住/用户提供良好的生产、工作、学习和生活环境的主要物质基础。

房屋附属设备的种类繁多,功能各异,随着建筑技术与相关产业和经济水平的不断提高,功能更新、更加完善的新型产品和设施也还在不断地涌现出来。现代民用建筑房屋的附属设备主要分为两大类:房屋建筑设备和房屋建筑电气工程设备。

房屋建筑设备主要包括:给水设备;排水设备;热水供应设备;消防设备;卫生与厨房设备;供暖、供冷、通风设备;燃气设备。

房屋建筑电气工程设备主要包括:供电及照明设备;弱电设备;电梯设备;防雷设备。

房屋建筑物对上述附属设备的配置与安装是根据物业的用途、档次和用户的要求而确定的。如普通住房,一般只设置排水、供电及照明、电视电话网络等设备;而对于高层建筑,则要增加电梯、消防等设备;现代化的综合性商业大厦,则几乎要包括上述的全部设备,而且设备要更先进,品种要更齐全。

5. 层高或净高

(1) 层高

层高是指上下两层楼面结构标高之间的垂直距离,也就是一层房屋的高度。建筑物最底层的层高,有基础底板的指基础底板上表面结构至上层楼面的结构标高之间的垂直距离;没有基础底板指地面标高至上层楼面结构标高之间的垂直距离。最上一层的层高是其楼面结构标高至屋面板板面结构标高之间的垂直距离,遇有以屋面板找坡的屋面,净高指楼面结构标高至屋面板最低处板面结构标高之间的垂直距离。我国《住宅建筑模数协调标准》中明确规定了住宅建筑层高采用的参数为 2.8 m。

(2) 净高

净高,即室内净高,是指楼面或地面至上部楼板底面或吊顶底面之间的垂直距离。净高和层高的关系可以用公式表示为:

净高=层高－楼板厚度

即层高和楼板厚度的差叫"净高"。

6. 空间布局

(1) 建筑空间布局的方式

建筑设计一般从两个角度处理空间布局,一个是指形体组合关系的设计,包括建筑物的集中式、分散式、组群式;另一方面是指组合手法,如:规整式、自由式、混合式等。建筑空间布局一般要求做到:

① 与场地取得适宜关系。

② 充分结合总体分区及交通组织。
③ 有整体观念,统一中求变化,主次分明。
④ 体现建筑群性格。
⑤ 注意对比、和谐手法的运用。
(2) 住宅的基本空间布局
住宅的整体空间布局主要考虑的因素包括:
① 套型,按不同使用面积、居住空间组成的成套住宅类型。
② 单元式房屋,指整楼设计分割为由多个可独立出售或出租的部位及各种特定功能的共用部位组成的房屋。如商品房、拆迁安置房、综合楼等类型。
③ 独幢,是指一座独立的、同一结构的、包括不同层次的房屋。
④ 跃层(复式)住宅,套内空间跨跃两楼层及以上的住宅。
⑤ 架空房屋,指底层架空,以支撑物体承重的房屋,其架空部位一般为通道、水域或斜坡。
(3) 住房功能空间细分(见表3-5)

表3-5 住房空间布局因素与功能

空间布局因素	概念与功能
开 间	开间就是住宅的宽度。在1987年颁布的《住宅建筑模数协调标准》中,对住宅的开间在设计上有严格的规定。砖混结构住宅建筑的开间常采用下列参数:2.1 m、2.4 m、2.7 m、3.0 m、3.3 m、3.6 m、3.9 m、4.2 m
进 深	进深就是指住宅的实际长度。在1987年实施的《住宅建筑模数协调标准》中,明确规定了砖混结构住宅建筑的进深常用参数:3.0 m、3.3 m、3.6 m、3.9 m、4.2 m、4.5 m、4.8 m、5.1 m、5.4 m、5.7 m、6.0 m。为了保证住宅具有良好的自然采光和通风条件,进深不宜过长
居住空间	系指卧室、起居室(厅)的使用空间
卧 室	供居住者睡眠、休息的空间
起居室(厅)	供居住者会客、娱乐、团聚等活动的空间
厨 房	供居住者进行炊事活动的空间
卫生间	供居住者进行便溺、洗浴、盥洗等活动的空间
平 台	供居住者进行室外活动的上人屋面或住宅底层地面伸出室外的部分
露 台	一般是指住宅中的屋顶平台或由于建筑结构需求而在其他楼层中做出大阳台,由于它面积一般均较大,上边又没有屋顶,所以称作露台
过 道	住宅套内使用的水平交通空间
壁 橱	住宅套内与墙壁结合而成的落地贮藏空间

续表 3-5

空间布局因素	概念与功能
壁龛	利用墙体厚度的局部空间,存放日常用品的部分
吊柜	住宅套内上部的贮藏空间
走廊	住宅套外使用的水平交通空间
阁楼	指位于自然层内,利用房屋内的上部空间或人字屋架添、加建的使用面积不足该层面积的暗楼,不计层次
骑楼	指建在马路旁,底层的一部分是人行道的楼房
廊	泛指连接房屋墙体以外,有围护结构和台面,作为通道的建筑物。一般不具备构成"房屋"的相应条件
柱廊	有顶盖、有廊台、有支柱或兼有一侧围护墙体的供人通行的建筑物,如长廊、回廊等
檐廊	在屋檐下有顶盖、有廊台和建筑物相连的作为通道的伸出部位
挑廊	挑出房屋墙体外,有顶盖、有围护物(如栏杆)、无支柱的通道
通廊	指连接建筑间,有顶盖、有廊台,具备一定形式的通道。在地面上的称底层通廊或长廊、迵廊;高出地面的,二层以上的则称架空通廊
门廊	指建筑物门前突出的,有顶盖、有廊台的通道。如门斗、雨罩、雨篷等
阳台	泛指有永久性上盖、有围护结构、有台面、与房屋相连、可以活动和利用的房屋附属设施,供居住者进行室外活动、晾晒衣物等的空间。根据其封闭情况分为非封闭阳台和封闭阳台;根据其与主墙体的关系分为凹阳台和凸阳台;根据其空间位置分为底阳台和挑阳台
封闭阳台	原设计及竣工后均为封闭的阳台
非封闭阳台	原设计或竣工后不封闭的阳台
凹阳台	凹进楼层外墙(柱)体的阳台
凸阳台	挑出楼层外墙(柱)体的阳台
底阳台	房屋一层的阳台
挑阳台	房屋二层(含二层)以上的阳台

7. 防水、保温、隔热、隔音、通风、采光

(1) 防水

防水一般分为两种情况,即工程防水和家装防水。工程方面的防水主要是指防明水,可以看得见的流水。少量是为了保护建筑物免受水汽,水分的侵蚀而做的防水。这方面的材料主要有卷材,聚氨酯等,施工要求高,工艺复杂。家装方面的防水是指和家庭生活相关的防水常识、防水材料和防水技术的统称。具体是指厨房、卫生间、阳台等位置的防水防潮处理。

(2) 保温

保温，简单而言就是冬天保暖、夏天隔热，是砌筑墙体或外围栏结构传统及新型节能装饰板保温的材料或制品、冬季阻止热量损失，夏季阻隔外部热量，保持室温稳定的能力。通常是指围护结构（包括屋顶、外墙、门窗等）在冬季阻止由室内向室外传热，夏季阻止由外至内传热，从而使室内保持适当温度的能力。

(3) 隔热

隔热是指砌筑墙体的材料或制品夏季阻止热量传入，保持室温稳定的能力。通常是指围护结构在夏季隔离太阳辐射热和室外高温的影响，从而使其内表面保持适当温度的能力。隔热材料的隔热性能通常用夏季室外计算温度条件下（即较热天气）围护结构内表面最高温度值来评价。

(4) 隔音

对于一个建筑空间，它的围蔽结构受到外部声场的作用或直接受到物体撞击而发生振动，就会向建筑空间辐射声能，于是空间外部的声音通过围蔽结构传到建筑空间中来。传进来的声能总是或多或少地小于外部的声音或撞击的能量，所以说围蔽结构隔绝了一部分作用于它的声能。但采取隔振措施，减少振动或撞击源对围蔽结构（如楼板）的撞击，可以降低撞击声本身。因此，隔音即是利用隔声材料和隔声结构阻挡声能的传播，把声源产生的噪声限制在局部范围内，或在噪声的环境中隔离出相对安静的场所。

(5) 通风

通风和保持气流属于基础房屋建筑设计规范的范畴。在建筑设计中通风就是采用自然或机械方法使风没有阻碍，可以穿过，到达房间或密封的环境内，以保证室内的卫生、安全等适宜空气环境。因此，在建筑设计中除了门窗等建筑体构建本身的尺寸外，还要保证一定的楼间距。

(6) 采光

采光可分为直接采光和间接采光，直接采光指采光窗户直接向外开设；间接采光指采光窗户朝向封闭式走廊（一般为外廊）、直接采光的厅、厨房等开设，有的厨房、厅、卫生间利用小天井采光，采光效果如同间接采光。选购住宅时，其主要房间应有良好的直接采光，并至少有一个主要房间朝向阳面。

自然采光通常是将室内对自然光的利用，称为"采光"。一处称心的房子，采光条件十分重要。采光良好的住宅可以节约能源，使人心情舒畅，便于住宅内部各使用功能的布置。否则长期生活在昏暗之中，依靠人工照明，对人的身心健康十分不利。自然采光面积就是指的室内对自然光的利用面积。在我国，一般情况下南北朝向好,主卧客厅南向采光好,北向布置卫生间和厨房也能自然采光,房间能达到五明标准(明厅、明客厅和餐厅,明卫,明卧,明厨)。进深过大,不利于采光。

我国绝大多数地方处于地球的中纬度地区,在住宅建筑设计规范中要求,采光以冬至日的太阳高度角直射 2 小时为标准。因此,采光在建筑设计中不仅要考虑窗地面积比,更要依据光气候系数、晴天方向系数、采光系数等确定合理的楼间距和总层高。

三、环境与景观

房地产所处环境以及由房地产自身和周边地物所形成的景观同样是房地产重要的实物组成部分。

(一) 环境的概念和分类

1. 环境的概念

环境是人们最熟悉的词汇之一,如人们经常所讲的自然环境、生存环境、学习环境、工作环境、生活环境、居住环境、投资环境等。不同的人可能对具体的环境有不同的解释,但通常所说的环境均是相对于某一事物(通常称其为主体),并对该事物会产生某些影响的所有外界事物(通常称其为客体)。即:环境是指某个主体周围的情况和条件,是相对于某个主体而言的,主体不同,环境的大小、内容等也就不同。

2. 环境的分类

环境,既包括以空气、水、土地、植物、动物等为内容的物质因素,也包括以观念、制度、行为准则等为内容的非物质因素;既包括非生命体形式,也包括生命体形式。根据需要,可以对环境作不同的分类。通常按环境的属性,将环境分为自然环境、人工环境和社会环境。

自然环境,是指未经过人的加工改造而天然存在的环境;从学术上讲,是指直接或间接影响到人类的一切自然形成的物质能量和自然现象的总和。自然环境按环境要素,又可分为大气环境、水环境、土壤环境、地质环境和生态环境等。主要就是指地球的五大圈——大气圈、水圈、土圈、岩石圈、生物圈。

人工环境,是指在自然环境的基础上经过人的加工改造所形成的环境;从学术上讲,是指人类利用自然、改造自然所创造的物质环境,如乡村、城市、居住区、房屋、道路、绿地、建筑小品等。人工环境与自然环境的区别,主要是人工环境对自然环境的形态作了较大的改变,使其失去了原有的面貌。

社会环境是指人与人之间的各种社会关系所形成的环境,包括政治制度、经济体制、文化传统、社会治安、邻里关系等。对于某套住宅来说,其周边居民的文化素养、收入水平、职业、社会地位等,都是其社会环境。

(二)景观的概念和分类

1. 景观的概念

景观(Landscape)是指土地及其土地上的空间和物质所构成的综合体。景观不是静止不变的。景观的含义与"风景"、"景致"、"景色"相近,是描述自然、人文以及它们共同构成的整体景象的一个统称,包括自然和人为作用的任何地表形态及其印象。具体地说,景观是指通过某一特定之点透视时,出现在视野的地表的一部分与其所相应的天空的一部分,以及给予人的全体印象和景色。

景观一词,如按中文字面解释,包括"景"和"观"两个方面。"景"是自然环境在客观世界所表现的一种形象信息,"观"是这种形象信息通过人们的感觉(视觉、听觉)传导到大脑皮层,产生一种实在的感觉,或者产生这种联系与情感。因此,景观应包括客观形象信息与主观感受两个方面。景观的好坏判别,与审视者的心理、生理、知识层次的高低等条件有关。不同的人群在相同的眺望空间和时间中,感受到的景观印象程度是不同的,其中还夹杂着个人的喜好和情感。

2. 景观的分类

景观可分为自然景观和人文景观。自然景观通常是指未经人类活动所改变的水域、地表起伏与自然植物所构成的自然地表景象及其给予人的感受。人文景观是指被人类活动改变过的自然环境,即自然景观加上人工改造所形成的景观及印象。

(三)居住区景观

1. 居住区景观设计

景观设计是对土地和户外空间的人文艺术和科学理性的分析、规划设计、管理、保护和恢复。对景观设计的理解可以分为广义的景观设计和狭义的景观设计两个方面。

广义的景观设计是指对于土地的分析、规划、设计、管理、保护和恢复的科学与艺术。它强调人与自然结合,是集艺术、科学、工程技术于一体的、对人类户外生存环境的建设活动。同时,这种改善环境不仅是纠正由于技术和城市的发展所带来的污染及其灾害,还应该是一个创造的过程,通过这个过程,人与自然和谐地不断演进。广义的景观设计是随着我们对自然和自身认识程度的提高而不断完善和更新的。目前,对景观设计的完成主要包括规划和具体空间设计两个环节。规划环节指的是大规模、大尺度上景观的把握,具有以下几项内容:场地规划、土地规划、控制规划、城市设计和环境规划。其中,场地规划是通过建筑、交通、景观、地形、水体、植被等诸多因素的组织和精确规划使某一块基地满足人类使用要求,并且有良好的发展趋势;土地规划相对而言主要是规划土地大规模的发展建设,包括土地划分、土地分析、土地经济社会政策,以及生态、技术上的发展规划和可行性研究;控制规划主要是处理土地保护、使用与发展的关系,包括景观地址、开放空间系统、公共游憩系统、给排水系统、交通系统等诸多单元之间关系的控制;城市设计主要是城市化地区的公共空间的规划和设计,包括城市形态把握,以及与建筑师合作对于建筑面貌的控制,城市相关设施的规划和设计等,以满足城市经济发展的需要;环境规划主要是指某一区域内自然系统的规划设计和环境保护,目的在于维持自然系统的承载力和可持续发展。具体空间设计环节实际就构成了景观设计狭义的概念。

狭义的景观设计主要包括场地设计和户外空间设计,是景观设计的基础和核心。盖丽特·雅克布(Garret Eckbo)认为景观设计是在从事建筑物道路和公共设备以外的环境景观空间设计。狭义的景观设计中的主要要素是:地形、水体、植被、建筑及构筑物以及公共艺术品等,主要设计类型是城市开放的空间,包括广场、步行街、居住区环境、城市街头绿地以及城市滨湖滨河地带等,其不但要满足人类生活功能上、生理健康上的要求,还要不断地提高人类生活的品质,丰富人的心理体验和精神追求。

总之,景观设计是处理人工环境和自然环境之间关系的一种思维方式,一条以景观为主线的设计组织方式,目的是为了使无论大尺度的规划还是小尺度的设计都以人和自然最优化组合和可持续发展为目的。

2. 景观设计的原则

(1) 景观设计的基本原则

① 整体性原则

城市景观作为多种元素的整合体,应具备统一性,在长期的形成过程中逐步体现出一定的整体秩序。

② 多元性原则

动态景观虽然应有一定的主导功能,却可以具有多样化的空间表现形式和特点。景观系统的复杂性、动态变化性以及作为主体体验者"人"的不同需求决定着景观的变化。从形式层面上的方位、形状、色彩、尺度、比例、肌理等,到意象层面的要素边缘、区域、节点、标识、道路,再到意义层面上隐藏在形象结构中的内在文化含义,从而呈现出五彩缤纷的多元景象。

③ 特色性原则

个性特征是通过人的生理和心理感受到的与其他景观不同的内在本质和外部特征。现代景观应通过特定的使用功能、场地条件、人文主题以及景观艺术来处理和塑造属于特定区域空间的特色。

④ 文化性原则

现代景观通常是城市历史风貌、文化内涵集中体现的场所。其设计既要尊重传统、延续历史、文脉相承，又要有所创新、有所发展，这就是继承和创新的有机结合的文化性原则。文化继承的含义是人们对过去的继承和研究，而人们的社会文化及价值观念又是随着时代的发展而变化的。一部分落后的东西不断被抛弃，一部分有价值的文化被积淀下来，融入人们生活的方方面面。

(2) 景观设计的形式规律

① 对称与平衡

对称和平衡在形式上虽然是有差别的，但都有平衡而具安定感的共同特点。其表现的形式效果是一种和谐和宁静。对称和平衡的形式美，通常是以"等形等量"或"等量不等形"的状态，依中轴或依支点出现的形式，达到端庄、严肃、稳定、统一的效果。平衡还具有生动、活泼变化的效果。

② 秩序

秩序也就是有规律性。秩序被人们称为美的总代表，因为一切美的原理均包含着一定的秩序。如对称布局就是一种平和的秩序，比例有增长和减弱的秩序，渐变有大小远近的秩序。景观设计中，秩序表现在各种线条、饰面、造型体，以及色彩、材料质感的组合中。这些组合都是相互联系的，有着一定的规律。

③ 渐变

渐变是一种稳定、平和而又具有规律性的变化的形式。它包含渐减、渐增两个方向的感情。由于多变化的比例因素，使渐变构成的装饰性效果非常丰富。在实际空间中由于远近透视的作用，多数反复的形式皆有可能转变渐变的效果。

④ 节奏与韵律

节奏和韵律又合称为节韵律，是美学法则的重要内容之一。节奏表现为有规律的重复，如高低、长短、大小、强弱、明暗、浓淡等。韵律是在节奏基础上的发展，它不仅仅是一种有规律的重复，如高低变化，还表现为高高低低等形式，给人的感觉更加生动、多变，也更富有感情色彩。节奏和韵律的关系是异常密切的。节奏是韵律的变化，韵律则是节奏的深化和发展，是情调在节奏中的运用。在景观设计中，对称、反复、渐变等都是节奏感很强的构成形式。构成形式的间隔、大小、强弱的循环不一，视线节奏的快慢，使造型面产生丰富的韵律感，进而达到美的境界。节奏和韵律的变化主要表现为三种:点线面的节奏变化;立面轮廓线的节奏变化;轮廓线的节奏变化。

⑤ 反复与强调

反复指的是相同或相似的构成单元有规律的反复出现,是有组织的反复变化的形式。它的主要特征是以单纯的手法求得整体形象的节奏美,在形式上强调统一的秩序,以加强对主要形象的记忆,使其印象加深,令人难以忘怀。

强调是指有意加强某一细部的视觉效果,使其在整体中富于吸引力。强调必须具有恰当的位置和方式,才能使主体成为鲜明突出的视觉中心。强调视觉中心可通过新颖的造型、鲜明的色彩、明亮的光线、高档的材质来实现。重点要素的造型对空间整体效果影响很大,它既可以是二维的形象,如主立面上的壁画或其他的装饰物,也可以是三维立体造型,如雕塑、建筑、树木、置石等。重点要素的处理采用具有强烈对比的造型,可以加强其视觉的冲击力,使人的注意力集中在重点要素上,其目的在于打破空间整体造型的规律,使重点要素成为空间的重点。

⑥ 和谐与对比

和谐又称为调和、协调,与对比刚好相反。和谐是指在造型、色彩和材质方面趋于融洽。

在形式构成上,强调形式要素,使各种不同要素有机联系在统一体中,既变化多样又符合秩序,在变化多样的前提下达到统一,就是和谐美。运用和谐的形式和方法,可使设计富于条理性、秩序性,从而具有统一和谐的美感。

对比是指两个以上的形态的各异性、矛盾性的表现。对比使双方各自的特点更加鲜明。对比在形式的各要素中客观存在,表现为大小、轻重、远近等。凡是存在矛盾的地方,都有对比。

和谐与对比,在景观设计中必须同时运用,相互照应,但应以一方为主,另一方为辅,这样才能得到变化中求统一的效果。

3. 景观的要素

(1) 地形地貌

地形地貌因素对于景观建成效果影响最大,现有地形地貌也是设计最主要的现状条件。一般情况下,我们按其形态特点将地形地貌分为五种类型,即:平坦地貌、凸形地貌、山脊地貌、凹形地貌和谷地,这五种地貌形式也是在景观设计中最常遇到的。在现实中,大多数基地都是由两种以上的地貌组合而成的。

(2) 植被与绿地

植被在景观设计中也是必不可少的因素之一,景观设计中植被的应用成功与否在于能否将植被的非视觉功能与视觉功能统一起来。植被的非视觉功能是指植被改善气候、保护物种的功能;而视觉效果是指植被在审美上的功能,是否能够使人感到心旷神怡,通过其视觉功能可以装饰基地和构筑物,成为景观构图中不可分割的部分。

据统计,城市居民平均每人应拥有 10 m² 的森林或 50 m² 的草地才可以保持空气新鲜。人们的生活离不开植物,它不仅能提供我们所需要的氧,还能够美化生活和环境。具体来说,可以实现防尘固沙、净化空气,吸收、阻隔噪音,调节空气湿度、温度和流动状态以改善小气候,满足园林的空间构成和艺术构图的需要。

居住区绿地是在居住区用地上栽植树木、花草,改善地区小气候并创造自然优美的绿化环境。我国城市居住区绿化率要求在 30% 以上。居住区绿地是城市园林绿地系统中重要的组成部分,是改善城市生态环境的重要环节,同时也是城市居民使用最多的室外活动空间,是衡量居住环境质量的一项重要因素。

表 3-6　居住区各级中心公共绿地设置规定

中心绿地名称	设置内容	要求	最小规格(hm²)	最大服务半径(m)
居住区公园	花木草坪,花坛,水面,凉亭雕塑,小卖茶座,老幼设施,停车场和铺装地面等	园内布局应有明确的功能划分	1.0	800~1 000
小游园	花木草坪,花坛,水面,雕塑,儿童设施,铺装地面等	园内布局应有一定的功能划分	0.4	400~500
组团绿地	花木草坪,桌椅,简易儿童设施等	可灵活布置	0.04	

(3) 地面铺装

地面铺装是为了适应地面高频次的使用,在雨雪天便于行走,使地面在较大的荷载下不易损坏。地面铺装给使用者提供了坚固、耐磨的活动空间;还可以通过布局和路面铺砌图案给行人以方向感,引导人们到达目的地。

地面铺装的艺术设计包括纹样图案设计、铺地空间设计、结构构造设计、铺地材料设计等。常用的铺地材料分为天然材料和人工材料。天然材料常用的有石板、卵石、碎石、条(块)石、碎花岗岩片等;人造材料常用的有青砖、水磨石、彩色混凝土等。

(4) 水体

水的形态多种多样,并有极强的欣赏和观赏性;水还可以用来调节空气温度和湿度,或是遏制噪音的传播。景观设计中的水分为止水和动水两种,其中动水根据运动的特征又分为跌落的瀑布性水景、流淌的溪流性水景、静止的湖塘性水景、喷射的喷泉性水景。近年来,由于技术设备的发展,出现了很多形式新颖的水景。

水体的设计既要注意水景的功能,同时也要注意水景所带来的环境的安全,如:嬉水类的水景一定要注意水的深度不宜太深,以免造成危险,在水深的地方要设计相应的防护措施;如果是为水生植物和动物提供生存环境则需要安装过滤装置以保证水质等。另外,水体的设计还必须与地面排水系统相结合,可排入水塘,并在水塘内使用循环装置进行水循环;也可以利用自然的地形地貌和地表径流与外界相通;另外,水体设计应注意将管网线路和设施妥善安放,最好隐蔽起来,并同时做好防水层和防潮层的设计。

(5) 景观设施与小品

景观设施是景观设计中表现最普遍、最多样化的一种形态,与我们的生活环境息息相关。景观设施具有一定的使用功能,也可以直接提供特定功能的服务。同时景观设施具有装饰功能,因体量小,用材轻巧,而体现变化多样的造型特征,是景观设计中的重要造型要素。

景观设施与小品一般可以分为六种类型:休憩设施(休息亭、长廊、桌椅板凳等)、游戏设施(大小型游具,如秋千、滑梯、沙坑等)、运动设施(健身运动器材)、服务设施(小卖店、饮食店、公共厕所、电话亭等)、管理设施(栏杆、照明、标识、垃圾箱、围墙等)和观赏设施(花坛、喷泉、水池、雕塑等)。

(四) 环境污染

环境污染的产生和存在可以说由来已久,但它真正引起人们的重视和普遍关注,却是在20世纪50年代以后。那时由于工业和城市化的迅速发展,产生了一系列重大的环境污染事件。正是由于这些环境污染事件,导致了人群在短时间内大量致病和死亡,产生了不利于社会、经济发展的社会效应,促使环境污染成为一个全球社会性的问题而被人们重视。在人们的环境意识越来越强的发展趋势下,房地产经纪活动也应涉及对环境污染的认识和了解。

1. 室外环境污染

(1) 大气污染

大气污染就是空气污染,是指人类向空气中排放各种物质,包括许多有害物质,使空气成分长期改变而不能恢复,以致对人体健康产生不良影响的现象。在洁净的空气中,氮气占78%,氧气占21%,氩气占0.93%,二氧化碳占0.03%,还有微量的其他气体,如氖、氦、氪、氢、氙、臭氧等。

大气污染是一种普遍发生的环境污染,排入大气的污染物种类很多,根据污染物的形态,可分为颗粒污染物和气态污染物两大类。

① 颗粒污染物及其危害

颗粒污染物又称总悬浮颗粒物,是指悬浮在空气中,空气动力学当量直径(以下简称直径)≤100 μm 的颗粒物。颗粒污染物对人体的危害与其直径大小和化学成分有关。对人体危害最大的是飘尘,它可被人吸入,其中直径 0.5～5 μm 的飘尘可以直接到达肺细胞而沉积。有的飘尘表面还吸附着许多有害气体和微生物,甚至携带着致癌物质,对人体危害更大。煤烟尘能把建筑物表面熏黑,严重时能刺激人的眼睛,引起结膜炎等眼病。颗粒污染物能散射和吸收阳光,使能见度降低,落到植物上,会堵塞植物气孔,影响农林作物生长,降低花木的观赏价值,影响城市市容。颗粒污染物还能加速金属材料和设备的腐蚀,落入精密仪器设备会增加磨损,甚至造成事故。

随着现代工业的发展,很多重金属颗粒物,如镉、锌、镍、钛、锰等污染大气后,能引起人体慢性中毒。其中以铅的危害多而重,铅通过血液到达大脑细胞,沉积凝固,危害人的神经系统,使人智力衰退、记忆力锐减,形成痴呆症或引起中毒性神经病。

② 气态污染物及其危害

气态污染物是指以气体形态进入大气的污染物。气态污染物种类很多,主要有:硫氢化物、氮氧化物、碳氢化合物等。污染大气的硫氢化物主要是二氧化硫、三氧化硫,其中以二氧化硫的数量最多,危害也最大。污染大气的氮氧化物主要是一氧化氮和二氧化氮,其中一氧化氮在城市大气污染物中含量最多,约占大气污染物总量的三分之一,它大部分来自汽车尾气。碳氢化合物是空气中的一类重要的污染物,包括甲烷、乙烷、乙烯等。碳氢化合物与空气中的氮氧化物在阳光下形成浅蓝色烟雾,被称为光化学烟雾,危害非常大。光化学烟雾有强烈的刺激作用,浓度超过 0.15 ppm 时就能刺激眼睛,使眼睛红肿。此外,光化学烟雾还能引起哮喘、诱发肺癌,中毒严重者呼吸困难、视力减退、头晕目眩、手足抽搐;长期吸入光化学烟雾,能引起人体动脉硬化,加速人的衰老。除此之外,光化学烟雾还能加速橡胶制品的老化,腐蚀建筑物和衣物。

大气污染源主要有:

① 工业污染。产生大气污染源的企业主要有钢铁、有色金属、火力发电、水泥、石油冶炼以及造纸、农药、医药等企业。它们在生产过程中排出各种有害物质,例如钢铁企业的大气污染物以硫氧化物污染和粉尘污染为主;烧石灰、金属冶炼等都是粉尘污染的大户;有色金属企业以硫氧化物污染为主,化工企业会产生各种

大气污染物,如硫氧化物、氮氧化物、碳氢化合物以及恶臭气体和悬浮颗粒等;火力发电的煤和油耗量大,主要产生粉尘污染和硫氧化物污染,一般煤燃烧后约有原重量的1/10以烟尘的形式排入大气,油燃烧后约有原重量的1‰的烟尘排出,并且煤和油的不充分燃烧是产生硫氧化物的源泉。另外,建筑施工工地的扬尘污染也不容忽视。

② 交通污染。交通污染源一般称为移动污染源,主要是各种机动车辆、飞机、轮船等排放有毒有害物质进入大气。由于交通工具以燃油为主,主要污染物为碳氢化合物、氮氧化物和含铅污染物,尤其是汽车尾气中的一氧化氮和铅污染最重。据统计,汽车排放的铅占大气中铅的97%。

③ 生活污染源。人们由于做饭、取暖、沐浴等生活需要,造成大气污染的污染源称为生活污染源。这类污染源具有分布广、排放污染物量大、排放高度低等特点。生活污染源主要有:生活燃料的污染,居民家庭使用煤炭等燃料取暖或做饭,由于燃烧不充分,经常排出大量烟尘;居住环境的污染,由于建筑和家庭装修的发展,建筑材料和家庭装修材料释放的甲醛、苯、氯氨等,成了重要的污染物,尤其在半封闭状态的通风系统和空调系统中,危害更为严重,引起所谓的空调病和办公室综合征;其他生活污染,如城市垃圾、厕所、污水沟等也是重要的污染源,它们挥发有毒有害气体,特别是恶臭气体。

(2) 噪声污染

噪声对人体的危害虽然不如大气污染那么严重,但对人体健康及其生活环境有一定的不良影响是不可否认的。随着近代工业生产、交通运输、城市建设的发展,环境噪声日益严重,它已经成为污染人类环境的一大公害。噪声是指干扰人们休息、学习和工作的声音,即不需要的声音。此外,振幅和频率杂乱、断续或统计上无规律的声音振动,也称噪声。

噪声污染有下列3个特征:①噪声污染是能量污染。停止发声,污染即自行消除。②噪声污染是感觉公害。对噪声污染的评价,不仅要考虑污染源的性质、强度,还要考虑受害者的生理与心理状态。如夜间的噪声对睡眠的影响,老年人和青年人、脑力劳动者和体力劳动者、健康人和病患者的反应都是不一样的。因此,环境噪声标准也要根据不同时间、不同地区和人处于不同的行为状态来制订。③噪声污染具有局限性和分散性。所谓局限性和分散性是指环境噪声影响范围的局限性和环境噪声源分布的分散性,随着离噪声源距离增加和受建筑物及绿化林带的阻挡,声能量衰减,受影响的只是离声源近的地区。

城市噪声污染源主要有交通噪声、工业噪声、社会生活噪声和建筑施工噪声。

①交通噪声。交通噪声是由交通工具(包括汽车、火车、飞机等)发出的噪声,其特点是声源面广而不固定。交通噪声日益成为城市的主要噪声,城市中50%～70%的噪声来自交通工具。交通噪声中又主要是机动车在运行时发出的噪声。随着居民收入的增加和消费意识的上升,汽车的数量大大增加,汽车在给人们带来方便的同时,也带来了日益严重的噪声污染。汽车噪声除喇叭声外,主要来自发动机运转、进排气和轮胎与地面摩擦等。飞机噪声来自升降及飞行时发出的高音压。随着民航业的发展,飞机升降的频度也与日俱增,其发出的噪声对周围居民的危害也日益严重。②工业噪声。工业噪声主要是工厂开工时发出的噪声。工业噪声对附近居民的日常生活干扰十分严重。有些工厂为供应市场的需要而在夜间加工,其噪声延至深夜,使人无法入睡。工业噪声的发生源有两类,一类是气动源,如风机、风扇、高炉排气以及航空工业的风洞实验设备等;另一类是机械源,如纺织机、凿岩机、大型球磨机、电锯、铆枪和锻锤等。③社会生活噪声。社会生活噪声主要是指社会人群活动产生的噪声,如农贸市场、商场、展览馆、娱乐场所、体育场馆、中小学等地人们的喧闹声、吆喝声、高音喇叭声等。这些噪声干扰人们正常的谈话、工作、学习和休息,使人心烦意乱。④建筑施工噪声。建筑施工噪声是建筑工地的各种施工机械产生的噪声。这种噪声具有突发性、冲击性、不连续性等特点,容易引起人们的烦躁。但建筑施工噪声不是永久性的,当建筑工程竣工以后就不存在了。

为保障城市居民的生活声环境质量,我国制定了《城市区域环境噪声标准》(GB 3096—93)。该标准规定了城市五类区域的环境噪声的最高限值,见表3-7。

表3-7 我国城市区域环境噪声标准

类别	昼间等效声级(dB)	夜间等效声级(dB)
0	50	40
1	55	45
2	60	50
3	65	55
4	70	55

表3-7中,0类标准适用于疗养区、高级别墅区、高级宾馆区等特别需要安静的区域,位于城郊和乡村的这一类区域分别按严于0类标准5dB(分贝)执行。1类标准适用于以居住、文教机关为主的区域,乡村居住环境可参照执行1类标准。2类标准适用于居住、商业、工业混杂区。3类标准适用于工业区。4类标准适用于城市中的道路交通干线两侧区域,穿越城区的内河航道两侧区域,穿越城区的铁路主、次干

线两侧区域的背景噪声(指不通过列车时的噪声水平)限值也执行4类标准。夜间突发的噪声,其最大值不准超过标准值15dB。

(3) 水体污染

水环境是人类和其他生物赖以生存的自然环境,地球上可供生产和生活利用的水资源非常有限。随着人类社会的发展,水体污染现象越来越严重。

与居住生活有关的水体污染物及其危害主要存在于以下几个方面。①植物营养物及其危害。植物营养物主要是指氮、磷、钾、硫及其化合物。氮和磷都是植物生长繁殖所必需的营养素,从植物生长的角度看,植物营养物是宝贵的物质,但过多的营养物质进入天然水体,使水体染上"富贵病",就会恶化水体质量,影响渔业发展和危害人体健康。天然水中过量的营养物质主要来自农田施肥、农业抛弃物、城市生活污水与某些工业废水。过量植物营养物质排入水体将加速水体的富营养化过程,导致各种直接或间接的危害。其中,水中养分过多,藻类大量繁殖,导致"赤潮"等现象,严重影响鱼类的生存;硝酸盐超过一定量时有毒性;亚硝酸盐在人体内富集使人有得癌症、生畸胎和影响遗传的危险。②酚类化合物及其危害。酚有毒性,水体遭受酚污染后,将严重影响水产品的产量和质量;人体经常摄入,会产生慢性中毒,发生呕吐、腹泻、头痛头晕、精神不振等症状。水体中酚的来源主要是冶金、煤气、炼焦、石油化工、塑料等工业排放的含酚废水。另外,城市生活污水也是酚类污染物的来源。③氰化物及其危害。氰化物是剧毒物质,一般人误服0.1g左右的氰化钾或氰化钠便立即死亡,敏感的人甚至服用0.06g就可致死。含氰废水对鱼类也有很大的毒性。水体中氰化物主要来自化学、电镀、煤气、炼焦等工业排放的含氰废水,如电镀废水、焦炉和高炉的煤气冷却水、化工厂的含氰废水,以及选矿废水等。④酸碱及其危害。酸碱废水破坏水体自净能力,腐蚀管道和船舶。如果水体长期遭受酸碱污染,水质逐渐恶化,还会引起周围土壤酸碱化。酸性废水主要来自矿山排水和各种酸洗废水、酸性造纸废水等,雨水淋洗含二氧化硫的空气后,汇入地表水体也能造成酸污染。碱性废水主要来自碱法造纸、人工纤维、制碱、制革等工业废水。⑤放射性物质及其危害。水中所含有的放射性物质构成一种特殊的污染,总称为放射性辐射污染。污染水体最危险的放射性物质是锶、铯等,这些物质半衰期长,经水和食物进入人体后,能在一定部位积累,增加对人体的放射性照射,严重时可引起遗传变异和癌症。在水环境中,有时放射性物质虽然不多,但能经水生食物链而富集。⑥病原微生物及其危害。水体被此类污染物污染可能造成的危害有:降低光的穿透能力,减少水中植物的光合作用,妨碍水体的自净能力;对鱼类产生危害,可能堵塞鱼鳃,导致鱼的死亡,此类危害以造纸废水最为明显;成为各种污染物的载体,使其他污染物随水流动迁移。

水体污染源一般有:①工业污染源。工业污水的数量大、种类繁多、成分复杂,是城市水体污染的主要来源。在工业生产过程中排放出的废水、污水、废液等统称工业废水。废水主要是指工业用冷却水;污水是指与产品直接接触、受污染较重的排水;废液是指在生产工艺中流出的废弃液体。按工业行业来分,工业污染源有工业废水、冶金电镀废水、无机化工废水、制革废水等。工业污染源的特点是量大、面广、含污染物多、成分复杂,在水中不易净化,处理比较困难。②生活污染源。生活污染源是指由人类消费活动所产生的污水。生活污染源主要是由城市化造成的,由于城市人口增多,城市规模扩大,人口越来越密集,排放出来的污染物和生活污水越来越多,病菌的扩散和传播也更容易,因此,城市和人口密集的居住区是主要的生活污染源。人们生活中产生的污水包括由厨房、浴室、厕所等场所排出的污水和污物。生活污水的特点是含氮、磷、硫高,含大量合成洗涤剂,含有多种微生物。③农业污染源。农业污染源是指由于农业生产而产生的水污染源,如降水所形成的径流和渗流把土壤中的氮、磷和农药带入水体;牧场、养殖场、农副产品加工厂的有机废物排入水体,使水体水质恶化,造成河流、水库、湖泊的水体污染甚至富营养化。农业污染源的特点是面广、分散、难于治理。

(4) 其他污染

① 固体废物污染。固体废物污染是指在生产和消费过程中被丢弃的固体或泥状物质,包括从废水、废气中分离出来的固体颗粒。主要污染源来自城市垃圾、工业固体废物。

② 辐射污染。辐射有电磁辐射和放射性辐射两种。电磁辐射是能量以波的形式发射出去。放射性辐射是以波的形式和粒子一起发射出去。城市中常见的辐射污染有:光污染和电磁污染。人为电磁辐射污染源主要有广播,电视辐射系统的发射塔,人造卫星通讯系统的地面站,雷达系统的雷达站,高压输电线路、变压器和变电站,各种高频设备,如高频热合机、高频淬火机、高频焊接机、高频烘干机、高频和微波理疗机及微波炉等。

2. 室内环境污染

室内与室外的区别,通俗地说是一墙之隔,墙内称为室内,墙外称为室外。

室内环境空气污染的主要类型有三种,即化学污染、生物污染和放射性污染。

(1) 化学污染

化学污染主要来自建筑材料、装饰材料、日用化学品、香烟烟雾以及燃烧产物,如二氧化硫、一氧化碳、氨、甲醛、二氧化碳和挥发性有机气体等。

① 建筑材料（建筑物）

随着人们生活水平的提高和居住条件的改善，大量新型的建筑和装潢材料被用于居室中。由建筑物本身引起的污染主要是氨浓度严重超标。

② 装饰材料（装修）

室内装潢和装修的不断升温也使得所用装饰材料的种类越来越多，例如地板砖、地毯、油漆、内墙涂料、胶合板和壁纸等，这些装饰材料中的甲醛、苯、甲苯、醚类、脂类等挥发性有机物会散发到空气中污染室内空气。

③ 燃烧产物

该类污染物的来源包括燃料燃烧、烹调油烟以及吸烟等。燃烧产物一部分来自燃烧物质本身的杂质，如硫、砷、镉以及粉尘等；另一部分来自燃烧物质在加工过程和制造过程中的化学反应剂；还有一部分污染物是由于高温燃烧所产生的有害物质。烹调油烟和香烟烟雾中含有大量"三致"物质。

④ 室内家具产生的污染

家具是家庭和写字楼的重要用品，也是室内装饰的重要组成部分。目前市场上出售的家具中大多数都会散发甲醛和苯等有害气体。它们主要来自胶黏剂、油漆以及涂料等。

⑤ 人体散发的污染物质

人作为一个活体，在其新陈代谢过程中，也会不断地向外界排出二氧化碳、水蒸气、细菌和多种气体。据有关资料表明，人的肺可排出 25 种有毒物质，人呼出的气体中含有 16 种挥发性有毒物质。

⑥ 家用化学品和空气清新剂等产生的污染

各种家用杀虫剂、空气清新剂、清洗剂等都会对室内空气造成不同程度的污染。

⑦ 外部环境污染物产生的影响

室内空气来自室外，室外空气的质量密切影响室内空气，当室外空气受到污染后，就会通过门窗等进入室内。因此房屋周围分布的大小烟囱、小型锅炉、局部臭气发生源等都会成为室内空气的污染源。

(2) 生物污染

生物污染源包括细菌、真菌、病菌、花粉和尘螨等。如果室内存在污染源极易造成室内空气微生物污染。

① 活垃圾带来的生物污染。室内堆放生活垃圾的地方，空气中细菌和真菌的浓度很高，真菌在大量繁殖过程中会散发出特殊气味的气体，使人产生厌烦感。

② 家用电器和现代化办公设备产生的污染。空调房间中，门窗封闭严紧，人体、

室内空气和空调机形成了一个与外界隔离的循环系统,新空气量补充不足的情况下易使室内温度升高,细菌等微生物大量繁殖。

③ 室内花卉产生的污染。研究资料表明,有些植物和花卉是不宜摆放在室内的,会使人产生呼吸不畅、憋气、郁闷不适、皮肤过敏等症状。

④ 宠物污染。家中饲养的猫狗等也容易造成细菌、真菌等的生物污染。

⑤ 室内装饰与摆设的污染。室内铺设的各种地毯及墙上贴的各种壁纸,是螨虫和细菌的孳生地。

(3) 放射性污染

① 建筑陶瓷产生的污染。建筑陶瓷包括瓷砖、洗面盆和抽水马桶等,它们是由黏土、砂石、矿渣或工业废渣和一些天然辅助料成型涂釉再烧结而成。这些材料中或多或少的含有放射性的钍、镭等。有些釉料中还含有较高放射性的锆铟砂。这些放射性物质会对人体造成体内辐射和体外辐射两种危害。

② 天然石材中的放射性污染。用于装饰的天然石材主要是指花岗岩和大理石。在这些天然石材中有时含有高放射性物质,是室内环境质量的隐患。一般将天然石材的放射性分为三等,并根据其等级的不同而有不同的用途。

③ 电磁辐射污染。室内电磁辐射主要是由无线电广播、电视等电器等产生的。

建筑材料一般都含有种类不同、数量不等的污染物。其中的大多数具有挥发性,可造成较为严重的室内污染,通过呼吸道、皮肤、眼睛等对室内人群的健康产生很大危害。另有一些不具有挥发性的重金属,如铅、铬等有害物质,当建筑材料受损后剥落成粉尘,也可通过呼吸道进入人体,造成中毒。为了预防和控制民用建筑工程中建筑材料产生的室内环境污染,保障公众健康,维护公共利益,我国制定了《民用建筑工程室内环境污染控制规范》。它以工程勘察、设计、施工、验收等建设阶段为前提,对控制室内环境污染提出了具体要求。

第四节　房地产权益状况

一、房地产权利的种类

(一) 我国房地产产权的类型

我国房地产产权类型以《宪法》规定为基础,分为三种,具体见图3-1。

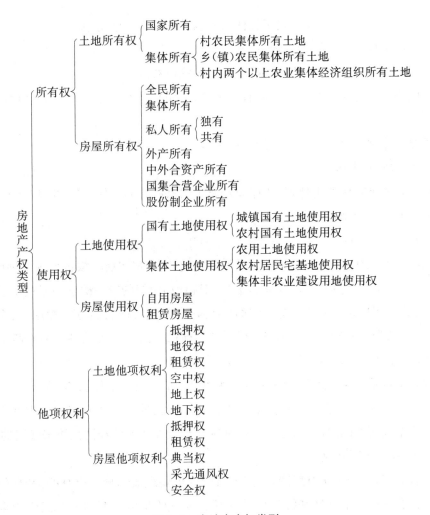

图 3-1 房地产产权类型

1. 房地产所有权

房地产所有权的类型是由房地产权所有权制度规定及国家法律规定的。

（1）土地所有权

依照有关法律的规定，我国实行社会主义土地公有制，土地属国家所有和集体所有；房屋作为财产，可以依法分别属于国家所有、集体所有和个人所有。依照《民法》和《土地管理法》的有关规定，集体所有土地还可以分别属于村农民集体所有、乡（镇）农民集体所有和村内两个以上农业集体经济组织所有。

依照我国的《宪法》和《土地管理法》等的法律规定，国家所有土地和集体所有土地包括以下范围。

① 国家所有土地

城市土地，即除法律规定属于集体所有以外的城市市区土地。

依照法律规定被征用的土地。

依照法律规定被没收、征收、征购，收归国家所有的土地。

依照法律规定确定给予全民所有制单位、农民集体经济组织和个人使用的国有土地。

依照法律规定属于国家所有的其他土地。

② 集体所有土地

农村和城市郊区的土地，除法律规定属于国家所有的以外，属于集体所有。

农村的宅基地和自留地、自留山等。

(2) 房屋所有权

我国正处在社会主义初级阶段，多种所有制并存，房屋所有权也呈现多种性质。

1985年，原城乡建设环境保护部和国家统计局组织的第一次全国城镇房屋普查中，设定了"产别"这一统计指标，将房产分为公产、代管产、托管产、拨用产、全民单位自管产、私产、中外合资产、外产、军产和其他产。这一分类兼顾了所有权的性质和管理的不同形式，并不是所有权的分类。

按我国规定，将企业的经济类型分为九类，即：国有、集体所有、私营、个体、联营、股份制、外商投资、港澳台投资和其他。这一分类同房屋所有权的分类并不完全一致。除个人所有的房产外，这些分类基本上都是按法人的经济性质来确定的。

① 国有房产所有权

国有房产，即全民所有房产，是国家财产的重要组成部分。所有的国家财产，其所有权具有主体的唯一性和统一性的特征。唯一性是指只有国家才能作为全民所有权的主体，如国有土地所有权。统一性是指全民所有权只能由国家统一行使。

国家所有权的这些特征并不是说凡全民所有的财产都应由国家直接统一管理，这在实际工作中是无法做到的。我国的法学工作者创造了"企业法人"这一概念，规定法人必须有自己独立的财产，并将此规定于《民法通则》中，使全民所有的财产能由国家授权的机关、人民团体、企事业单位经营管理，行使占有、使用、收益和处分的权利。

实际上，国家的财产和这些机关、团体、企事业单位的财产是整体和局部的关系，国家的财产正是由无数个这样单位的财产所组成的。

② 集体所有房产所有权

集体所有的房产，是我国社会主义公有房地产的重要组成部分。劳动群众集体组织的房地产，其所有权的主体是各个具有法人资格的集体组织；集体组织的某个成员或部分成员则不是集体所有权的主体。这与共有有着明显的区别。

③ 私有房屋所有权

我国实行土地公有制，土地不能作为私有财产的标的。而房屋由于其兼有生产资料和生活资料的特征，就决定了它的私人所有存在的必要。私有房屋所有权是国家保护公民个人合法财产在法律上的表现。私有房屋大部分都是自住的住房，随着私营经济的发展，私有非住房房屋及私有出租房屋越来越多。

从上世纪 80 年代开始，许多人按照房改政策购买的房屋，在取得所有权时得到了政府或单位的补贴，即通常所称的房改房产权。

④ 外产所有权

外产是指外国政府、企业、社会团体及外籍人士在我国境内的房产。外产房屋按国际惯例，应依我国房地产管理法的规定管理，并适用我国政府对外产的专门规定。

⑤ 中外合资产所有权

中外合资产是指我国企业或其他经济组织与境外企业、个人或外国政府合资建造购置或作价入股的房产。中外合资产产权归合资企业所有。

⑥ 国集合营企业房产所有权

国集合营是联营经济的一种。联营经济是指不同所有制性质的企业或其他经济组织之间投资组成的新的法人经济类型。国集合营企业的房产所有权属于这一新的法人所有。

⑦ 股份制企业房产所有权

股份制经济是指全部注册资本由全体股东出资，所有股东只是以其所认购的股份或出资额对企业负责的经济形式。股东按其持有股份的类别和份额享有权利，承担义务。虽然股份是股东权利、义务的来源，但不等于股东就是股份制企业房产的所有权人。公司一旦解散或破产，不是将公司的房产分割给股东，而是采用类似债权的办法只将剩余财产变价后分别偿还。股份并不是一种所有权关系。股份制企业的房产所有权的权利主体应是企业，而不是股东，因而，也不存在"股份所有权"。

（3）我国房地产所有制关系下房屋所有权特例的形式

在我国现行的房地产所有制关系下，随着社会经济发展的需要曾经或正在实行的房地产所有权形式有些属于是中国特色，是在特定的社会经济环境与制度，以及体制改革过程中诞生的一些必要的产权形式，主要是表现在房屋所有权方面。

① 房改房产权

自 20 世纪 80 年代起，国家为解决职工住房问题，采取了多种办法，包括住房建设投资上采取多种渠道,鼓励职工个人购买住房等。但由于长期以来形成的低消费结构,大部分职工难以依靠自己的工资收入来购买房屋,因而,政府和企事业单位以给予各种形式的补贴的方式,鼓励职工通过购买公房来改变缺房和房屋常年失修的状况。这类房屋"销售"的共同特点,是售房的价格低于房屋价值。就其本质来说,这类房屋本应是国家或企事业单位与购房者的共同财产。但为了鼓励个人购买住房,将其转化成为购房者的私有房屋,只是对收益和处分的权利进行了限制,以防止有人利用售价和实际价格之间的差价牟利。由此而产生了以下几种房改房产权类型。

● 部分产权——以标准价购买的住房产权

1994年,国务院《关于深化城镇住房制度改革的决定》明确规定:以标准价购买的住房产权称为部分产权。部分产权的房屋所有权人对房屋拥有占有和使用的权利,并拥有有限的收益权和处分权,且可以继承。购买者住用5年后该房屋可进入市场流通。在同等条件下,原售房单位有优先购买和租用权。售房收入扣除有关税费后的收益,按政府、单位、个人的产权比例进行分配。这里所指的"产权比例",不等于出资比例,而是政府、单位、个人各自占有产权份额的比例。因而,从法理上看,部分产权是一项共有房产的产权,购房者只拥有该产权的一部分,即是按份共有人。

标准价,最早见于1993年初国务院办公厅批转的国务院住房制度改革领导小组《关于推进城镇住房制度改革的意见》。当时规定的标准价包括住房造价,征地费和拆迁补偿费用。1994年,国务院《关于深化城镇住房制度改革的决定》将标准价规定为:"标准价按负担价和抵交价之和测定。"标准价是由市(县)人民政府依据该市(县)职工上年平均工资增长水平、单位发给住房补贴和资助职工建立住房公积金年增长水平等因素逐年测定,并报省、自治区、直辖市人民政府批准后公布执行。

负担价,按房屋所在地职工年平均工资测算。以1994年一套建筑面积为56平方米新建房屋为例,一般应为双职工年平均工资的3倍,经济发展水平较高的市(县)应高于3倍。双职工年平均工资按当地统计部门公布的上年职工年平均工资乘以2计算。旧房的负担价按出售当年新房的负担价成新折扣计算,使用年限超过30年的,以30年计算。如已经过大修或设备更新的旧房,按规定评估后确定。

抵交价,按双职工65年(男职工35年,女职工30年)内积累的由单位资助的住房公积金贴现值的80%计算。旧房的抵交价可根据使用年限适当降低,但最多不能低于新房抵交价的80%。

● 以成本价购买的住房产权

国务院《关于深化城镇住房制度改革的决定》规定:对高收入职工家庭出售公有住房实行市场价,对中低收入职工家庭出售公有住房实行成本价。

成本价包括住房建造中的征地费和拆迁补偿费、勘察设计费和前期工程费、建筑安装工程费、住房小区基础设施费、管理费、贷款利息和税金等七项费用组成。旧住房的成本价按售房当年新住房的成本价成新折扣计算。使用年限如已超过30年的，以30年计算。经过大修或设备更新的房屋，按规定评估后确定。

按成本价购买的住房，产权归个人所有。一般住用5年后可以依法进入市场交易，在补交土地使用权出让金或者所含土地收益并按规定交纳税费后，收入归个人所有。

按成本价购买公有住房，每个职工家庭只能享受一次，购房的数量必须按照各级政府规定的分配住房控制标准执行。

- 微利房产权

微利房和全价的商品房没有本质的区别，因为微利还是包含一定的利润。除了住房外，国家对某些生活必需品也实行微利甚至允许政策性亏损，不能说购买了这些商品房后在处分上就要受到限制。所以，职工购买的微利房为私有房屋，产权由个人所有。

- 以其他优惠价格购买的住房产权

另一种优惠价格是按职工的工龄、房屋的折旧、地段等因素计算的价格，以这种较优惠的价格向职工出售房屋。主要产生于1994年以前，而且此类房屋绝大部分已先期由产权单位分配给购买者使用。对这类房屋，国务院《关于深化城镇住房制度改革的决定》规定：对原已出售的公有住房，均须按照售房当年的售价占成本价的比重明确个人拥有的产权比例。或者经购房人同意按成本价补足房价和利息。前者是将其规范为部分产权，后者则是归入成本价。

1998年11月已公布了新的房改房方案，所有1999年以后建筑的住房一律按成本价计算，并实行"新人新办法，老人老办法"的有关规定。

② 公有房屋

公有房屋在我国由来已久，即国家所有和集体所有的房屋，可以按其持有形式划分为不同的类型。所谓持有形式是指对房屋实际支配和控制的主体。如国家所有房屋可以分为直管和自管两种形式。直管房屋是由房屋管理部门持有的直接管理的公房；自管房屋是由国家机关、团体和其他事业单位持有的自行管理的公产房屋，以及军队持有的自管房屋和全民所有制、集体所有制企业单位持有的自管的房产。又如，集体所有房屋，也可以分为集体经济组织持有或自管的房屋；合作社持有或自管的房屋；中外合作、合资企业持有或自管的房屋；宗教团体或其他集体持有或自管房屋等。个人所有房屋可以划分为独有和共有，在共有中又可分为按份共有和共同共有。共同共有不同于集体所有。共同共有的所有权主体为两个以上，每个产权人对房屋都享有所有权，都具有独立的法律地位，但产权的实现需经全体共有人的同意，未经全体共有人的同意的民事行为（处分）为无效；集体所有的主体是单一的一个，其集体成员不具有独立的法律地位，而是由集体组织行使权利和义务。按份共有中的共有人可以分别按各自所有的份额分享权利、义务。

2. 房地产使用权

房地产使用权是指土地和房屋的使用者在法律允许范围内，对土地或房屋的占有、使用和部分收益的权利。在所有权和使用权相分离的条件下，房地产的使用权可以由非所有权人行使，并形成一项相对独立的产权。房地产使用权是国家的土地和房屋使用制度在法律上的体现，即具有使用土地和房屋的产权主体，依法律规定的程序办理其使用权的申请、登记、发证等手续，经法律确认拥有对房地产的使用权利。由于房地产使用权是根据法律或合同规定产生的，因此，使用权主体必须在法律或合同规定的范围内使用。房地产使用权是房地产所有权的一项权能，在"两权"分离的条件下，无权决定房地产的最终处置，它只能依照法律和合同的规定转让使用权。

我国房地产使用权可以分为国有土地使用权、集体土地使用权和房屋使用权等。国有土地使用权又可分为城镇国有土地使用权和农村国有土地使用权。农村国有土地使用权主要指农、林、牧、渔场依法拥有的土地使用权。

（1）城镇国有土地使用权

城镇国有土地使用权，是指国有土地的使用者依照法律规定或者合同规定，享有使用土地并取得收益的权利，负有保护和合理利用土地的义务。城镇国有土地使用权可以通过划拨和出让、出租、入股等有偿方式取得。有偿取得的土地使用权可以依法转让、出租、抵押和继承。划拨土地使用权在补办出让手续、补交或抵交土地使用权出让金之后，方能转让和出租。

（2）集体土地使用权

集体土地使用权，主要指农村集体土地使用权。农村集体土地使用权是指农村集体土地的使用者依照国家法律规定或者合同规定，享有使用土地并取得收益的权利，负有保护和合理利用土地的义务。

农村集体土地使用权可分为农用土地使用权、农村居民宅基地使用权和农村集体非农业建设用地使用权。

① 农用土地使用权。主要指联产承包地的使用权，即由集体或者个人承包经营从事农、林、牧、渔业生产所取得的使用权。农用土地使用权一般是以户为单位，并

由户主与集体土地所有权人（发包方）签订的承包合同为依据取得的。土地承包依照法律规定可以转让、转包，转包合同的签订必须由发包方参加，即取得发包方的同意。

② 农村居民宅基地使用权。我国法律规定，指农村居民所建住房依法批准取得的使用集体所有土地的权利。农村居民建住房时，使用原有的宅基地和村内的空闲地的，须经乡级人民政府批准；使用耕地的，须经乡级人民政府审核，报县级人民政府批准。未按规定程序办理合法手续的，其使用权法律不予保护。

③ 农村居民建住房用地面积不得超过省、自治区、直辖市规定的标准，凡出卖、出租住房的，不得再申请宅基地。除此，农村居民行使宅基地使用权，要注意相邻关系，不得妨碍、损害公共利益和他人合法权益。

④ 集体非农业建设用地使用权。集体非农业建设用地使用权是指乡（镇）村集体企业和农村集体事业单位，进行非农业建设（除建住房外）依法取得使用集体所有土地的权利。我国法律不允许全民所有制单位或城市集体所有制单位拥有集体非农业建设用地使用权。全民所有制单位和城市集体所有制单位进行建设，需要使用集体所有的土地，应当通过征用，把集体所有的土地转为国有土地以后才能取得土地使用权，即国有土地使用权。集体非农业建设用地使用权的取得，不但需要土地所有者的同意，还必须依照法定程序进行报批，接受政府主管部门的监督和管理。也可以说，集体非农业建设用地使用权必须由国家依法确定。

(3) 房屋使用权

房屋使用权，指房屋使用权人依房屋所有权人的意志，在国家法律规定的范围内，经双方签订合同或租约取得对房屋的实际占有和使用的权利。这里讲的房屋使用权是指与房屋所有权相分离的，具有独立民事权利的相对独立的权利。

3. 房地产他项权利

他项权利在民法中被称为相邻权。房地产他项权利是指相互毗邻的房地产所有权人或使用权人对各自的土地或房屋行使所有权或使用权时，因相互间应当给予方便或接受限制而形成的权利和义务。房地产他项权利的实质是对其所有权人和使用权人行使所有权和使用权的一种限制。这种限制，一方面要无损于所有人或使用人的正当合法利益，另一方面也要照顾和方便对方的合理需要，对国家、集体和个人都有好处。所以，他项权利的设定和行使，不能超越国家法律所允许的范围。《民法通则》第83条规定："不动产相邻各方，应当按照有利生产、方便生活、团结互助、公平合理的精神，正确处理截水、排水、通行、通风、采光等方面的相邻关系。给相邻方造成妨碍或者损失的，应当停止侵害，排除妨碍，赔偿损失。"

目前,我国房地产他项权利的主要类别有以下几种。

(1) 抵押权

房屋所有权及以出让方式取得的土地使用权可以设定抵押权。抵押开始,抵押权人即取得了对房屋或土地的抵押权,抵押人(产权人)和抵押权人(债权人)要订立抵押契约,规定还款期限及利息。到期不还清债务的,抵押权即消失。抵押人破产的,抵押权人享有以抵押物作价或从拍卖房地产价中优先得到清偿的权利。

(2) 地役权

我国《民法通则》对相邻或相隔的土地或房屋(不动产)的通行、取水和排水等权利,用相邻关系的形式作了规定。这里把这种在他人使用的土地或所有的房屋上取得通行、取水和排水的权利称为地役权。一般认为,相邻关系是通过法律规定的,不必经相邻各方约定而对房地产产权进行限制,同时,为了取得通过他人土地或院落、走道出入的权利,要向他人交纳一定的费用。

(3) 租赁权

我国的房屋及经出让的国有土地使用权可以出租,承租人对所承租的房屋或土地有租赁权,这是我国的一种较为特殊的房地产他项权利。

(4) 典当权

典当权,简称典权,它是产权人将房地产以商定的典价典给承典人,承典人在典期内享有房地产的使用和管理的权利。在典期内,承典人不收付出典价的利息,而出典人也不收房屋租金。典期满,房屋所有人,即出典人退回典价收回房地产的产权。超过典期,出典人如不赎回或无力赎回,承典人享有房地产产权的权利。

除此,房地产的他项权利还包括相邻采光通风权、相邻安全权、借用权、空中权和地上权、地下权等。

(二) 我国房地产产权的权能

一份完整的房地产权利包括四大权能,即:占有、使用、收益和处分。

产权是在一定所有制下,以所有权为核心的财产的完全的权利。因而,所谓房地产产权,就是财产权在房地产中的具体化,亦即存在于土地和房屋中的,以其所有权为核心的一系列排他性权利集合体的"权利集"。1982年,我国宪法明确规定城市土地归国家所有。自明确实施城市土地国有化以后,本着房地不可分的事实,在房地产实际上是一个整体的基础上,实行的是房屋所有权与土地使用权主体一致的原则,即:不取得土地使用权,就不得在其上建筑;另一方面,当地上建筑物所有权转移时,应连同使用的宅基地一并转移。因此,我国房地产产权实际上是指房屋所有权及该房屋所占用的土地的使用权,以及由此所产生的各种他项权利的集合。

房地产产权法律关系的内容是指产权人在法律规定的范围内享有的权利及其承担的义务。

1. 房地产产权人享有的权利

(1) 占有

房地产产权人对自己房地产占有的权利,也就是他对自己房地产事实上的控制权和支配权,产权人的这一权利是受到法律保护的,他人不得侵犯。占有是房地产产权法律关系的基本内容,占有房地产的可以是产权人本身,也可以是非所有者通过合法手续对房地产的占有,如房屋的租赁、代管、借用等,在这种情况下,房产产权仍属于出租人、托管人、借出人,但它却为承租人、代管人、借用人所占有,此时即为产权和占有相分离的情况,这种占有是合法的,凡是合法占有都受到法律保护。但是,如果占有人没有法律依据而占有他人房产,则为非法占有,视情节将受到法律制裁和处理。

(2) 使用

对房地产使用的权利是指房地产的占有者按照房屋的性能及其使用价值对房屋合理地加以利用。房地产的产权人可以自己行使使用权,如自住、自用等;也可以依一定条件把房地产的使用权转让给他人,如租赁、出借、抵押等。房地产的使用权和占有权是密不可分的,没有占有权,使用权就失去了存在的基础。无论是产权人还是合法占有人在行使使用权时,都必须遵循以下原则:①按照房产本身的自然属性和经济属性使用;②遵守法律和公共道德,不损害公共利益和他人利益;③正确处理邻里关系,如通风、采光、排污、公用通道等。

(3) 收益

房地产收益是指按照法律规定,产权人或占有人在履行权利义务关系中所得到的收益,如产权人出租和占有人转租房产时所收取的租金等。

(4) 处分

房地产的处分权是指产权人在法律规定的范围内,根据自己的意志处置其房产的权利,如产权人对其房地产依法拆除、出卖、出租、赠与等。

2. 房地产产权人应承担的义务

房地产产权人应承担的义务是指房地产产权人应遵守政府有关的政策法规,维护自己的房产,确保使用安全,保护环境卫生,处理好与承租人的关系,以及按时照章交纳各种税费等。

二、房地产相关权利的关系

(一) 物权与债权

财产权是具有物质财富内容的、直接与经济利益相联系的民事权利,一般可以分为物权、债权和知识产权。

1. 物权

物权是在法律规定的范围内,对特定物的直接管领和支配,享有利益并排除他人干涉的权利。通常人们所提到的所有权,就是最重要的物权之一。房地产权利是由土地财产和房屋财产组成的综合体,属于物权的范畴。

2. 债权

法律上的债权是依据合同或者依据法律的规定在特定的当事人之间产生的一种特定的权利、义务关系,当事人的某一方有权要求他方做一定的行为或不做一定的行为。例如,在房屋租赁中,当出租人和承租人订立了合同,双方就产生了债的关系,出租人有权要求租户做出一定的行为,如按期交纳房租,不做出一定的行为,如不损坏装修设备;同样,租户也有权向出租人提出一定的要求。另外,侵权也会形成债的关系。

(二) 建筑物区分所有权

在现代城市建筑中,一幢房屋按其本身结构可以区分为多个相对独立的单元,每个单元又可以成为一个相对独立的所有权客体,但有区分的各个单元的房屋仍然构成一个整体,而且每一个单元房屋及其使用都离不开整个房屋公共设施的支撑。法学界把这种多人共同拥有同一物业或建筑物的所有权形式界定为"建筑物区分所有权"。

1. 建筑物区分所有权的构成

建筑物区分所有权由三部分构成,即:业主对建筑物内的住房、经营性用房等专有部分享有专有所有权;业主对专有部分以外的共有部分享有共有和共同管理的权利;业主作为建筑物的权利者之一享有成员权。

2. 建筑物区分所有权的权能

根据《物权法》第六章就建筑物区分所有权的有关规定,建筑物区分所有权的权能主要表现在:

(1) 业主对其建筑物专有部分享有占有、使用、收益和处分的权利。业主行使权利不得危及建筑物的安全,不得损害其他业主的合法权益。

(2) 业主对建筑物专有部分以外的共有部分,享有权利,承担义务;不得以放弃权利不履行义务。业主转让建筑物内的住房、经营性用房,其对共有部分享有的共有和共同管理的权利一并转让。

3. 建筑物区分所有权的特点

建筑物区分所有权作为现代民法中一项重要的不动产所有权形式,既不同于私有产权,也不同于集体产权,而是一种特殊的复合形态的房地产所有权形式。

(1) 复合性

建筑物区分所有权由专有所有权、共用部分所有权和成员权三部分内容构成。而一般房地产所有权的构成则是单一的,它仅指权利主体对房地产享有的占有、使用、收益及处分的权利。由此,建筑物区分所有权人具有专有权人、共有权人、成员权人三种身份;而一般房地产所有权的主体不可能兼有所有权人和共有权人的双重身份。

(2) 一体性

一体性主要表现在建筑物区分所有权的三个方面必须是结为一体的,即专有权、共用权和成员权是不可分离的。建筑物区分所有权在转让、抵押、继承时,必须将三者视为一体,不得保留其一或其二而转让、抵押、继承其他权利。他人在受让建筑物区分所有权时,也必须同时取得此三项权利。否则,在权利归属和利益分配上将会发生混乱。

(3) 限制性

基于一栋建筑物的区分所有权人同住在一栋建筑物内,生活息息相关,活动紧密相连,因此,当每个权利主体行使权利时都要受到很多的限制。如,建筑物区分所有权人就法定事项以外情形缔结管理规约,成立建筑物区分所有权人会议、管理委员会,选定物业服务管理人对全体区分所有权人进行约束和管理后,当区分所有权人对其专有部分的利用妨碍了建筑物正常使用或违反区分所有权人的共同利益或对共有部分擅自不当使用时,其行为将被要求禁止直至诉请法院强制迁离。

4. 建筑物区分所有权在建成物业中的细分

按照建筑所特有的性质,可以将建筑物区分所有权分为三种类型:纵切型区分所有权、横切型区分所有权及混合型区分所有权。

(1) 纵切型区分所有权

纵切型区分所有建筑物是指一般连栋式或双并式分间的建筑物。这种形态的区分所有建筑物,区分所有权人间的共用部分比较简单。除共用的境界壁和柱子外、外周壁、屋顶、基地等以境界壁为界线而分属于各区分所有权人所有,走廊、楼梯等也是分开的。

(2) 横切型区分所有权

横切型区分所有建筑物是指将一栋建筑物以横向水平分割,各层分属于不同区分所有权人的建筑物。这种形态的区分所有建筑物,各区分所有权人的共同部分包括共同壁、屋顶、楼梯、走廊等。由于各区分所有权人的专有部分是立体堆叠而成,一楼以上的专有部分未与地面接触,而着重于基地上空建筑物空间的利用。所以,引起的法律问题比较多。

(3) 混合型区分所有权

混合型区分所有建筑物是指上下横切、左右纵割分套的建筑物。各区分所有权人的部分是以分间墙、楼、地板等与他人所有部分分隔成封闭性空间,在构造上形成独立性;由于二层以上区分所有权人的所有部分与基地不直接接触,而是通过廊道、楼梯或电梯与外界相通,因此,共用部分占有相当重要的地位。各国建筑物区分所有权立法均以此类建筑物区分所有权为规范的核心。

建筑物区分所有权的实际意义在于处理共用部分的权利和共同关系。建筑物的共用部分不得分割,各区分所有权人对共用部分又享有持分共有所有权;同时,对建筑物的管理、维护与修缮,在各区分所有权人之间又发生有管理团体的成员权问题。因此在物业管理实务操作中出现产权权属问题较多,既表现在维修、养护、管理费用的分摊方面,也表现在对管理等重大问题决策表决方面。例如,公共维修基金设立的理论基础就在于此。

5. 住房区内的产权形态

除纯粹自用的楼宇外,绝大多数公寓及住房区,大多要经历一个建筑物统一建成后被按套/层/间出售以及再转售的过程,从而形成了多个产权人分别拥有相邻或相连物业的状况。

以图3-2为例,在图中,平行四边形的虚线表示某住房区;甲、乙、丙、丁为连体或不连体的一梯两户的住房楼,其中甲、丙各6层只设步行楼梯,乙、丁各8层加设升降电梯。假设这些住房均已分套出售,各有业主,借助此图形,分析物业的产权特征。

(1) 专有部分

在甲、乙两幢连体住房楼宇里,其基础、承重墙(柱、梁)或周边外墙及屋面等,是从101室至804室所有业主共同拥有的。而从一个具体的单元套房来看,如602室上面的屋顶、下面楼面的受力层(非饰面层)以及它与左边的楼梯间、右边的603室

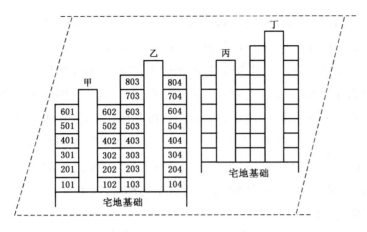

图 3-2　住房区多产权人异产毗连形态示意图

之间的隔墙的受力层,外加它前后外墙的受力层和外饰面层,并不是602室业主所独有。也就是说,就602室业主而言,他所能完全体现所有权的,仅仅是602室上、下、左、右、前、后的房屋构件(如墙、楼面等)内侧面围筑而成的一个空间,以及在这个空间里与整体结构无关的其他构件(如非承重内隔墙、内设门窗等)。

因此,单元套房业主专有所有权的物业是一个以体积(m^3)计量的立体空间,即:

$$V = (m + m') \times h$$

式中:V表示体积;m表示入户门内的净使用面积;m'表示内部固定构件(如隔墙、壁柜等)的占地面积;h表示室内净高。

作为该物业的所有者,单元套房业主有权独立处分这个空间,如出售、出租或赠与等,不必征得其他业主的同意,其他业主也无权干涉。

(2) 部分共有

所谓部分共有,是指某一物业区域的部分资源为一定范围内的人所共同拥有和使用。例如,图3-2中甲幢的步行楼梯(含梯间)及其周边外墙,应为101室至602室计12个单元套房的区分所有权人所共有;乙幢的升降电梯、附设步行楼梯(均含梯间)及其周边外墙,应为乙楼103室至804室计16个单元套房的区分所有权人共有;甲、乙两幢住房楼垂直投影范围内的土地使用权、地基基础以及相互间的连体墙(假定两楼间不设沉降缝),则为101室至804室计28个单元套房的区分所有权人共有。

这种"部分共有"的权利主体是对该范围内的物(含空间)具有共同使用权利的所有区分所有权人。

(3) 全体共有

在整个平行四边形的虚线内（即某住房小区内），除以上列举的专有部分、部分所有的权利客体以外的其余部分，如道路、绿化等，应为该住房区所有区分所有权人全体共有。其中，"建筑区划内的道路，属于业主共有，但属于城镇公共道路的除外。建筑区划内的绿地，属于业主共有，但属于城镇公共绿地或者明示属于个人的除外。建筑区划内的其他公共场所、公用设施和物业服务用房，属于业主共有"，"建筑区划内，规划用于停放汽车的车位、车库应当首先满足业主的需要。建筑区划内，规划用于停放汽车的车位、车库的归属，由当事人通过出售、附赠或者出租等方式约定。占用业主共有的道路或者其他场地用于停放汽车的车位，属于业主共有"（《物权法》第七十三条和第七十四条）。

专有部分、部分共有、全体共有是建筑物区分所有权的混合型产权形态。专有部分属于私人物品，部分共有和全体共有属于准公共物品，即属于集体产权性质。

在物业管理中，维修费用的分摊要根据产权而定。例如，乙楼电梯运行费，则要向乙楼业主收取，甲楼的业主则不必支付。因为乙楼的电梯是乙楼16户单元套房业主共有，是"部分共有"。又如，住房区内的道路属于该住房内全体业主"共有"，其养护费用应由甲、乙、丙、丁四幢楼宇内的全体业主共同承担。

6. 异产毗连房屋的产权约定

异产毗连房屋，系指结构相连或具有共有、共用设备和附属建筑，而为不同所有人所有的房屋。1989年，国家建设部第5号令发布了《城市异产毗连房屋管理规定》，并于2001年进行了相应的修订。其中指出，"异产"是指不同所有权人的房屋；"毗连"是指房屋的相邻或连接；"异产毗连"房屋即指由"区分所有"权利客体相互构成的产权关系。

第一，产权人只能在"所有权证规定的范围"里行使权利，并承担相应的义务。这个"范围"是由单元套房的"上、下、左、右、前、后的房屋构件内侧面围筑而成的一个空间"。

第二，"异产毗连房屋所有人以外的人如需使用异产毗连房屋的共有部位时，应取得各所有人一致同意，并签订书面协议"。权利人不得"超越权利范围"侵害他方权益，一旦发生此类事实，则"应停止侵害"，赔偿损失。这里，体现出来的是各区分所有权人之间的权责对应关系。

第三，"所有人和使用人对共有、共用的门厅、阳台、屋面、楼道、厨房、厕所以及院路、上下水设施等，应共同合理使用并承担相应的义务；除另有约定外，任何一方不得多占、独占。所有人和使用人在房屋共有、共用部位，不得有损害他方利益的行为"。此种使用价值共享、从物不得分割的原则，正是"部分共有"最重要的产权特征,它有利于减少区分所有权人之间的利益纠纷。

第四,异产毗连房屋发生自然损坏(因不可抗力造成的损坏,视同自然损坏),所需修缮费用依下列原则处理:

① 共有房屋主体结构中的基础、柱、梁、墙的修缮,由共有房屋所有人按份额比例分担。

② 共有墙体的修缮(包括因结构需要而涉及的相邻部位的修缮),按两侧均分后,再由每侧房屋所有人按份额比例分担。

③ 楼盖的修缮,其楼面与顶棚部位,由所在层房屋所有人负责;其结构部位,由毗连层上下房屋所有人按份额比例分担。

④ 屋盖的修缮:不可上人屋盖,由修缮所及范围覆盖下各层的房屋所有人按份额比例分担。可上人屋盖(包括屋面和周边护栏),如为各层所共用,由修缮所及范围覆盖下各层的房屋所有人按份额比例分担;如仅为若干层使用,使用层的房屋所有人分担一半,其余一半由修缮所及范围覆盖下各层房屋所有人按份额比例分担。

⑤ 楼梯及楼梯间(包括出屋面部分)的修缮:各层共用楼梯,由房屋所有人按份额比例分担;为某些层所专用的楼梯,由其专用的房屋所有人按份额比例分担。

⑥ 房屋共用部位必要的装饰,由受益的房屋所有人按份额比例分担。

⑦ 房屋共有、共用的设备和附属建筑(如电梯、水泵、暖气、水卫、电照、沟管、垃圾道、化粪池等)的修缮,由所有人按份额比例分担。

对建筑物区分所有权的合理界定,能够明确物业管理辖区内哪些是属于私有产权,哪些属于集体产权,而"集体"也是个有着明确范围的群体,只有产权权属明确,产权人的权利义务才清楚。房地产产权人有权享受属于自己的财产权利,但这并不意味着这种权利是无限制的。社会在赋予其成员某种权利的同时,仍然限制了其活动范围。例如,一个人拥有一辆汽车,另一个人拥有一块草坪,拥有汽车的权利决不包含践踏别人草坪的权利;一个人拥有一套单元公寓,他可以按自己的意愿进行装潢,但这并不是说他可以任意更改承重结构。可以认为,所有权并非所有者拥有可以为所欲为的权力。

当业主拥有区分所有权并行使权力的时候,应以不侵害他人权利为前提。在物业管理过程中,要充分保障建筑物"区分所有权人"的财产权利,就必须处理好区分所有权人形成的"部分共有"或"全体共有"的产权关系。

复习思考题

1. 简述房地产按物质形态和用途的分类。
2. 简述住宅房地产的分类。
3. 何谓区位？区位的特征表现在哪些方面？
4. 影响区位的因素有哪些？
5. 什么是房地产区位？影响房地产区位的因素主要有哪些方面？
6. 房地产的实物由哪些部分组成？
7. 什么是"三通一平"、"七通一平"？
8. 简述建筑的基本要素。
9. 何谓建筑功能？建筑功能主要由哪些方面构成？
10. 简述房屋建筑物的结构组成及其作用。
11. 简述房屋综合体构成要素。
12. 房屋建筑物实物状况一般考虑的因素包括哪些方面？
13. 何谓房屋建筑面积、房屋共有建筑面积、房屋产权面积和房屋使用面积？它们之间有什么区别？
14. 如何进行商品房面积误差处理？
15. 什么是房屋附属设备设施？主要包括哪些内容？
16. 什么是层高、净高？
17. 建筑空间布局的方式主要有哪些？简述住房空间布局因素与功能。
18. 什么是防水、保温、隔热、隔音、通风、采光、日照？
19. 居住区景观设计的一般原则和形式规律是什么？
20. 景观的要素包括哪些内容？
21. 环境污染的类型有哪些？分析它们对房地产经纪的影响。
22. 什么是房地产产权？简述房地产产权的权能。
23. 我国房地产产权的类型有哪些？
24. 何谓建筑物区分所有权？简述建筑物区分所有权的构成。
25. 何谓异产毗连？如何进行异产毗连房屋的产权约定？

第四章 房地产交易

学习要求

- 掌握：房地产市场的基本特征、房地产市场及其交易的特殊性、房地产交易的类型以及房地产租赁、房地产抵押、房地产转让。
- 熟悉：房地产市场的分类、房地产交易流程、房地产交易合同及相关的法律文件、房地产网上交易。
- 了解：房地产市场结构、房地产市场体系、房地产的供求关系与市场波动。

第一节 房地产市场

一、房地产市场的涵义

房地产经纪人是房地产市场经济发展的产物。那么，什么是房地产市场？从狭义上说，房地产市场是指房地产商品交换的场所；从广义上说，房地产市场是指房地产的交换关系，是房地产流通（房地产买卖、租赁、交换等）全部过程的总和。

房地产市场的涵义，我们可以从如下几个方面来理解：

（1）房地产市场是商品经济的范畴。只要有房地产供给和房地产需求，就会出现房地产交易，就需要房地产市场，就需要房地产市场机制，房地产经济纳入商品经济轨道，就必然形成房地产市场。

(2) 房地产市场是有形房地产商品和无形房地产商品的统一体。住宅、商店、办公楼、厂房等建筑实体为有形商品；房地产价格评估、房地产信息、房地产法律咨询等技术服务为无形商品。房地产市场既包括有形商品的交易，也包括无形商品的交易。

(3) 房地产市场是有限空间和无限空间的统一体。房地产市场既包括具体进行房地产交易的场所，如房地产交易所，也包括没有明确区域界限的房地产交换活动的领域。由于房地产是不动产，在交易中往往是用产权证代替标的物交换的，也可说明房地产市场是有限空间和无限空间的统一体。

(4) 房地产市场是房地产经济运行的基础。房地产市场体现了以房地产为媒介的社会经济关系，是整个市场体系中一个活跃的、具有显著特征的专门市场，在市场分类中，它在商品市场和生产要素市场都占有重要位置。在房地产市场中，价值规律调节着房地产经济活动，房地产市场是房地产经济运行的基础。

二、房地产市场的基本特征

作为一个完全自由竞争的市场要具备四个条件：信息充分，商品同质，厂商买者自由出入，交易双方数量众多，因而任何一方都不会出现垄断的局面。房地产市场与这四个条件相差甚远，所以房地产市场是一个典型的不充分市场，只能是一个次市场或准市场。

1. 信息不对称

信息不对称是房地产市场的显著特征。许多房地产交易是悄悄进行的，在很大程度上定价还取决于参与者之间的相互关系，往往不能反映房地产交易的真实价值。房地产市场上的许多买主并不懂交易所涉及的法律条文、城市规划条例、赋税规定，所谓不懂是他们对一些细节并不一定清楚。一幢低价出售的超高层豪华宾馆，从结构形式、平面布置、室内装修各方面来说都是高水平的，但它可能不符合城市规划条例中的防火规范，或是电力线截面积不够大，或是屋顶未设直升机停机坪等。

2. 产品非同质

关于房地产实物问题，在前面已经讨论过，可以说在世界上找不到完全相同的两幢房屋。

3. 市场进入门槛高

由于房地产投资金额都很大，资本回收期长，风险大，所以投资者要进入房地产市场并非易事。再者，房地产市场对整个商品市场供求关系的短期变化是不敏感的,所以,房地产市场上交易各方进出该市场都是不容易的。

4. 容易出现垄断

由于房地产的固定性和不同性,使得房地产的出售者或出租者具有垄断地位。如一个城市的深水港区是附近的其他产业无法替代的,那么这个港区的所有人就可以大大高于市场价格的标准出售或出租这个港区,它的垄断地位是由港区的固定性——建于海岸、江边的深水线和港区与其他产业的不同性所造成的。

三、房地产市场的特殊性

相对于一般商品市场,房地产市场具有显著的特殊性,主要表现在价格与质量关系、市场的竞争性、供求关系、市场信息交流以及市场的组织等方面,表 4-1 反映了普通商品市场和房地产市场的比较。

表 4-1 普通商品市场和房地产市场的比较

	普通商品市场	房地产市场
质量与价格	商品和服务的质量趋向一致,因此价格相对较低且稳定	商品存在显著的异质性,价格高且波动较大
市场竞争	大量市场参与者创造了一个竞争性自由市场,任何参与者都不拥有足以对价格产生直接可观的影响的份额	某一时间、某一价位和某一区位上,通常只有有限的买方和卖方对特定类型物业感兴趣。一个单独的买方或卖方可以通过控制供给或需求影响价格
	有效市场具有自动调节能力,公开的和自由的竞争几乎不受限制	房地产市场受到许多私营和公共实体的管制
供求关系	供给和需求永远都不会远离平衡状态,在竞争的影响下市场可较迅速的恢复平衡	房地产市场中,供给和需求被认为是决定因素,价格是其相互作用的结果。价格变化通常领先于市场活动的变化。经常由于短时间内没有交易活动或交易活动的增加而使供求发生急剧变化
市场信息	买卖双方具有相关知识,且充分掌握市场状况、其他市场参与者行为、过去的市场活动、产品质量和产品替代性的信息。定价、竞价和销售所需要的任何信息都可以方便地获得	房地产买卖双方掌握的信息都不完整
市场组织	买卖双方通过有组织的市场机制(如证券交易所以及其他各类集市)集合到一起。卖方可以根据需求情况自由地进出市场	买卖双方不会正式地集合在一起

(资料来源:刘洪玉、郑思齐,《城市与房地产经济学》,中国建筑工业出版社,2007.09,p10)

美国著名不动产经济学家雷利·巴洛维教授认为,不动产市场有如下方面的特点:①只是针对待售财产总供给量的一部分而言;②产品位置的固定性;③产品的非标准化与异质性;④影响不动产交易的特别法律条例;⑤对当地供求状况的依赖性;

⑥绝大多数交易为高额交易;⑦习惯上采用信贷方式来补充多数买者有限的自有财产;⑧普通买者不经常参与不动产市场的交易;⑨广泛的经纪人服务([美]雷利·巴洛维,土地经济学,北京:北京农业大学出版社,1989)。

根据房地产这种特定对象的特点、房地产市场所表现出来的基本特征以及各方面研究成果和我国房地产市场运行的实证分析,房地产市场一般具有以下特点:显著的区域性、市场调节的滞后性、交易的复杂性、与金融的高度关联性和政府的强干预性等。

1. 显著的区域性

房地产在位置上的固定性和性能上的差异性决定了房地产市场具有显著的区域性特点。一方面,土地的不可移动性和房地产的固定性,决定了一个地区房地产市场的供过于求或供不应求,不可能通过其他地区来调剂;另一方面,房地产产品性能和功能的差异性——单件性,也很难实现不同房地产之间的替代。因此,房地产市场这种显著的区域性,也决定了不同地区房地产市场拥有不同的房地产价格水平、交易状况和供求关系。

2. 市场调节的滞后性

一方面,土地资源不可再生,土地的自然供给无弹性,土地的经济供给弹性较小;同时,土地的用途一旦确定并实施,改变的难度很大。另一方面,房地产开发周期较长,从立项申请到建成销售,需要少则一年长则数年的时间,因而供给相对于市场需求变动的反映不可能做到像一般商品市场那样灵敏;再者,由于房地产使用的耐久性,又决定了多余的市场供给需要较长的时间才能被市场消化。所以,相对于需求的变动,房地产供给的变动存在着滞后性,房地产市场供求关系总体上受需求影响大。

3. 交易的复杂性

房地产市场的特殊性还更多地体现在房地产交易的特殊性方面。与一般商品交易相比较,房地产交易的特殊性表现在:①交易空间上的分散性;②交易时间上的不频繁性和私密性;③交易信息的不对称性;④交易过程中房地产实物与权属交易的合并性。这种复杂性使得房地产交易各方需要聘请专业人士来进行工作、协助完成交易,专业人员需要花费一定时间来研究所接受的任务,这些都降低了房地产市场转手交易的频率。

4. 与金融的高度关联性

房地产的价值量大,不仅房地产开发需要大量的资金,即使对于一般的购房者或投资者,购房款也是一笔庞大的资金,因此,无论是房地产投资者、开发商,还是房地产的消费者,对于信贷的依赖性都很强。没有金融的支持,房地产交易的规模将受到极大的限制。金融政策、利率水平的变动,对房地产交易的数量、价格等均会产生很大的影响。

5. 政府的强干预性

土地既是稀缺性的自然资源和经济资源,也是重要的国家资源,其分配是否公平有效,对经济的发展和社会的稳定都具有非常重要的作用,因而各国政府对土地的权利、利用、交易等都有严格的限制。同时,房地产市场的不完全性,竞争性较弱而垄断性较强的特点,以及涉及住房及相关的、公共的社会福利、社会保障等,也都要求政府对房地产市场予以干预。政府一般通过金融与信贷政策、财政与税收政策、土地利用政策、城市规划及环境保护政策,鼓励或限制房地产开发、房地产投资、房地产交易等行为,进而对房地产市场进行干预和调节。

四、房地产市场体系

1. 房地产交易系统

(1) 供应系统

房地产交易的供应系统由政府、企事业单位、个人及外商等组成。

(2) 需求系统

房地产交易需求系统的构成与供应系统相同。

(3) 媒介系统

房地产交易的媒介系统包括交易媒介系统如房产开发公司、房地产交易所、房产经纪人、代理机构及个人等;融资媒介系统如投资银行、不动产抵押银行、房地产银行、储蓄银行及住宅信贷机构等。

2. 房地产支持系统

包括建筑系统、房地产评估、房地产产权法律、信息咨询等。

3. 房地产约束系统

包括城市规划、环境保护、税务、工商行政管理等。

4. 房地产调控系统

包括各级政府对房地产市场的直接干预调控,银行运用货币、利率等手段对房地产市场的调控,财税政策的调控及运用法律手段对房地产市场的调控等。

五、房地产市场的类型

房地产市场可以根据市场覆盖或影响区域、房地产用途、经营活动、交易方式、资金取得的途径以及运行层次与结构等标准进行划分。

1. 按市场覆盖或影响区域划分

按照房地产市场所覆盖或影响的区域进行分类,一方面,可以分为国际性市场、全国性市场和地方性市场;另一方面,也可以具体到如:中国房地产市场、上海房地产市场、苏州房地产市场、木渎房地产市场等。不同类型房地产的覆盖或影响的区域空间存在着差异性,一般而言,房地产的档次越高,市场的区域空间范围就越大。

2. 按房地产用途划分

按照房地产用途划分的房地产市场,也可以称之为是按照物业类型划分,可以分为居住物业市场、写字楼物业市场、工业物业市场(包括仓库、厂房)、零售商业物业市场、特殊用途物业市场(如学校、医院、公共建筑、主题公园、高尔夫球场等)以及农业房地产市场等。若进一步进行市场细分,居住物业市场还可分为普通住宅市场、公寓市场、别墅市场,写字楼市场还可以细分为甲级写字楼市场、乙级写字楼市场等。

3. 按经营活动内容划分

按照房地产经营活动内容划分,房地产市场可以分为房地产投资市场、房地产开发市场、房地产中介市场、房地产金融市场、物业管理市场等。

4. 按交易方式划分

按照房地产交易方式不同进行划分,房地产市场可以分为房地产买卖市场、房地产租赁市场、房地产抵押市场、房地产典当市场以及房地产保险、房地产担保、房地产股票市场等。

5. 按房地产交易运行层次与结构划分

按照房地产市场交易运行层次和结构,我国房地产市场可以分为土地市场和房地产市场。土地市场细分,可以分为土地一级使用权出让市场、土地使用权转让市场和土地租赁市场;房地产市场可以分为增量房买卖(租赁)市场、存量房买卖(租赁)市场等。同时相应的交易层次又划分为三级市场结构。

六、我国房地产市场结构

我国的房地产市场结构依据市场类型、权让渡关系、交易关系、交易形式等因素分为三个层次,即:一级市场为纯粹的土地市场,二级市场为增量房市场,三级市场为存量房市场。其相互关系如表4-2、4-3所示。

1. 房地产一级市场

房地产一级市场,在我国是指由政府直接控制和垄断经营的土地市场(地产市场),主要进行土地使用权的出让。国土或土地规划部门,以城市土地所有者的

表 4-2　我国房地产市场结构(1)

市场等级 市场功能	一级市场	二级市场	三级市场
市场类型	土地市场	房地产增量市场	房地产存量市场
产权让渡关系	土地使用权出让	土地使用权转让与房屋所有权出让	土地使用权再转让与房屋所有权转让或再转让
交易关系	开发商与政府	开发商与业主	业主之间
交易形式	出租	出售/出租	出租/出售

表 4-3　我国房地产市场结构(2)

等级 要素-机制　类型	一级市场	二级市场	三级市场
	土地市场	房地产增量市场	房地产存量市场
市场供应方	政府	房地产开发商	业主
市场需求方	房地产开发商 投资者	业主	业主
市场竞争	供应方垄断供给 需求方竞争	在特定物业类型和特定区域内开发商垄断竞争	接近完全竞争 市场
市场价格	政府主导 开发商参与	开发商主导定价	双方协定 自由议价

身份,一方面向农民征购集体所有的土地;另一方面以合同的形式,平等地将土地使用权有偿、有期地出让给房地产开发公司或其他企事业单位,同时又以管理者的身份对土地的利用提出要求和限制。按照国际惯例,土地使用权的有偿出让主要采取协议、招标和公开拍卖三种方式。在一级市场中,只有政府机关或政府委托机构才拥有对土地的征用、出让权,并有权收回违背土地使用合同规定的土地;土地受让人除缴纳地价款外,每年还需按规定向国家缴纳土地使用税。

2. 房地产二级市场

房地产二级市场,是指房地产交易市场,是房地产开发企业与房地产使用者之间的交易市场。这是地产由经营开发向房地产消费使用的转移市场。在二级市场上,市场机制起主要的调节作用。

3. 房地产三级市场

房地产三级市场,是指土地使用者将所取得的一定年限的土地使用权和房产产权再转让的市场,是消费者之间的横向交易,属于消费市场的重新配置。随着经济的高度发展,人们消费水平的不断提高,以及单一家庭模式的普遍化,三级市场将逐渐活跃。

第二节 房地产交易类型与流程

房地产交易是指城市各类房屋及其附属设施连同相关土地使用权依法转让、租赁、抵押的行为。《中华人民共和国城市房地产管理法》（以下简称《城市房地产管理法》）对房地产交易的立法解释是：房地产交易包括房地产转让、房地产抵押和房屋租赁。

一、房地产转让

1. 房地产转让的概念

房地产转让是指房地产权利人通过买卖、赠与或者其他合法方式将其房地产转让给他人的行为，其实质是房地产权属发生转移，即房屋所有权与房屋所占用的土地使用权发生转移。

房地产转让主要有房地产买卖，房地产交换，房地产赠与，以房地产抵债，以房地产作价出资或者作为合作条件与他人成立法人使得房地产权利发生转移，因企业兼并或者合并房地产权属随之转移等六种方式。

《城市房地产管理法》规定：房地产转让时，房屋所有权和该房屋所占用范围内的土地使用权同时转让。

2. 房地产转让的分类

（1）根据转让对象划分

根据转让的对象，房地产转让可分为地面上有建筑物的转让和地面上无建筑物的转让。

地面上无建筑物的房地产转让，习惯上又被称为土地使用权转让。根据土地使用权的获得方式，土地使用权转让又可分为出让方式取得的土地使用权转让和划拨方式取得的土地使用权转让。

（2）根据转让方式划分

根据转让的方式，房地产转让可分为有偿和无偿两种方式。房地产有偿转让主要包括：房地产买卖、房地产交换、房地产入股等行为；房地产无偿转让主要包括：房地产继承、房地产赠与等行为。

房地产买卖是指房地产所有权人（包括土地使用权人）将其合法拥有的房地产以一定价格转让给他人的行为。由于房地产是不动产，它的流通方式不像其他商品那样通过从生产者所在地点运到消费者所在地点来实现。房地产的生产与消费在地点上是相同的,只是通过买卖来转移所有权。因此,房地产这个特殊商品的交易活动由于始终贯穿着权属管理,要比一般商品的交易活动复杂得多。

房地产交换一般是指房地产产权(土地使用权、房屋所有权)的互换。在我国现阶段,尽管在实施住房制度改革以后,大部分公有住房已经出售给住房人个人所有,但在一定时期,仍然存在着住房人只享有房屋使用权的低租金公房,所以房地产交换还包括公房与公房的交换(使用权与使用权的交换)、公房与私房的交换。由于地理位置、房屋结构、使用面积、楼层、朝向、设施设备等诸多因素导致房屋价值的不同,所以房地产交换存在着差价补偿。

房地产赠与是指房地产所有权人(包括土地使用权人)将其合法拥有的房地产无偿赠送给他人,不要求受赠人支付任何费用或为此承担任何义务的行为。

房地产买卖属于双务行为,即买卖双方均享有一定的权利,并需承担一定的义务;房地产赠与属于单务行为,受让人不需承担任何义务。正是由于这一点,在实践中,经常会出现为了某种目的将房地产买卖变相转为房地产赠与的行为,需要在管理实践中严格区分并加以管理。

3. 房地产转让的条件

《城市房地产管理法》及《城市房地产转让管理规定》都明确规定了房地产转让应当符合的条件,下列房地产不得转让:

(1) 达不到下列条件的房地产不得转让。以出让方式取得土地使用权用于投资开发的,按照土地使用权出让合同约定进行投资开发,属于房屋建设工程的,应完成开发投资总额的25%以上;属于成片开发的,要形成工业用地或者其他建设用地条件。同时规定应按照出让合同约定支付全部土地使用权出让金,并取得土地使用权证书。

(2) 司法机关和行政机关依法裁定、决定查封或以其他形式限制房地产权利的。司法机关和行政机关可以根据合法请求人的申请或社会公共利益的需要,依法裁定、决定限制房地产权利,如查封、限制转移等。在权利受到限制期间,房地产权利人不得转让该项房地产。

(3) 依法收回土地使用权的。根据国家利益或社会公共利益的需要,国家有权决定收回出让或划拨给他人使用的土地,任何单位和个人应当服从国家的决定,在国家依法做出收回土地使用权决定之后,原土地使用权人不得再行转让土地使用权。

(4) 共有房地产,未经其他共有人书面同意的。共有房地产是指房屋的所有权、土地使用权为两个或两个以上权利人所共同拥有。共有房地产权利的行使需经

全体共有人同意,不能因某个或部分权利人的请求而转让。

(5) 权属有争议的。权属有争议的房地产,是指有关当事人对房屋所有权和土地使用权的归属发生争议,致使该项房地产权属难以确定。转让该类房地产,可能影响交易的合法性,因此在权属争议解决之前,该项房地产不得转让。

(6) 未依法登记领取权属证书的。产权登记是国家依法确认房地产权属的法定手续,未履行该项法律手续,房地产权利人的权利不具有法律效力,因此也不得转让该项房地产。

(7) 法律和行政法规规定禁止转让的其他情况。法律、行政法规规定禁止转让的其他情形,是指上述情形之外,其他法律、行政法规规定禁止转让的情形。例如,建筑设计为独立成套的房屋不得分割转让,配套使用的房屋附属设施、设备及共用部位不得单独分割转让。

4. 不同类型房地产转让的相关规定

(1) 以出让方式取得土地使用权的房地产转让

以出让方式取得土地使用权的房地产转让时,受让人所取得的土地使用权的权利、义务范围应当与转让人原有的权利和承担的义务范围相一致。转让人的权利、义务是由土地使用权出让合同载明的,因此,该出让合同载明的权利、义务随土地使用权的转让而转移给新的受让人。以出让方式取得土地使用权,可以在不同土地使用者之间多次转让,但土地使用权出让合同约定的使用年限不变。以房地产转让方式取得出让土地使用权的权利人其实际使用年限不是出让合同约定的年限,而是出让合同约定的年限减去原土地使用权已经使用年限后的剩余年限。例如土地使用权出让合同约定的使用年限为 50 年;原土地使用者使用 10 年后转让,受让人的使用年限只有 40 年。

以出让方式取得土地使用权的,转让房地产后,受让人改变原土地使用权出让合同约定的土地用途的,必须取得原土地出让方和市、县人民政府城市规划行政主管部门的同意,签订土地使用权出让合同变更协议或者重新签订土地使用权出让合同,相应调整土地使用权出让金。

(2) 以划拨方式取得土地使用权的房地产转让

划拨土地使用权的转让,按国务院国发[1992]61 号文件《国务院关于发展房地产业若干问题的通知》的规定,须经当地房地产市场管理部门审查批准。原先国家规定划拨的土地使用权必须先办理出让手续然后才能转让,但由于该规定未统一考虑无法或不宜出让的情况,对此,《城市房地产管理法》做了明确规定,对划拨土地使用权的转让管理规定了两种不同的处理方式:一种是需办理出让手续,变划拨土地使用权为出让土地使用权,由受让方缴纳土地出让金;另一种是不改变原有土地的划拨性质,对转让方征收土地收益金。

《城市房地产转让管理规定》规定以下几种情况可以不办理出让手续:

① 经城市规划行政主管部门批准,转让的土地用于《城市房地产管理法》第二十三条规定的项目,即:国家机关用地和军事用地;城市基础设施用地和公益事业用地;国家重点扶持的能源、交通、水利等项目用地;法律、行政法规规定的其他用地。

② 私有住宅转让后仍用于居住的。

③ 按照国务院住房制度改革有关规定出售公有住宅的。

④ 同一宗土地上部分房屋转让而土地使用权不可分割转让的。

⑤ 转让的房地产暂时难以确定土地使用权出让用途、年限和其他条件的。

⑥ 根据城市规划,土地使用权不宜出让的。

⑦ 县级以上地方人民政府规定暂时无法或不需要采取土地使用权出让方式的其他情形。

对于暂不办理土地使用权出让手续的,应当将土地收益上缴国家或作其他处理,并在合同中注明。土地收益的征收办法,在国务院未做出新的规定之前,应当按照财政部《关于国有土地使用权有偿使用收入征收管理的暂行办法》和《关于国有土地使用权有偿使用收入若干财政问题的暂行规定》的规定,由房地产市场管理部门在办理房地产交易手续时收取土地收益金上缴国家。对于转让的房地产再转让,需要办理出让手续、补交土地出让金的,应当扣除已缴纳的土地收益。

(3) 现售商品房的转让

这里所说的现售商品房转让,是指房地产开发商将其依法开发并已建成的商品房通过买卖转移给他人的行为。现售商品房转让应当符合下列条件:

① 现售商品房的房地产开发企业应当具有企业法人营业执照和房地产开发企业资质证书。

② 取得土地使用权证书或者使用土地的批准文件。

③ 持有建设工程规划许可证和施工许可证。

④ 已通过竣工验收。

⑤ 拆迁安置已经落实。

⑥ 供水、供电、供热、燃气、通讯等配套基础设施具备交付使用条件,其他配套基础设施和公共设施具备交付使用条件或者已确定施工进度和交付日期。

⑦ 物业管理方案已经落实。

房地产开发企业应当在商品房现售前将房地产开发项目手册及符合商品房现

售条件的有关证明文件报送房地产开发主管部门备案。

(4) 已购公有住房和经济适用住房上市的有关规定

经济适用住房的土地使用权全部是划拨供给,已购公有住房的土地使用权绝大部分也是划拨供给的,原先的政策对这两类住房的上市有较严格的限制性规定。1999年4月,建设部令第69号《已购公有住房和经济适用住房上市出售管理暂行办法》颁布实施,对这两类住房上市进行了规范。为鼓励住房消费,国家对已购公有住房和经济适用住房的上市从营业税、土地增值税、契税、个人所得税、土地收益以及上市条件等方面均给予了减、免优惠政策。各地又在此基础上出台了一些地方优惠政策,并对交易手续费进行了减免,大大活跃了存量房市场。

2007年11月,原建设部联合国家发展和改革委员会等七部门出台的《经济适用住房管理办法》(建住房[2007]258号),对经济适用住房上市又进行了较严格的限制性规定。该办法规定,经济适用住房购房人拥有有限产权。购买经济适用住房不满5年,不得直接上市交易,购房人因特殊原因确需转让经济适用住房的,由政府按照原价格并考虑折旧和物价水平等因素进行回购。购买经济适用住房满5年,购房人上市转让经济适用住房的,应按照届时同地段普通商品住房与经济适用住房差价的一定比例向政府交纳土地收益等相关价款,具体交纳比例由市县人民政府确定,政府可优先回购;购房人也可以按照政府所定的标准向政府交纳土地收益等相关价款后,取得完全产权。

5. 房地产转让的一般流程

房地产转让应当按照一定的程序,经房地产管理部门办理有关手续后,方可成交。《城市房地产转让管理规定》对房地产转让的程序作了如下规定:

(1) 房地产转让当事人签订书面转让合同。

(2) 房地产转让当事人在房地产转让合同签订后90日内持房地产权属证书、当事人的合法证明、转让合同等有关文件向房地产所在地的房地产管理部门提出申请,并申报成交价格。

(3) 房地产管理部门对提供的有关文件进行审查,并在7日内做出是否受理申请的书面答复,7日内未作书面答复的,视为同意受理。

(4) 房地产管理部门核实申报的成交价格,并根据需要对转让的房地产进行现场查勘和评估。

(5) 房地产转让当事人按照规定缴纳有关税费。

(6) 房地产管理部门办理房屋权属登记手续,核发房地产权属证书。

此外,凡房地产转让或变更的,必须按照规定的程序先到房地产管理部门办理交易手续和申请转移、变更登记,然后凭变更后的房屋所有权证书向同级人民政府土地管理部门申请土地使用权变更登记。

二、房屋租赁

1. 房屋租赁的概念

房屋租赁是房地产市场中一种重要的交易形式。《城市房地产管理法》规定:"房屋租赁,是指房屋所有权人作为出租人将其房屋出租给承租人使用,由承租人向出租人支付租金的行为。"《城市房屋租赁管理办法》(原建设部第 42 号令,现已被《商品房屋租赁管理办法》取代)(以下简称《租赁管理办法》)对此概念作了细化,规定房屋租赁包括将房屋出租给承租人居住或提供给他人从事经营活动及以合作方式与他人从事经营活动等几种形式。

(1) 房屋租赁的一般规定

为保证居民合法的住房利益不受影响,并使房屋管理尽快适应社会主义市场经济的客观规律,我国对住宅用房与非住宅用房采取区别对待、分别管理的做法。对于住宅用房的租赁,《城市房地产管理法》规定:"住宅用房的租赁,应当执行国家和房屋所在地城市人民政府规定的租赁政策。"之所以这样规定,一方面考虑各地经济发展水平的不平衡和住房标准的差异,防止政策一刀切以及由此带来的新的不平衡。对于租用房屋从事生产、经营活动的,《城市房地产管理法》规定:"租用房屋从事生产、经营活动的,由租赁双方协商议定租金和其他租赁条款。"在社会主义市场经济的条件下,对于租用房屋从事生产、经营活动的,在不违背政策法律的前提下,可以由租赁双方根据平等、自愿的原则协商议定租金和其他租赁条款,而不应当由政府规定统一租金标准,要靠市场来进行调节和制约。

房屋租赁在一些单行法规及地方性法规中有许多规定,在不与《城市房地产管理法》相抵触及新的法规尚未出台之前,这些政策规定仍将成为房屋租赁的重要依据,主要有:

① 承租人在租赁期内死亡,租赁房屋的共同居住人要求继承原租赁关系的,出租人应当继续履行原租赁合同。

② 共有房屋出租时,在同等条件下,其他共有人有优先承租权。

③ 租赁期限内,房屋所有权人转让房屋所有权,原租赁协议继续履行。

④ 租赁期限内,房屋所有权人转让房屋所有权,承租人有优先购买权。

(2) 房屋租赁的条件

公民、法人或其他组织对享有所有权的房屋和国家授权管理和经营的房屋可以依法出租。但有下列情形之一的房屋不得出租：①未依法取得《房屋所有权证》的；②司法机关和行政机关依法裁定、决定查封或者以其他形式限制房地产权利的；③共有房屋未取得共有人同意的；④权属有争议的；⑤属于违法建筑的；⑥不符合安全标准的；⑦已抵押，未经抵押权人同意的；⑧不符合公安、环保、卫生等主管部门有关规定的；⑨有关法律、法规规定禁止出租的其他情形。

2. 房屋转租

房屋转租是指房屋承租人在租赁期间将承租的房屋部分或全部再出租的行为。《租赁管理办法》规定："承租人经出租人同意，可以依法将承租房屋转租。出租人可以从转租中获得收益。"承租人在租赁期限内，如转租所承租的房屋，在符合其他法律、法规规定的前提下，还必须征得房屋出租人的同意，在房屋出租人同意的条件下，房屋承租人可以将承租房屋的部分或全部转租给他人。房屋转租，应当订立转租合同。转租合同除符合主管房屋租赁合同的有关部门规定外，还必须由原出租人在合同上签署同意意见或有原出租人同意转租的书面证明。转租合同也必须按照有关部门规定办理登记备案手续。转租合同的终止日期不得超过原租赁合同的终止日期，但原出租人与转租双方协商一致的除外。转租合同生效后，转租人享有并承担转租合同规定的出租人的权利与义务，并且应当履行原租赁合同规定的承租人的义务，但原出租人与转租双方协商一致的除外。

转租期间，原租赁合同变更、解除或者终止，转租合同也随之相应的变更、解除或者终止。

3. 房屋租赁的基本流程

房屋租赁实际上是房屋流通的一种特殊形式，它是通过房屋出租逐步实现房屋价值，从而使出租人得到收益回报的一种房地产交易形式。房屋租赁主要有房屋出租和房屋转租两种形式。

（1）房屋出租的一般流程

房屋出租是指房屋所有权人将房屋出租给承租人居住或提供给他人从事经营活动或以合作方式与他人从事经营活动的行为。其一般流程是：

第一步，出租方或承租方通过中介等渠道寻找合适的承租人或出租房源。

经纪人在从事房屋租赁经纪活动时，首先是要确认出租人及承租人按规定出示的合法文件。对出租人而言，其出租的房屋必须是其所有的房地产，一般以房地产管理部门颁发的房地产权证为凭证，已抵押的房屋出租，应得到抵押权人的同意，共有房屋出租则应得到共有人的同意。售后公房，则必须经过购房时同住成年人的同意。对承租人而言，则必须提供有效的身份证件，单位则提供工商注册登记证明。

第二步,签订房屋租赁合同。

签订房屋租赁合同时可参照示范文本,也可由租赁双方自行拟订合同。合同中,特别应明确出租房屋的用途,不得擅自改变原使用用途。

第三步,持房屋租赁合同及相关材料到租赁房屋所在地的房地产登记机关申请办理房屋租赁合同登记备案。

第四步,领取房屋租赁证,缴纳相关税费。

(2) 房屋转租的一般流程

第一步,原承租人取得原出租人的书面同意,将其原出租的房屋部分或全部再出租。

第二步,原承租人与承租人签订房屋转租合同。

第三步,持转租合同和原房屋租赁证到房地产登记机关办理房屋转租合同登记备案。

第四步,领取经注记盖章的原房屋租赁证,缴纳有关税费。

特别要指出的是,房屋转租除必须符合一般房屋租赁的必要条件,还必须注意以下几点:①房屋转租必须取得原出租人的书面同意;②转租合同的终止日期不得超过原租赁合同的终止日期;③转租合同生效后,承租人必须同时履行原租赁合同的权利义务;④转租期间,原租赁合同变更、解除或终止的,转租合同随之变更、解除或终止。

附 4-1:商品房屋租赁管理办法

中华人民共和国住房和城乡建设部令

第 6 号

《商品房屋租赁管理办法》已经第 12 次部常务会议审议通过,现予发布,自 2011 年 2 月 1 日起施行。

住房和城乡建设部部长 姜伟新
二〇一〇年十二月一日

商品房屋租赁管理办法

第一条 为加强商品房屋租赁管理,规范商品房屋租赁行为,维护商品房屋租赁双方当事人的合法权益,根据《中华人民共和国城市房地产管理法》等有关法律、法规,制定本办法。

第二条　城市规划区内国有土地上的商品房屋租赁（以下简称房屋租赁）及其监督管理，适用本办法。

第三条　房屋租赁应当遵循平等、自愿、合法和诚实信用原则。

第四条　国务院住房和城乡建设主管部门负责全国房屋租赁的指导和监督工作。

县级以上地方人民政府建设（房地产）主管部门负责本行政区域内房屋租赁的监督管理。

第五条　直辖市、市、县人民政府建设（房地产）主管部门应当加强房屋租赁管理规定和房屋使用安全知识的宣传，定期分区域公布不同类型房屋的市场租金水平等信息。

第六条　有下列情形之一的房屋不得出租：

（一）属于违法建筑的；

（二）不符合安全、防灾等工程建设强制性标准的；

（三）违反规定改变房屋使用性质的；

（四）法律、法规规定禁止出租的其他情形。

第七条　房屋租赁当事人应当依法订立租赁合同。房屋租赁合同的内容由当事人双方约定，一般应当包括以下内容：

（一）房屋租赁当事人的姓名（名称）和住所；

（二）房屋的坐落、面积、结构、附属设施，家具和家电等室内设施状况；

（三）租金和押金数额、支付方式；

（四）租赁用途和房屋使用要求；

（五）房屋和室内设施的安全性能；

（六）租赁期限；

（七）房屋维修责任；

（八）物业服务、水、电、燃气等相关费用的缴纳；

（九）争议解决办法和违约责任；

（十）其他约定。

房屋租赁当事人应当在房屋租赁合同中约定房屋被征收或者拆迁时的处理办法。

建设（房地产）管理部门可以会同工商行政管理部门制定房屋租赁合同示范文本，供当事人选用。

第八条　出租住房的，应当以原设计的房间为最小出租单位，人均租住建筑面积不得低于当地人民政府规定的最低标准。

厨房、卫生间、阳台和地下储藏室不得出租供人员居住。

第九条　出租人应当按照合同约定履行房屋的维修义务并确保房屋和室内设施安全。未及时修复损坏的房屋，影响承租人正常使用的，应当按照约定承担赔偿责任或者减少租金。

房屋租赁合同期内，出租人不得单方面随意提高租金水平。

第十条　承租人应当按照合同约定的租赁用途和使用要求合理使用房屋,不得擅自改动房屋承重结构和拆改室内设施,不得损害其他业主和使用人的合法权益。

承租人因使用不当等原因造成承租房屋和设施损坏的,承租人应当负责修复或者承担赔偿责任。

第十一条　承租人转租房屋的,应当经出租人书面同意。

承租人未经出租人书面同意转租的,出租人可以解除租赁合同,收回房屋并要求承租人赔偿损失。

第十二条　房屋租赁期间内,因赠与、析产、继承或者买卖转让房屋的,原房屋租赁合同继续有效。

承租人在房屋租赁期间死亡的,与其生前共同居住的人可以按照原租赁合同租赁该房屋。

第十三条　房屋租赁期间出租人出售租赁房屋的,应当在出售前合理期限内通知承租人,承租人在同等条件下有优先购买权。

第十四条　房屋租赁合同订立后三十日内,房屋租赁当事人应当到租赁房屋所在地直辖市、市、县人民政府建设(房地产)主管部门办理房屋租赁登记备案。

房屋租赁当事人可以书面委托他人办理房屋租赁登记备案。

第十五条　办理房屋租赁登记备案,房屋租赁当事人应当提交下列材料:

(一)房屋租赁合同;

(二)房屋租赁当事人身份证明;

(三)房屋所有权证书或者其他合法权属证明;

(四)直辖市、市、县人民政府建设(房地产)主管部门规定的其他材料。

房屋租赁当事人提交的材料应当真实、合法、有效,不得隐瞒真实情况或者提供虚假材料。

第十六条　对符合下列要求的,直辖市、市、县人民政府建设(房地产)主管部门应当在三个工作日内办理房屋租赁登记备案,向租赁当事人开具房屋租赁登记备案证明:

(一)申请人提交的申请材料齐全并且符合法定形式;

(二)出租人与房屋所有权证书或者其他合法权属证明记载的主体一致;

(三)不属于本办法第六条规定不得出租的房屋。

申请人提交的申请材料不齐全或者不符合法定形式的,直辖市、市、县人民政府建设(房地产)主管部门应当告知房屋租赁当事人需要补正的内容。

第十七条　房屋租赁登记备案证明应当载明出租人的姓名或者名称,承租人的姓名或者名称、有效身份证件种类和号码,出租房屋的坐落、租赁用途、租金数额、租赁期限等。

第十八条　房屋租赁登记备案证明遗失的,应当向原登记备案的部门补领。

第十九条　房屋租赁登记备案内容发生变化、续租或者租赁终止的,当事人应当在

三十日内,到原租赁登记备案的部门办理房屋租赁登记备案的变更、延续或者注销手续。

第二十条 直辖市、市、县建设(房地产)主管部门应当建立房屋租赁登记备案信息系统,逐步实行房屋租赁合同网上登记备案,并纳入房地产市场信息系统。

房屋租赁登记备案记载的信息应当包含以下内容:

(一)出租人的姓名(名称)、住所;

(二)承租人的姓名(名称)、身份证件种类和号码;

(三)出租房屋的坐落、租赁用途、租金数额、租赁期限;

(四)其他需要记载的内容。

第二十一条 违反本办法第六条规定的,由直辖市、市、县人民政府建设(房地产)主管部门责令限期改正,对没有违法所得的,可处以五千元以下罚款;对有违法所得的,可以处以违法所得一倍以上三倍以下,但不超过三万元的罚款。

第二十二条 违反本办法第八条规定的,由直辖市、市、县人民政府建设(房地产)主管部门责令限期改正,逾期不改正的,可处以五千元以上三万元以下罚款。

第二十三条 违反本办法第十四条第一款、第十九条规定的,由直辖市、市、县人民政府建设(房地产)主管部门责令限期改正;个人逾期不改正的,处以一千元以下罚款;单位逾期不改正的,处以一千元以上一万元以下罚款。

第二十四条 直辖市、市、县人民政府建设(房地产)主管部门对符合本办法规定的房屋租赁登记备案申请不予办理、对不符合本办法规定的房屋租赁登记备案申请予以办理,或者对房屋租赁登记备案信息管理不当,给租赁当事人造成损失的,对直接负责的主管人员和其他直接责任人员依法给予处分;构成犯罪的,依法追究刑事责任。

第二十五条 保障性住房租赁按照国家有关规定执行。

第二十六条 城市规划区外国有土地上的房屋租赁和监督管理,参照本办法执行。

第二十七条 省、自治区、直辖市人民政府住房和城乡建设主管部门可以依据本办法制定实施细则。

第二十八条 本办法自2011年2月1日起施行,建设部1995年5月9日发布的《城市房屋租赁管理办法》(建设部令第42号)同时废止。

三、房地产抵押

1. 房地产抵押的概念

房地产抵押是指抵押人以其合法的房地产以不转移占有的方式向抵押权人提供债务履行担保的行为。债务人不履行债务时,抵押权人有权依法以抵押的房地产拍卖所得的价款优先受偿。抵押人是指将依法取得的房地产提供给抵押权人,作为本人或者第三人履行债务担保的公民、法人或者其他组织。抵押权人是指接受房地产抵押作为债务人履行债务担保的公民、法人或者其他组织。

房地产抵押的特征是不转移占有,这与质押、房地产设典有显著的区别。

2. 作为抵押物的条件

房地产抵押的抵押物随土地使用权的取得方式不同,对抵押物要求也不同。《城市房地产管理法》规定:"依法取得的房屋所有权连同该房屋占用范围内的土地使用权,可以设定抵押权。以出让方式取得的土地使用权,可以设定抵押。"从上述规定可以看出,房地产抵押中可以作为抵押物的条件包括两个基本方面:一是依法取得的房屋所有权连同该房屋占用范围内的土地使用权同时设定抵押权。对于这类抵押,无论土地使用权来源于出让还是划拨,只要房地产权属合法,即可将房地产作为统一的抵押物同时设定抵押权。二是以单纯的土地使用权抵押的,也就是在地面上尚未建成建筑物或其他地上定着物时,以取得的土地使用权设定抵押权。对于这类抵押,设定抵押的前提条件是,要求土地必须是以出让方式取得的。

《物权法》规定下列财产不得抵押:①土地所有权;②耕地、宅基地、自留地、自留山等集体所有的土地使用权,但法律规定可以抵押的除外;③学校、幼儿园、医院等以公益为目的的事业单位、社会团体的教育设施、医疗卫生设施和其他社会公益设施;④所有权、使用权不明或者有争议的财产;⑤依法被查封、扣押、监管的财产;⑥法律、行政法规规定不得抵押的其他财产。

3. 房地产抵押的一般规定

对房地产设定抵押权应符合以下规定:

(1) 以享受国家优惠政策购买的房地产抵押的,其抵押额以房地产权利人可以处分和收益的份额为限。

(2) 国有企业、事业单位法人以国家授予其经营管理的房地产抵押的,应当符合国有资产管理的有关规定。

(3) 以集体所有制企业的房地产抵押的,必须经集体所有制企业职工(代表)大会通过,并报其上级主管机关备案。

(4) 以中外合资企业、合作经营企业和外商独资企业的房地产抵押的,必须经董事会通过,但企业章程另有约定的除外。

(5) 以股份有限公司、有限责任公司的房地产抵押的,必须经董事会或者股东大会通过,但企业章程另有约定的除外。

(6) 有经营期限的企业以其所有的房地产抵押的,所担保债务的履行期限不应当超过该企业的经营期限。

(7) 以具有土地使用年限的房地产抵押的,所担保债务的履行期限不得超过土地使用权出让合同规定的使用年限减去已经使用年限后的剩余年限。

(8) 以共有的房地产抵押的,抵押人应当事先征得其他共有人的书面同意。

(9) 预购商品房贷款抵押的,商品房开发项目必须符合房地产转让条件并取得商品房预售许可证。

(10) 以已出租的房地产抵押的,抵押人应当将租赁情况告知抵押权人,并将抵押情况告知承租人。原租赁合同继续有效。

(11) 企、事业单位法人分立或合并后,原抵押合同继续有效,其权利与义务由拥有抵押物的企业享有和承担。

(12) 抵押人死亡、依法被宣告死亡或者被宣告失踪时,其房地产合法继承人或者代管人应当继续履行原抵押合同。

(13) 《物权法》规定:"抵押权人在债务履行期届满前,不得与抵押人约定债务人不履行到期债务时抵押财产归债权人所有。"

(14) 《物权法》规定:"担保期间,担保财产毁损、灭失或者被征收等,担保物权人可以就获得的保险金、赔偿金或者补偿金等优先受偿。被担保债权的履行期未届满的,也可以提存该保险金、赔偿金或者补偿金等。"

(15) 学校、幼儿园、医院等以公益为目的的事业单位、社会团体,可以其教育设施、医疗卫生设施和其他社会公益设施以外的房地产为自身债务设定抵押。

(16) 《物权法》规定订立抵押合同前抵押财产已出租的,原租赁关系不受该抵押权的影响。抵押权设立后抵押财产出租的,该租赁关系不得对抗已登记的抵押权。

(17) 抵押人未经抵押权人同意将已抵押的房屋出租的,抵押权实现后,租赁合同对受让人不具有约束力。抵押人将已抵押的房屋出租时,如果抵押人未书面告知承租人该房屋已抵押的,抵押人对出租抵押物造成承租人的损失承担赔偿责任;如果抵押人已书面告知承租人该房屋已抵押的,抵押权实现造成承租人的损失,由承租人自己承担。

(18) 《物权法》规定以正在建造的建筑物抵押的,应当办理抵押登记。抵押权自登记时设立。

(19) 《物权法》规定被担保的债权既有物的担保又有人的担保的,债务人不履行到期债务或者发生当事人约定的实现担保物权的情形,债权人应当按照约定实现债权;没有约定或者约定不明确,债务人自己提供物的担保的,债权人应当先就该物的担保实现债权;第三人提供物的担保的,债权人可以就物的担保实现债权,也可以要求保证人承担保证责任。提供担保的第三人承担担保责任后,有权向债务人追偿。

(20)《物权法》规定有下列情形之一的,担保物权消灭:①主债权消灭;②担保物权实现;③债权人放弃担保物权;④法律规定担保物权消灭的其他情形。

4. 房地产抵押权的效力

房地产抵押担保的范围包括主债权及利息、违约金、损害赔偿金和实现抵押权的费用。抵押合同另有约定的,按照约定。

债务人不履行到期债务或者发生当事人约定的实现抵押权的情形,致使抵押物被人民法院依法扣押的,自扣押之日起抵押权人有权收取该抵押物的天然孳息或者法定孳息。但抵押权人未通知应当清偿法定孳息的义务人的除外。

前款规定的孳息应当先抵充收取孳息的费用。

《物权法》规定抵押期间,抵押人经抵押权人同意转让抵押财产的,应当将转让所得的价款向抵押权人提前清偿债务或者提存。转让的价款超过债权数额的部分归抵押人所有,不足部分由债务人清偿。抵押期间,抵押人未经抵押权人同意,不得转让抵押财产,但受让人代为清偿债务消灭抵押权的除外。

《物权法》规定抵押权不得与债权分离而单独转让或者作为其他债权的担保。债权转让的,担保该债权的抵押权一并转让,但法律另有规定或者当事人另有约定的除外。

《物权法》规定抵押人的行为足以使抵押财产价值减少的,抵押权人有权要求抵押人停止其行为。抵押财产价值减少的,抵押权人有权要求恢复抵押财产的价值,或者提供与减少的价值相应的担保。抵押人不恢复抵押财产的价值也不提供担保的,抵押权人有权要求债务人提前清偿债务。

《物权法》规定抵押权人可以放弃抵押权或者抵押权的顺位。抵押权人与抵押人可以协议变更抵押权顺位以及被担保的债权数额等内容,但抵押权的变更,未经其他抵押权人书面同意,不得对其他抵押权人产生不利影响。债务人以自己的财产设定抵押,抵押权人放弃该抵押权、抵押权顺位或者变更抵押权的,其他担保人在抵押权人丧失优先受偿权益的范围内免除担保责任,但其他担保人承诺仍然提供担保的除外。

5. 房地产抵押权的实现

《物权法》规定债务人不履行到期债务或者发生当事人约定的实现抵押权的情形,抵押权人可以与抵押人协议以抵押财产折价或者以拍卖、变卖该抵押财产所得的价款优先受偿。协议损害其他债权人利益的,其他债权人可以在知道或者应当知道撤销事由之日起一年内请求人民法院撤销该协议。抵押权人与抵押人未就抵押权实现方式达成协议的,抵押权人可以请求人民法院拍卖、变卖抵押财产。抵押财

产折价或者变卖的,应当参照市场价格。

《物权法》规定抵押财产折价或者拍卖、变卖后,其价款超过债权数额的部分归抵押人所有,不足部分由债务人清偿。

《物权法》规定建设用地使用权抵押后,该土地上新增的建筑物不属于抵押财产。该建设用地使用权实现抵押权时,应当将该土地上新增的建筑物与建设用地使用权一并处分,但新增建筑物所得的价款,抵押权人无权优先受偿。

《物权法》规定以乡镇、村企业的厂房等建筑物占用范围内的建设用地使用权一并抵押的,实现抵押权后,未经法定程序,不得改变土地所有权的性质和土地用途。

同一财产向两个以上债权人抵押,拍卖、变卖抵押物所得的价款按照抵押权登记的先后顺序清偿,顺序相同的,按照债权的比例清偿。

对于设定房地产抵押权的土地使用权是以划拨方式取得的,依法拍卖该房地产后,应当从拍卖所得的价款中缴纳相当于应缴纳的土地使用权出让金的款额后,抵押权人方可优先受偿。

为债务人抵押担保的第三人,在抵押权人实现抵押权后,有权向债务人追偿。

抵押权因抵押物灭失而消灭。因灭失所得的赔偿金,应当作为抵押财产。

6. 房地产抵押的基本流程

房地产抵押按房地产的现状主要可分为:土地使用权抵押、建设工程抵押、预购商品房期权抵押、现房抵押。其中,预购商品房期权抵押目前属于法律规范限制,不予进行交易。

(1) 土地使用权抵押流程

土地使用权抵押是指以政府有偿出让方式取得的土地,且土地上尚未建造房屋的土地使用权设定抵押。在中国,土地所有权不能抵押,以行政划拨方式取得的土地使用权不能单独抵押。土地使用权抵押的一般流程为:

第一步,债务合同(主合同)依法成立,为履行债务合同,抵押人提供其依法拥有的土地使用权作担保。以出让或转让方式取得的土地使用权设定抵押,应符合以下条件:①该土地使用权的出让金必须全部付清,并经登记取得土地使用权证;②该土地使用权所担保的主债权限于开发建设该出让或转让地块的贷款;③所担保的债权不得超出国有土地使用权出让金的款额;④土地使用权设定抵押不得违反国家关于土地使用权出让、转让的规定和出让合同的约定。

第二步,抵押人与抵押权人签订土地使用权抵押合同(从合同),将依法取得的土地使用权设定抵押。

第三步,抵押双方持抵押合同、债务合同及房地产权属证书等有关资料到房地产登记机关办理抵押登记。

第四步,领取房地产他项权利证明及已经注记的房地产权属证书。(按国家有关规定,房地产他项权利证明交抵押权人保管,而房地产权利证书经注记后归还给产权人。)

第五步,债务履行完毕,抵押双方向房地产登记机关申请办理抵押注销手续。

(2) 建设工程抵押流程

建设工程抵押是指房屋建设工程权利人在房屋建设期间将在建的房屋及土地使用权全部或部分设定抵押。建设工程抵押的一般流程为:

第一步,债务合同成立,抵押人提供其合法拥有的在建房屋及土地使用权作担保。

这一行为应符合以下条件:①抵押人必须已取得土地使用权证,并应有建设用地规划许可证、建设工程规划许可证和施工许可证;②投入开发建设的资金达到工程建设总投资的25%以上;③建设工程抵押所担保的债权不得超出该建设工程总承包合同或者建设工程施工总承包合同约定的建设工程造价;④该建设工程承包合同能够形成独立使用功能的房屋;⑤该建设工程范围内的商品房尚未预售;⑥已签有资金监管协议;⑦符合国家关于建设工程承发包管理的规定;⑧已确定施工进度和竣工交付日期。

第二步,抵押人与抵押权人签订抵押合同,将在建房屋及相应的土地使用权抵押,当债务不能履行时,抵押权人有权依法处分抵押物。

在签订抵押合同时,应着重查验抵押房地产的合法有效证件,并到房地产登记机构查阅抵押物是否已预售、转让或已设定抵押或被司法机关查封等;同时由于在建工程抵押实质上是一种期权抵押,明确抵押物的价值、面积及规划用途就显得十分重要,当债务人不能及时清偿债务时,可以及时处分抵押物以清偿债务。

第三步,抵押双方持债务合同(主合同)、抵押合同及房地产权利证书、建设用地规划许可证、建设工程规划许可证等有关资料到房地产登记机关办理抵押登记。

第四步,抵押权人保管房地产他项权利证明,房地产权利人领取经注记的房地产权利证明、建设用地规划许可证和建设工程规划许可证。

第五步,债务履行完毕,抵押双方持注销抵押申请书、已经注记的土地使用权证、建设用地规划许可证、建设工程规划许可证等到房地产登记机构办理注销抵押手续。

(3) 现房抵押流程

现房抵押是指将获得所有权的房屋及其占用范围内的土地使用权设定抵押。

现房抵押的一般流程为:

第一步,债务合同成立。债务人或者第三人将自己依法拥有的房地产作担保。

第二步,抵押双方签订抵押合同。

这时,抵押权人必定是债权人,而抵押人是债务人或第三人,债务不能履行时,抵押权人有权依法处分债务人或第三人拥有的抵押物。

用抵押贷款购买商品房的,购买人先与商品房开发公司签订商品房出售合同,然后再与银行签订贷款合同、抵押合同。

第三步,抵押双方持抵押合同、房地产权利证书到房地产登记机构办理抵押登记手续。

抵押贷款购买商品房的,可以在申请办理交易登记的同时申请办理抵押登记手续。

第四步,抵押权人保管房地产他项权利证明,抵押人保管已经注记的房地产权利证书。

第五步,债务履行完毕,抵押双方持注销抵押申请书、房地产他项权利证明及已经注记的房地产权利证书到房地产登记机关办理注销抵押手续。

第三节　房地产交易合同

一、房地产买卖合同

(一) 新建商品房买卖合同

商品房买卖合同是指房地产开发商销售自己所开发的商品房时,与购房者签订的买卖合同。2000年,国家建设部、工商行政管理局根据《中华人民共和国合同法》和近几年商品房买卖中存在的问题,制定了《商品房买卖合同示范文本》(建住房〔2000〕200号文)(以下简称《示范文本》),自2000年10月底在全国推广实施。

1. 商品房买卖合同的主要内容

(1) 当事人名称或者姓名和住所。

(2) 商品房基本状况。

(3) 商品房的销售方式。

(4) 商品房价款的确定方式及总价款、付款方式、付款时间。

(5) 交付使用条件及日期。

(6) 装饰、设备标准承诺。

(7) 供水、供电、供热、燃气、通讯、道路、绿化等配套基础设施和公共设施的交付承诺和有关权益、责任。

(8) 公共配套建筑的产权归属。

(9) 面积差异的处理方式。

(10) 办理产权登记有关事宜。

(11) 解决争议的方法。

(12) 违约责任。

(13) 双方约定的其他事项。

2. 签订商品房买卖合同的注意事项

商品房买卖合同是明确购房人和售房人双方权利义务关系的协议。由于商品房价值大，涉及面广，关系复杂，履行期限较长，所以购房人在签订合同时必须特别慎重。签订商品房买卖合同应当注意以下事项：

(1) 计价方式

商品房销售可以按建筑面积计价，也可以按套内建筑面积或按套(单元)计价。

商品房建筑面积由套内建筑面积和分摊的共有建筑面积组成，套内建筑面积部分为独立产权，分摊的共有建筑面积部分为共有产权，购房人按照法律、法规的规定对其享有权利，承担责任。按套(单元)计价或者按套内建筑面积计价的，商品房买卖合同中应当分别注明建筑面积和分摊的共有建筑面积。

按套(单元)计价的现售商品房，当事人对现售房屋实地勘察后可以在合同中直接约定总价款。

按套(单元)计价的预售商品房，应在合同中附上所购房屋的平面图。平面图应当标明详细尺寸，并约定误差范围。房屋交付时，套型与设计图纸一致，相关尺寸也在约定的误差范围内，维持总价款不变；套型与设计图纸不一致或者相关尺寸超出约定的误差范围，合同中未约定处理方式的，购房人可以退房或者与房地产开发企业重新约定总价款。购房人退房的，由房地产开发企业承担违约责任。

(2) 误差的处理

按套内建筑面积或者建筑面积计价的，当事人应当在合同中载明合同约定面积与产权登记面积发生误差的处理方式，具体处理方式可参见建设部《商品房买卖合同示范文本》。

(3) 付款方式和房屋总价款

当事人应当在合同中约定商品房买卖的付款方式，是一次性付款还是按进度分

期付款,或者双方约定的其他方式。如果是分期付款,应当明确具体付款方式,即每期款的交款日期。

房屋总价款也应明确。例如,如果是预售价,应明确以后交房时如何结算,根据确定的浮动因素多退少补。而且,还应明确房价包含的内容,例如煤气管线、有线电视等是否包含在内,如不包含,则应逐一写明。

（4）交房日期

合同中一定要写明房地产开发企业交房的日期,应当明确到某年某月某日,不能笼统地规定交房时间。例如,不要用类似"在购房人付清房款时交房"或"按正常工程进度交房"等模棱两可的说法来约定交房时间。

（5）房屋和装修的质量标准

商品房应通过质量验收合格后方可交付使用。如双方约定达到优质标准,也应当在合同中写明。如商品房系装修后出售,装修质量标准也应当明确。例如,商品房销售时设置了样板房的,应当说明实际交付的商品房质量、设备及装修与样板房是否一致,未作说明的,实际交付的商品房应当与样板房一致。

商品房交付使用后,购房人认为质量不合格的,可以依照有关规定委托工程质量检测机构重新核验。经核验,确属质量不合格的,购房人有权退房;给购房人造成损失的,房地产开发企业应当依法承担赔偿责任。

附 4-2:商品房买卖合同示范文本

商品房买卖合同

（合同编号： ）

合同双方当事人：
出卖人：_____
注册地址：_____
营业执照注册号：_____
企业资质证书号：_____
法定代表人：_____ 联系电话：_____
邮政编码：_____
委托代理人：_____ 地址：_____
邮政编码：_____ 联系电话：_____
委托代理机构：_____
注册地址：_____

营业执照注册号：_____
法定代表人：_____ 联系电话：_____
邮政编码：_____
买受人：_____
【本人】【法定代表人】姓名：_____ 国籍：_____
【身份证】【护照】【营业执照注册号】：_____
地址：_____
邮政编码：_____ 联系电话：_____
【委托代理人】姓名：_____ 国籍：_____
地址：_____
邮政编码：_____ 联系电话：_____

根据《中华人民共和国合同法》、《中华人民共和国城市房地产管理法》及其他有关法律、法规之规定，买受人和出卖人在平等、自愿、协商一致的基础上就买卖商品房达成如下协议：

第一条 项目建设依据。

出卖人以_____方式取得位于_____、编号为_____的地块的土地使用权。【土地使用权出让合同号】【土地使用权划拨批准文件号】【划拨土地使用权转让批准文件号】为_____。

该地块土地面积为_____，规划用途为_____，土地使用年限自____年____月____日至____年____月____日。

出卖人经批准，在上述地块上建设商品房，【现定名】【暂定名】_____。建设工程规划许可证号为_____，施工许可证号为_____。

第二条 商品房销售依据。

买受人购买的商品房为【现房】【预售商品房】。预售商品房批准机关为_____，商品房预售许可证号为_____。

第三条 买受人所购商品房的基本情况。

买受人购买的商品房（以下简称该商品房，其房屋平面图见本合同附件一，房号以附件一上表示为准）为本合同第一条规定的项目中的：

第_____【幢】【座】_____【单元】【层】_____号房。

该商品房的用途为_____，属_____结构，层高为_____，建筑层数地上_____层，地下_____层。

该商品房阳台是【封闭式】【非封闭式】。

该商品房【合同约定】【产权登记】建筑面积共_____平方米，其中，套内建筑面积_____平方米，公共部位与公用房屋分摊建筑面积_____平方米（有关公共部位与公用房屋分摊建筑面积构成说明见附件二）。

第四条 计价方式与价款。

出卖人与买受人约定按下述第_____种方式计算该商品房价款：

1. 按建筑面积计算,该商品房单价为(_____币)每平方米_____元,总金额(_____币)____千____百____拾____万____千____百____拾____元整。

2. 按套内建筑面积计算,该商品房单价为(_____币)每平方米_____元,总金额(_____币)____千____百____拾____万____千____百____拾____元整。

3. 按套(单元)计算,该商品房总价款为(_____币)____千____百____拾____万____千____百____拾____元整。

4. _____。

第五条 面积确认及面积差异处理。

根据当事人选择的计价方式,本条规定以【建筑面积】【套内建筑面积】(本条款中均简称面积)为依据进行面积确认及面积差异处理。

当事人选择按套计价的,不适用本条约定。

合同约定面积与产权登记面积有差异的,以产权登记面积为准。

商品房交付后,产权登记面积与合同约定面积发生差异,双方同意按第_____种方式进行处理：

1. 双方自行约定：

(1) _____;

(2) _____;

(3) _____;

(4) _____。

2. 双方同意按以下原则处理：

(1) 面积误差比绝对值在3%以内(含3%)的,据实结算房价款;

(2) 面积误差比绝对值超出3%时,买受人有权退房。

买受人退房的,出卖人在买受人提出退房之日起30天内将买受人已付款退还给买受人,并按_____利率付给利息。

买受人不退房的,产权登记面积大于合同约定面积时,面积误差比在3%以内(含3%)部分的房价款由买受人补足;超出3%部分的房价款由出卖人承担,产权归买受人。产权登记面积小于合同约定面积时,面积误差比绝对值在3%以内(含3%)部分的房价款由出卖人返还买受人;绝对值超出3%部分的房价款由出卖人双倍返还买受人。

面积误差比=(产权登记面积—合同约定面积)/合同约定面积×100%

因设计变更造成面积差异,双方不解除合同的,应当签署补充协议。

第六条 付款方式及期限。

买受人按下列第_____种方式按期付款：

1. 一次性付款

_____。

2. 分期付款

_____。

3. 其他方式

_____。

第七条 买受人逾期付款的违约责任。

买受人如未按本合同规定的时间付款,按下列第_____种方式处理:

1. 按逾期时间,分别处理(不作累加)

(1) 逾期在_____日之内,自本合同规定的应付款期限之第二天起至实际全额支付应付款之日止,买受人按日向出卖人支付逾期应付款万分之_____的违约金,合同继续履行;

(2) 逾期超过_____日后,出卖人有权解除合同。出卖人解除合同的,买受人按累计应付款的_____%向出卖人支付违约金。买受人愿意继续履行合同的,经出卖人同意,合同继续履行,自本合同规定的应付款期限之第二天起至实际全额支付应付款之日止,买受人按日向出卖人支付逾期应付款万分之_____(该比率应不小于第(1)项中的比率)的违约金。

本条中的逾期应付款指依照本合同第六条规定的到期应付款与该期实际已付款的差额;采取分期付款的,按相应的分期应付款与该期的实际已付款的差额确定。

2. _____。

第八条 交付期限。

出卖人应当在____年____月____日前,依照国家和地方人民政府的有关规定,将具备下列第_____种条件,并符合本合同约定的商品房交付买受人使用:

1. 该商品房经验收合格。

2. 该商品房经综合验收合格。

3. 该商品房经分期综合验收合格。

4. 该商品房取得商品住宅交付使用批准文件。

5. _____。

但如遇下列特殊原因,除双方协商同意解除合同或变更合同外,出卖人可据实予以延期:

1. 遭遇不可抗力,且出卖人在发生之日起____日内告知买受人的;

2. _____;

3. _____。

第九条 出卖人逾期交房的违约责任。

除本合同第八条规定的特殊情况外,出卖人如未按本合同规定的期限将该商品房交付买受人使用,按下列第_____种方式处理:

1. 按逾期时间,分别处理(不作累加)

(1) 逾期不超过____日,自本合同第八条规定的最后交付期限的第二天起至实际

交付之日止,出卖人按日向买受人支付已交付房价款万分之____的违约金,合同继续履行;

(2) 逾期超过____日后,买受人有权解除合同。买受人解除合同的,出卖人应当自买受人解除合同通知到达之日起____天内退还全部已付款,并按买受人累计已付款的_____%向买受人支付违约金。买受人要求继续履行合同的,合同继续履行,自本合同第八条规定的最后交付期限的第二天起至实际交付之日止,出卖人按日向买受人支付已交付房价款万分之_____(该比率应不小于第(1)项中的比率)的违约金。

2. _____。

第十条 规划、设计变更的约定。

经规划部门批准的规划变更、设计单位同意的设计变更导致下列影响到买受人所购商品房质量或使用功能的,出卖人应当在有关部门批准同意之日起10日内,书面通知买受人:

(1) 该商品房结构形式、户型、空间尺寸、朝向;
(2) _____;
(3) _____;
(4) _____;
(5) _____;
(6) _____;
(7) _____。

买受人有权在通知到达之日起15日内做出是否退房的书面答复。买受人在通知到达之日起15日内未作书面答复的,视同接受变更。出卖人未在规定时限内通知买受人的,买受人有权退房。

买受人退房的,出卖人须在买受人提出退房要求之日起____天内将买受人已付款退还给买受人,并按_____利率付给利息。买受人不退房的,应当与出卖人另行签订补充协议。

第十一条 交接。

商品房达到交付使用条件后,出卖人应当书面通知买受人办理交付手续。双方进行验收交接时,出卖人应当出示本合同第八条规定的证明文件,并签署房屋交接单。所购商品房为住宅的,出卖人还需提供《住宅质量保证书》和《住宅使用说明书》。出卖人不出示证明文件或出示证明文件不齐全,买受人有权拒绝交接,由此产生的延期交房责任由出卖人承担。

由于买受人原因,未能按期交付的,双方同意按以下方式处理:
_____

第十二条 出卖人保证销售的商品房没有产权纠纷和债权债务纠纷。因出卖人原因,造成该商品房不能办理产权登记或发生债权债务纠纷的,由出卖人承担全部责任。

第十三条　出卖人关于装饰、设备标准承诺的违约责任。

出卖人交付使用的商品房的装饰、设备标准应符合双方约定（附件三）的标准。达不到约定标准的，买受人有权要求出卖人按照下述第＿＿＿＿种方式处理：

1. 出卖人赔偿双倍的装饰、设备差价。
2. ＿＿＿＿＿＿＿＿＿＿＿＿＿＿＿＿＿＿＿＿＿＿＿＿＿＿＿＿＿＿＿＿＿＿＿。
3. ＿＿＿＿＿＿＿＿＿＿＿＿＿＿＿＿＿＿＿＿＿＿＿＿＿＿＿＿＿＿＿＿＿＿＿。

第十四条　出卖人关于基础设施、公共配套建筑正常运行的承诺。

出卖人承诺与该商品房正常使用直接关联的下列基础设施、公共配套建筑按以下日期达到使用条件：

1. ＿＿＿＿＿＿＿＿＿＿＿＿＿＿＿＿＿＿＿＿＿＿＿＿＿＿＿＿＿＿＿＿＿＿＿；
2. ＿＿＿＿＿＿＿＿＿＿＿＿＿＿＿＿＿＿＿＿＿＿＿＿＿＿＿＿＿＿＿＿＿＿＿；
3. ＿＿＿＿＿＿＿＿＿＿＿＿＿＿＿＿＿＿＿＿＿＿＿＿＿＿＿＿＿＿＿＿＿＿＿；
4. ＿＿＿＿＿＿＿＿＿＿＿＿＿＿＿＿＿＿＿＿＿＿＿＿＿＿＿＿＿＿＿＿＿＿＿；
5. ＿＿＿＿＿＿＿＿＿＿＿＿＿＿＿＿＿＿＿＿＿＿＿＿＿＿＿＿＿＿＿＿＿＿＿。

如果在规定日期内未达到使用条件，双方同意按以下方式处理：

1. ＿＿＿＿＿＿＿＿＿＿＿＿＿＿＿＿＿＿＿＿＿＿＿＿＿＿＿＿＿＿＿＿＿＿＿；
2. ＿＿＿＿＿＿＿＿＿＿＿＿＿＿＿＿＿＿＿＿＿＿＿＿＿＿＿＿＿＿＿＿＿＿＿；
3. ＿＿＿＿＿＿＿＿＿＿＿＿＿＿＿＿＿＿＿＿＿＿＿＿＿＿＿＿＿＿＿＿＿＿＿；

第十五条　关于产权登记的约定。

出卖人应当在商品房交付使用后＿＿＿＿日内，将办理权属登记需由出卖人提供的资料报产权登记机关备案。如因出卖人的责任，买受人不能在规定期限内取得房地产权属证书的，双方同意按下列第＿＿＿＿＿项处理：

1. 买受人退房，出卖人在买受人提出退房要求之日起＿＿＿＿日内将买受人已付房价款退还给买受人，并按已付房价款的＿＿＿＿＿％赔偿买受人损失。
2. 买受人不退房，出卖人按已付房价款的＿＿＿＿＿％向买受人支付违约金。
3. ＿＿＿＿＿＿＿＿＿＿＿＿＿＿＿＿＿＿＿＿＿＿＿＿＿＿＿＿＿＿＿＿＿＿＿。

第十六条　保修责任。

买受人购买的商品房为商品住宅的，《住宅质量保证书》作为本合同的附件。出卖人自商品住宅交付使用之日起，按照《住宅质量保证书》承诺的内容承担相应的保修责任。

买受人购买的商品房为非商品住宅的，双方应当以合同附件的形式详细约定保修范围、保修期限和保修责任等内容。在商品房保修范围和保修期限内发生质量问题，出卖人应当履行保修义务。因不可抗力或者非出卖人原因造成的损坏，出卖人不承担责任，但可协助维修，维修费用由购买人承担。

第十七条　双方可以就下列事项约定：

1. 该商品房所在楼宇的屋面使用权＿＿＿＿＿＿＿＿＿＿＿＿＿＿＿＿＿＿＿＿；

2. 该商品房所在楼宇的外墙面使用权 _____；
3. 该商品房所在楼宇的命名权 _____；
4. 该商品房所在小区的命名权 _____；
5. _____；
6. _____。

第十八条 买受人的房屋仅作 _____ 使用，买受人使用期间不得擅自改变该商品房的建筑主体结构、承重结构和用途。除本合同及其附件另有规定者外，买受人在使用期间有权与其他权利人共同享用与该商品房有关联的公共部位和设施，并按占地和公共部位与公用房屋分摊面积承担义务。

出卖人不得擅自改变与该商品房有关联的公共部位和设施的使用性质。

第十九条 本合同在履行过程中发生的争议，由双方当事人协商解决；协商不成的，按下述第 _____ 种方式解决：

1. 提交 _____ 仲裁委员会仲裁。
2. 依法向人民法院起诉。

第二十条 本合同未尽事项，可由双方约定后签订补充协议(附件四)。

第二十一条 合同附件与本合同具有同等法律效力。本合同及其附件内，空格部分填写的文字与印刷文字具有同等效力。

第二十二条 本合同连同附件共 ____ 页，一式 ____ 份，具有同等法律效力，合同持有情况如下：

出卖人 ____ 份，买受人 ____ 份。

第二十三条 本合同自双方签订之日起生效。

第二十四条 商品房预售的，自本合同生效之日起30天内，由出卖人向 _____ 申请登记备案。

出卖人(签章)：　　　　　　买受人(签章)：
【法定代表人】：　　　　　【法定代表人】：
【委托代理人】：　　　　　【委托代理人】：
（签章）　　　　　　　　　（签章）

____年____月____日　　　　____年____月____日
　　　签于　　　　　　　　　　　签于

附件一：房屋平面图
附件二：公共部位与公用房屋分摊建筑面积构成说明
附件三：装饰、设备标准
1. 外墙：
2. 内墙：

3. 顶棚：

4. 地面：

5. 门窗：

6. 厨房：

7. 卫生间：

8. 阳台：

9. 电梯：

10. 其他：

附件四：合同补充协议

（二）存量房买卖合同

存量房买卖合同目前建设部还没有制定统一的合同示范文本，但很多地方政府已经制定了存量房的房屋买卖合同示范文本。

1. 主要合同内容

一般而言，存量房的房屋买卖合同应包括以下主要内容：

（1）买卖房地产当事人的姓名或者名称、依据。

（2）买卖房地产的坐落、地点、面积。

（3）房屋的平面图、结构、建筑质量、装饰标准以及附属设施，配套设施等情况。

（4）房地产买卖的价格、支付方式和期限。

（5）房地产交付日期。

（6）违约责任。

（7）争议解决处理办法。

（8）若属于交换合同的，应载明交换的价格差额。

（9）若属于抵债合同的，应载明抵冲的债务及金额。

（10）买卖双方当事人约定的其他事项。

2. 签订存量房买卖合同的注意事项

由于存量房的房屋买卖是一种复杂的民事行为，涉及法律关系比较多，当事人在签订房地产买卖合同时应注意以下几点：

（1）应搞清当事人的具体情况、地点、联系方法等，以免上当受骗；应写明是否共有财产、是否夫妻共同财产或家庭共有财产，买卖房屋时共有人应在合同内签字盖章。同时，房屋的权属一定要清楚，如是否存在房屋抵押或其他权利。职工已购公有住房上市出售的，参加房改购房时的同住成年人应在合同中明确表示同意出售，并签字盖章；因故无法在合同内签字盖章的，应出具同意出售的其他证明。

(2)权益转移。出卖人将原购入的商品住房出售的,开发公司提供的住宅质量保证书和住宅使用说明书应一并转移给买受人,买受人享有"两书"规定的权益。

(3)房屋质量。质量条款是买卖合同的必要内容,买卖的房屋应能保持正常使用功能。房屋超过合理使用年限后若继续使用的,产权人应委托具有相应资质等级的勘察、设计单位鉴定。

(4)约定税费的承担方式。存量房买卖过程中一般会涉及契税、营业税、印花税、所得税、交易手续费等税费,这些税费的计缴大多是以成交的房价款作为基数的,谁来承担这些费用,是按有关政策规定由双方各自承担,还是双方约定由某一方来承担,必须在合同中写明。

(5)承租人优先购买权。买卖已出租房屋的,出卖人应当在出售前三个月通知承租人,承租人在同等条件下有优先购买权。如承租人放弃优先购买权,买受人在购房后应继续履行租赁合同,并与承租人签订租赁主体变更合同,房屋租赁应收取的租金,房屋产权转移前归出卖人所有,转移后归买受人所有。

(6)集体所有土地上房屋的买卖对象。按建设部规定,集体所有土地上的居住房屋未经依法征用,只能出售给房屋所在地乡(镇)范围内具备居住房屋建设申请条件的个人。非居住房屋只能出售给房屋所在地乡(镇)范围内的集体组织或者个体经济者。

(7)住房户口迁移。已投入使用的住房买卖,除房屋交接和权利转移外,住房内的原有户口是否及时迁出也会影响合同的履行。当事人可在补充条款内约定户口迁移条款。

(8)维修基金交割。房地产买卖合同生效后,当事人应将房地产转让情况书面告知业主管理委员会和物业管理单位,并办理房屋维修基金户名的变更手续,账户内结余维修基金的交割,当事人可在补充条款中约定。

(9)物业管理费、公用事业费具结。由于物业管理费和一些公用事业费(如有线电视、自来水、管道煤气等)是以房屋单位为账户的,所以签订存量房买卖合同还应注意对这些费用的具结方式,期限以及对房屋买卖的影响等进行约定。

附 4-3:苏州市存量房买卖契约

编号:苏 契

苏州市住房和城乡建设局制定

二〇一一版

出卖方留存

使用须知

一、本契约是苏州市住房和城乡建设局依据国家和本省、本市有关政策法规,制定的存量房买卖契约示范文本。苏州市市区范围内存量房买卖应当采用本契约文本。

二、存量房买卖是一种民事法律行为,买卖双方签订本契约之前,应当阅读并了解本契约内容,对本契约中固定内容及专业用词理解不一致的,可向苏州市房地产市场管理处咨询。

三、本契约所称存量房专指已经依法取得房屋所有权证和国有土地使用权证的房屋。

四、本契约中的固定内容不得修改,下划线处和附件空白处的文字输入、【】和〖〗的内容选择,应当由买卖双方自行约定。

五、买卖双方就存量房买卖事宜协商一致后,应当依托苏州市区存量房买卖网上管理系统,在线拟订、修改、校对本契约电子文本具体内容,确认无误后由买卖双方在线设置各自专用密码,然后由网上签约受理点即时打印出本契约纸质文本,经各方签章后即行上传备案。

六、本契约买卖双方专用密码,由英文字母(包括大小写)和阿拉伯数字单一或交替组成,密码字符7~20个,密码中间不得出现空缺或其他符号。本契约电子文本一经买卖双方设置专用密码,任何人均不得对契约内容进行更改。

七、本契约文本固定内容和网上签约操作事项由苏州市住房和城乡建设局负责解释。

存量房买卖契约

契约各方当事人:

出卖方:_____

出售信息挂牌登记表编号:_____

本人姓名:_____ 国籍:_____

法定代表人姓名:_____ 国籍:_____

本人身份证照:_____ 机构证照:_____

证照号:_____

联系地址：_____
联系电话：_____ 邮政编码：_____
监护人：_____ 国籍：_____
身份证照：_____ 机构证照：_____
证照号：_____
联系地址：_____
联系电话：_____ 邮政编码：_____
委托代理人姓名：_____ 国籍：_____
身份证照：_____ 证照号：_____
联系地址：_____
联系电话：_____ 邮政编码：_____
居间代理机构：_____
居间代理委托协议编号：_____
法定代表人姓名：_____ 国籍：_____
营业执照注册号：_____
经纪机构备案证号：_____
注册地址：_____
联系电话：_____ 邮政编码：_____
房地产经纪人姓名：_____ 资格证号：_____
联系地址：_____
联系电话：_____ 邮政编码：_____
买受方：_____
承购信息挂牌登记表编号：_____
本人姓名：_____ 国籍：_____
法定代表人姓名：_____ 国籍：_____
出生日期：_____
本人身份证照：_____ 机构证照：_____
证照号：_____
联系地址：_____
联系电话：_____ 邮政编码：_____
（购买房屋若为存量住宅，必须如实填写以下家庭成员情况信息。）
（买受方若为成年人，填写以下信息：）
配偶【有】【无】
姓名：_____ 国籍：_____
身份证照名称：_____
证照号：_____

未成年子女【有】【无】
姓名：_____ 国籍：_____
身份证照名称：_____
证照号：_____
姓名：_____ 国籍：_____
身份证照名称：_____
证照号：_____
姓名：_____ 国籍：_____
身份证照名称：_____
证照号：_____

（买受方若为未成年人，填写以下信息：）

父亲【有】【无】
姓名：_____ 国籍：_____
身份证照名称：_____
证照号：_____

母亲【有】【无】
姓名：_____ 国籍：_____
身份证照名称：_____
证照号：_____

未成年兄弟姐妹【有】【无】
姓名：_____ 国籍：_____
身份证照名称：_____
证照号：_____
姓名：_____ 国籍：_____
身份证照名称：_____
证照号：_____
姓名：_____ 国籍：_____
身份证照名称：_____
证照号：_____
监护人：_____ 国籍：_____
身份证照：_____ 机构证照：_____
证照号：_____
联系地址：_____
联系电话：_____ 邮政编码：_____
委托代理人姓名：_____ 国籍：_____
身份证照：_____ 证照号：_____

联系地址：_____
联系电话：_____ 邮政编码：_____
居间代理机构：_____
居间代理委托协议编号：_____
法定代表人姓名：_____ 国籍：_____
营业执照注册号：_____
经纪机构备案证号：_____
注册地址：_____
联系电话：_____ 邮政编码：_____
房地产经纪人姓名：_____ 资格证号：_____
联系地址：_____
联系电话：_____ 邮政编码：_____

以上所列各方地址均为履行本契约期间之法定送达地址，若有变更应及时通知所有各方。

买受方声明：买受方家庭（含本人、配偶、未成年子女，下同）【有】【无】本市户籍，目前在本市市区拥有_____套住房。

买受方承诺：以上有关买受方及其家庭、住房等信息如有不实，买受方愿意承担包括不能办理房地产转移登记在内的相应法律责任及经济责任。

根据《中华人民共和国合同法》、《中华人民共和国城市房地产管理法》、《江苏省城市房地产交易管理条例》、《城市房地产转让管理规定》之规定，出卖方通过_____，自愿将以下房屋及该房屋占用范围内的国有土地使用权出卖给买受方，双方遵循平等、自愿、公平、守法和诚实信用原则，经协商一致，就该房屋买卖事宜订立本契约。

第一条：房屋基本情况。

1. 坐落：苏州市_____区_____。
地号：_____ 幢号：_____ 室号：_____。
2. 房屋所有权证编号：_____。
3. 国有土地使用权证编号：_____。
4. 产权登记建筑面积：_____平方米。
产权登记附记：阁楼_____个，套内建筑面积：_____平方米；
　　　　　　　汽车库_____个，套内建筑面积：_____平方米；
　　　　　　　自行车库_____个，套内建筑面积：_____平方米。
5. 房屋用途：_____。
6. 建筑结构：_____。
7. 房屋建成年份：_____年。

第二条：房屋其他情况。

1. 房屋共有情况为下列第_____项:(仅选一项)
   【1】出卖方保证该房屋除房屋所有权人持有的房屋所有权证外,没有其他房屋共有权证。
   【2】该房屋共有权证号为_____,出卖方保证已经就该房屋出卖事由征得所有共有权人的同意。
2. 房屋抵押情况为下列第_____项:(仅选一项)
   【1】出卖方保证该房屋在本契约签订之时未曾设定抵押权。
   【2】该房屋在本契约签订之前已经设定抵押权。出卖方承诺在申请办理房屋权属转移登记前解除该抵押,并注销相应的抵押登记,相关费用由出卖方承担。
3. 房屋租赁情况约定为下列第_____项:(仅选一项)
   【1】出卖方保证该房屋在本契约签订之时未曾租赁给他人。
   【2】该房屋在本契约签订之前已经租赁给他人。出卖方保证该承租人已经明确放弃优先购买权。出卖方承诺在房屋交付前解除该租赁关系,并注销相应的租赁登记,相关费用由出卖方承担。
4. 房屋物业管理现状为下列第_____项:(仅选一项)
   【1】该房屋目前由_____负责物业管理。
   【2】该房屋目前尚未纳入物业管理范围。
5. 随同该房屋同时转让给买受方的房屋附属物品详见本契约附件一。

第三条:房屋价款。
该房屋(包括本契约附件一明确的房屋附属物品)的价款为人民币(￥_____元)____亿____千____百____十____万____千____百____十____元整。
买受方实际支付的房屋价款应当等同于出卖方实际收取的房屋价款。

第四条:房屋价款支付方式约定为下列第_____款。(仅选一款)
【1】一次性付款:
买受方按本契约第三条约定房屋价款,向出卖方一次性支付的期限为下列第_____项:(仅选一项)
〖1〗本契约生效之日起____天内。
〖2〗房屋交付之日起____天内。
〖3〗房屋权属转移登记完成之日起____天内。
〖4〗____年____月____日前。
【2】分期付款:
买受方于本契约生效之日起____天内,按本契约第三条约定房屋价款的____%,向出卖方支付人民币(￥_____元)____亿____千____百____十____万____千____百____十____元整;
买受方于房屋交付之日起____天内,按本契约第三条约定房屋价款的_____%,向出卖方支付人民币(￥_____元)____亿____千____百____十____万____千____

百____十____元整；

买受方于房屋权属转移登记完成之日起____内,按本契约第三条约定房屋价款的_____%,向出卖方支付人民币(￥_____元)____亿____千____百____十____万____千____百____十____元整。

【3】贷款支付：
_____
_____。

【4】其他方式：
_____
_____。

出卖方收取买受方支付的相应房屋价款后,应当即时出具收款凭证;买受方付清房屋价款后,出卖方应当及时、如数提供规范、合法的收款票据。

第五条：买受方逾期付款违约责任。

1. 买受方未能按本契约第四条约定向出卖方支付相应房屋价款的,按逾期时间,分别作如下处理(不作累加)：

(1) 逾期不超过____天,自本契约第四条约定的相应房屋价款应付期限之第二天起,至出卖方实际收到逾期相应房屋价款之日止,每逾期一天,买受方按天向出卖方支付本契约第三条约定房屋价款万分之____的违约金,契约继续履行。

(2) 逾期超过____天后,出卖方有权解除契约。自出卖方解除契约通知书到达之日起____天内,买受方将房屋退还给出卖方,并按本契约第三条约定房屋价款的_____%向出卖方支付违约金。买受方要求继续履行契约的,经出卖方同意,自本契约第四条约定的相应房屋价款应付期限之第二天起,至出卖方实际收到逾期相应房屋价款之日止,每逾期一天,买受方按天向出卖方支付本契约第三条约定房屋价款万分之____的违约金,契约继续履行。

2. 在____年____月____日前,若因银行或者住房公积金管理机构不同意买受方购房贷款申请,导致买受方无法按本契约第四条约定的相应期限支付相应房屋价款的,买卖双方同意解除本契约,退房退款,撤销该房屋所有权转移登记申请和土地使用权变更登记申请,并按下列第_____项方式处理：(仅选一项)

【1】买受方不向出卖方支付违约金。

【2】_____。

第六条：房屋交付。

出卖方应当于____年____月____日前腾空该房屋,并书面通知买受方进行验收。买受方应当在出卖方验收通知书到达之日起____天内,会同出卖方,共同对房屋及其本契约附件一明确的房屋附属物品状况进行查验。查验情况符合双方约定的,出卖方应该当场将该房屋和房屋附属物品以及房屋钥匙移交给买受方,以示房屋交付。毁损、灭失风险责任自房屋交付之日起由买受方承担。

由于买受方原因,未能按期交付房屋的,按以下方式处理:

_____

_____。

第七条:出卖方逾期交房违约责任。

出卖方未能按本契约第六条约定的期限将该房屋及其附属物品交付给买受方的,按逾期时间,分别作如下处理(不作累加):

1. 逾期不超过____天,自本契约第六条约定的房屋及其附属物品交付期限之第二天起,至房屋及其附属物品实际交付之日止,每逾期一天,出卖方按天向买受方支付本契约第三条约定房屋价款万分之____的违约金,契约继续履行。

2. 逾期超过____天后,买受方有权解除契约。自买受方解除契约通知书到达之日起____天内,出卖方将已收房屋价款如数退还给买受方,并按本契约第三条约定房屋价款的_____％向买受方支付违约金。出卖方要求继续履行契约的,经买受方同意,自本契约第六条约定的房屋及其附属物品交付期限之第二天起,至房屋及其附属物品实际交付之日止,每逾期一天,出卖方按天向买受方支付本契约第三条约定房屋价款万分之____的违约金,契约继续履行。

第八条:房屋维修基金情况约定为下列第_____款:(仅选一款)

【1】出卖方未曾交付过该房屋维修基金。需要补交的房屋维修基金,按下列第_____项方式处理:(仅选一项)

〖1〗出卖方承担。

〖2〗_____。

【2】出卖方已经交付的该房屋维修基金,按下列第_____项方式处理:(仅选一项)

〖1〗该房屋维修基金账户余额无偿划转到买受方名下。

〖2〗买受方应当在房屋所有权转移登记完成以后____天内,按该房屋维修基金账户余额一次性如数支付给出卖方。买受方逾期付款的违约责任,参照本契约第五条处理。

第九条:出卖方承诺已如实陈述本契约第一条、第二条以及附件一中房屋的有关情况,保证没有权属纠纷、债权债务纠纷或优先购买权纠纷。如因出卖方上述承诺或保证失实,致使本契约生效以后发生房屋基本情况或其他情况纠纷、权属纠纷、债权债务纠纷、优先购买权纠纷的,出卖方按本契约第三条约定房屋价款的_____％向买受方支付违约金;造成买受方其他损失的,出卖方另行依法承担赔偿责任。

第十条:出卖方关于房屋及其附属物品的承诺。

房屋交付时,本契约第一条及附件一约定的房屋及其附属物品出现损坏或灭失,经买、卖双方当场确认的,按照下述第_____款方式处理:(仅选一款)

【1】自房屋交付之日起____天内,出卖方按照损坏或灭失部分的_____(〖协商〗或〖评估〗)价值向买受方支付赔偿金;买受方按照本契约第四条约定期限付清本契

约第三条约定房屋价款、且出卖方未按本条款约定期限支付赔偿金的,出卖方应当在买受方告知通知书到达之日起____天内向买受方支付双倍赔偿金。

【2】_____。

第十一条:关于房屋原有户籍迁移的约定。

自房屋权属转移登记完成之日起____天内,出卖方保证将其落户于该房屋的所有户籍关系迁出。逾期迁移原户口的,自本条约定的迁移原户口期限之第二天起,至原户口实际迁移之日止,每逾期一天,出卖方按天向买受方支付本契约第三条约定房屋价款万分之____的违约金;造成买受方其他损失的,出卖方另行依法承担赔偿责任。

第十二条:关于房屋权属转移登记的约定。

自本契约生效之日起____天内,买、卖双方共同向房屋权属登记机构申请办理房屋权属转移登记。如因一方责任,致使规定期限内未能完成房屋权属转移登记的,责任方应当按逾期时间承担以下违约责任;造成对方其他损失的,责任方另行依法承担赔偿责任:

1. 属于出卖方责任的,分别作如下处理(不作累加):

(1)逾期不超过____天,自本条约定的办理房屋权属转移登记申请期限之第二天起,至实际办理房屋权属转移登记申请之日止,每逾期一天,出卖方按天向买受方支付本契约第三条约定房屋价款万分之____的违约金,契约继续履行。

(2)逾期超过____天后,买受方有权退房。自买受方退房通知书到达之日起____天内,出卖方将已收房屋及其附属物品价款如数退还给买受方,并按本契约第三条约定房屋价款的_____%向买受方支付违约金。出卖方要求不退房的,经买受方同意,自本条约定的办理房屋权属转移登记申请期限之第二天起,至实际办理房屋权属转移登记申请之日止,每逾期一天,出卖方按天向买受方支付本契约第三条约定房屋价款万分之____的违约金,契约继续履行。

2. 属于买受方责任的,分别作如下处理(不作累加):

(1)逾期不超过____天,自本条约定的办理房屋权属转移登记申请期限之第二天起,至实际办理房屋权属转移登记申请之日止,每逾期一天,买受方按天向出卖方支付本契约第三条约定房屋价款万分之____的违约金,契约继续履行。

(2)逾期超过____天后,出卖方有权解除契约。自出卖方解除契约通知书到达之日起____天内,买受方将房屋及其附属物品退还给出卖方,并按本契约第三条约定房屋价款的_____%向出卖方支付违约金。买受方要求继续履行契约的,经出卖方同意,自本条约定的办理房屋权属转移登记申请期限之第二天起,至实际办理房屋权属转移登记申请之日止,每逾期一天,买受方按天向出卖方支付本契约第三条约定房屋价款万分之____的违约金,契约继续履行。

第十三条:关于国有土地使用权变更登记的约定。

1. 该房屋国有土地使用权类型为_____(【出让】或【划拨】或【　　】)。(仅选一种)

2. 房屋权属转移登记完成以后,买、卖双方应当按规定共同向土地登记机构申请办理该房屋占用范围内的土地使用权变更登记。该土地使用权原来为非出让类型的,土地使用权变更登记时需要缴纳的土地出让金或土地收益金按下列第_____项方式处理:(仅选一项)

【1】出卖方承担。

【2】_____。

第十四条:关于买卖税费和其他相关权益的约定。

1. 房屋买卖过程中应当缴纳的有关税费,按下列第_____项方式处理:(仅选一项)

【1】买、卖双方各自按国家和省、市相关规定分别缴纳。

【2】_____。

2. 物业管理费和相关配套设施使用费,房屋使用权转移以前发生的应当由出卖方承担,房屋权属转移以后发生的应当由买受方承担。

3. 房屋权属转移登记完成以后买受方即享有该房屋的全部产权。买、卖双方应当在房屋权属转移登记完成以后____天内,共同向有关部门申请办理物业管理和相关配套设施的过户手续。

第十五条:房屋使用权转移以后,买受方不得擅自改变该房屋的建筑结构、承重结构和用途。除本契约及其附件另有规定外,买受方在使用期间有权与其他权利人共同享用与该房屋有关联的公共部位和设施设备,并按占地和公共部位与公用房屋分摊面积承担义务。

第十六条:遭遇不可抗力,且受不可抗力影响的一方在不可抗力发生之日起____天内及时书面告知对方,并在合理时间内提供证明的,免除其因不可抗力而导致本契约全部或者部分条款无法履行的相应违约责任。

第十七条:本契约在履行过程中发生的争议,由买、卖双方当事人协商解决;协商不成的,按下述第_____款方式解决:(仅选一款)

【1】提交苏州仲裁委员会仲裁。

【2】依法向人民法院起诉。

第十八条:本契约未尽事宜,可由买、卖双方在本契约附件二内协商约定补充协议。

第十九条:本契约附件与本契约具有同等法律效力。本契约及其附件内,选择、输入部分的文字与固定部分的文字具有同等效力。

第二十条:本契约连同附件及签章页共____页,一式____份,具有同等法律效力,一份电子文档存入苏州市房地产市场管理处专设网络数据库备查,打印文本由出卖方、买受方、房屋权属登记机构、_____各执一份。

第二十一条:本契约自买、卖双方签订之日起生效。

附件一 房屋附属物品清单

一、装饰状况为下列第_____种。
【1】装修房：_____。
【2】毛坯房：_____。

二、设施设备为下列第_____种。
【1】供水：_____。
【2】供电：_____。
【3】供气：_____。
【4】厨房设备：_____。
【5】卫生设备：_____。
【6】通讯设备：_____。
【7】电器设备：_____。
【8】防盗设备：_____。
【9】停车位：_____。
【10】家具：_____。
【11】其他：_____。

三、权属登记以外其他附属房屋为下列第_____种。
【1】附属阁楼：_____。
【2】附属汽车库：_____。
【3】附属自行车库：_____。

附件二 补充协议

一、共有人

共有人姓名：_____ 证照名称：_____ 证照号码：_____

出生日期：_____

（共有人若为成年人，填写以下信息：）

配偶【有】【无】

姓名：_____ 身份证照名称：_____ 证照号：_____

未成年子女【有】【无】

姓名：_____ 身份证照名称：_____ 证照号：_____

姓名：_____ 身份证照名称：_____ 证照号：_____

姓名：_____ 身份证照名称：_____ 证照号：_____

（共有人若为未成年人，填写以下信息：）

父亲【有】【无】

姓名：_____ 身份证照名称：_____ 证照号：_____

母亲【有】【无】

姓名：_____ 身份证照名称：_____ 证照号：_____
未成年兄弟姐妹【有】【无】
姓名：_____ 身份证照名称：_____ 证照号：_____
姓名：_____ 身份证照名称：_____ 证照号：_____
姓名：_____ 身份证照名称：_____ 证照号：_____
姓名：_____ 身份证照名称：_____ 证照号：_____

二、其他

契约各方当事人签章

出卖方（章）：   买受方（章）：
本人（签章）：   本人（签章）：
法定代表人（签章）：   法定代表人（签章）：
监护人（签章）：   监护人（签章）：
委托代理人（签章）：   委托代理人（签章）：
居间代理经纪人（签章）：   居间代理经纪人（签章）：
____年____月____日   ____年____月____日

签于：_____

打印人：_____   打印日期：____年____月____日

二、房屋租赁合同

房屋租赁合同是出租人与承租人签订的用于明确租赁双方权利义务关系的协议。租赁是一种民事法律关系，在租赁关系中出租人与承租人之间所发生的民事关系主要是通过租赁合同确定的。《城市房地产管理法》规定："房屋租赁，出租人和承租人应当签订书面租赁合同，约定租赁期限、租赁用途、租赁价格、修缮责任等条款，以及双方的其他权利和义务，并向房产管理部门登记备案。"

1. 房屋租赁合同的内容

《城市房屋租赁管理办法》第九条规定，房屋租赁合同须具备以下条款：

（1）当事人姓名或者名称及住所。

（2）房屋的坐落、面积、装修及设施状况。

这一条的订立一方面是详细说明出租人给承租人提供的房屋结构、附属设施及设备状况，另一方面也要使承租人明确在房屋租赁期间不得擅自破坏房屋结构，更改房屋的装修及设施，如确有必要对房屋进行装修或更改原有设施的，应征得出租人的书面同意并按有关的物业管理规定予以实施，这时，租赁合同还应明确租赁期满后承租人在返还房屋时是否要恢复原状。

（3）租赁用途

房屋的租赁用途指房屋租赁合同中规定的出租房屋的使用性质。承租人应当按照租赁合同规定的使用性质使用房屋,不得变更使用用途,确需变动的,应当征得出租人的同意,并重新签订租赁合同;承租人与第三者互换房屋时,应当事先征得出租人的同意,出租人应当支持承租人的合理要求。换房后,原租赁合同即行终止,新的承租人应与出租人另行签订租赁合同。

(4) 租赁期限

房屋租赁一般应设定租赁期限,出租人有权在签订租赁合同时明确租赁期限,并在租赁期限届满后收回房屋。《合同法》规定,租赁期限不得超过二十年,超过二十年的,超过部分无效。租赁期限届满,当事人可以续订租赁合同,但约定的租赁期限自续订之日起不得超过二十年。承租人有义务在租赁期限届满后返还所承租的房屋。如需继续承租原租赁的房屋,应当在租赁期限届满前,征得出租人的同意,并重新签订租赁合同。出租人应当按照租赁合同约定的期限将房屋交给承租人使用,并保证租赁合同期内承租人的正常使用。出租人在租赁合同届满前需要收回房屋的,应当事先征得承租人的同意,并赔偿承租人的损失;收回住宅用房的,同时要做好承租人的住房安置。

(5) 租金及支付方式

租金标准是租赁合同的核心,是引起租赁纠纷的主要原因。租赁合同应当明确约定租金标准及支付方式。同时租金标准必须符合有关法律、法规的规定。出租人除收取房租外,不得收取其他费用。承租人应当按合同约定交纳租金,不得拒交或拖欠,承租人如拖欠租金,出租人有权收取滞纳金。

(6) 房屋修缮责任

出租住宅用房的自然损坏或合同约定由出租人修缮的,由出租人负责修复。不及时修复致使房屋发生破坏性事故,造成承租人财产损失或者人身伤害的,应当由出租人承担赔偿责任。租用房屋从事生产经营活动的,修缮责任由双方当事人在租赁合同中约定。房屋修缮责任人对房屋及其设备应当及时认真地检查修缮,保证房屋的使用安全。

(7) 转租的约定

(8) 变更和解除合同的条件

(9) 违约责任

(10) 当事人约定的其他条款

以上是房屋租赁合同的一般内容,若租赁双方采取转租,商品房预租、先租后售、售后包租等方式,除具备这些条款外,还应具备法律法规规定的其他内容。

在实际操作中,房屋租赁合同还应根据使用的实际情况及当地的风俗习惯,特别约定租赁期间有关水、电、煤气、电话、有线电视费等其他费用的支付。目前民间流行的预收押金或保证金等做法也应在合同中一一明确约定。

2. 租赁合同的终止

合法租赁合同的终止一般有两种情况,一是合同的自然终止,二是人为终止。

(1) 自然终止主要包括:

① 租赁合同到期,合同自行终止,承租人需继续租用的,应在租赁期限届满前三个月提出,并经出租人同意,重新签订租赁合同。

② 符合法律规定或合同约定可以解除合同条款的。

③ 因不可抗力致使合同不能继续履行的。

因上述原因终止租赁合同的,使一方当事人遭受损失的,除依法可能免除责任的外,应当由责任方负责赔偿。

(2) 人为终止主要是指由于租赁双方人为的因素而使租赁合同终止。一般包括无效合同的终止和由于租赁双方在租赁过程中的人为因素而使合同终止。对于无效合同的终止,《合同法》有明确规定。由于租赁双方的原因而使合同终止的情形主要有:

① 将承租的房屋擅自转租的。

② 将承租的房屋擅自转让、转借他人或私自调换使用的。

③ 将承租的房屋擅自拆改结构或者改变承租房屋使用用途的。

④ 无正当理由,拖欠房租六个月以上的。

⑤ 公有住宅用房无正当理由闲置六个月以上的。

⑥ 承租人利用承租的房屋从事非法活动的。

⑦ 故意损坏房屋的。

⑧ 法律、法规规定的其他可以收回的。

发生上述行为,出租人除终止租赁合同,收回房屋外,还可对由此造成的损失向承租人索赔。

3. 租赁合同范本示例

近年来,随着房屋租赁市场的复苏和兴起,房屋租赁市场鱼龙混杂,出租人随意提高房租,收回房屋,而承租人擅自更换房屋使用用途,到期不返还承租房屋现象比比皆是,租赁双方的权利义务得不到应有的保障。为规范房屋租赁市场,加大政府对租赁市场的管理力度,使房屋租赁纳入健康有序的轨道,很多地方政府规定房屋租赁必须登记备案的同时,推出了房屋租赁合同的示范文本,为房屋租赁交易双方提供了规范、全面、详细的书面参考依据。

附4-4：上海市居住房屋租赁合同示范文本（2006版）

使 用 说 明

一、本合同是上海市房屋土地资源管理局、上海市工商行政管理局根据《中华人民共和国合同法》、《上海市房屋租赁条例》以及《上海市居住房屋租赁管理实施办法》等有关规定制定的示范文本，适用于本市行政区域范围内市场化居住房屋租赁行为。

本合同条款均为提示性条款，供租赁双方当事人约定采用。合同中的未尽事宜，可由双方当事人协商一致后，订立补充条款予以明确。

二、本合同条款中的【　　】内容为并列的选择项，双方当事人可根据实际要求选择，不予选择的划除。

三、本合同签订前，双方当事人应相互校验有关身份证明，同时，出租人还应向承租人出具该租赁居住房屋的房地产权证或其他权属证明。

四、居住房屋租赁，应符合规定的条件和标准。凡承租的居住房屋人均建筑面积低于10平方米，或者人均使用面积低于7平方米的；其中，承租集体宿舍的，承租的人均建筑面积低于6平方米，或者人均使用面积低于4平方米的，将不予办理登记备案。在租赁期内，乙方增加同住人的，应当符合上述规定的人均承租面积标准，并书面告知出租人。

五、居住房屋租赁中，凡境内不具有本市户籍的承租人（包括承租的同住人），在按规定向租赁居住房屋所在地的街道、镇（乡）社区事务受理中心，办理房屋租赁合同登记备案或租赁信息记载后，应当按照国家和本市的有关规定，办理居住登记，领取《上海市居住证》或《上海市临时居住证》。

六、房屋租赁保证金是一种履约保证的措施。房屋出租时，出租人可以与承租人在合同中约定收取房屋租赁保证金。租赁保证金的数额由租赁双方当事人约定。租赁关系终止时，房屋租赁保证金除用以抵充合同约定由承租人承担的费用外，剩余部分应当归还承租人。

七、根据市物价局的规定，办理房屋租赁合同登记备案时，应按人民币50元/件的标准向登记备案机构缴纳登记备案费。但境内不具有本市户籍的承租人租赁居住房屋的，在向社区事务受理中心办理房屋租赁合同登记备案时，仅需缴纳人民币20元/件；而办理租赁信息记载的，则不收费。

八、本合同文本可向市或房屋所在地房地产交易中心、农场系统受理处或社区事务受理中心购取。双方当事人使用本合同前应仔细阅读，认真了解各条款内容。

九、本合同的租赁关系由经纪机构代理或居间的，则租赁当事人应当要求经纪机构和经纪人在本合同的最后一页签字、盖章。

十、本合同签订生效后,出租人应将房屋出租的情况及时通知该房屋所在的物业管理企业,以利于物业管理企业掌握房屋使用情况,更好地提供服务。

上海市居住房屋租赁合同

(合同编号:_____)

甲方(出租方):_____
住所:_____邮编:_____
【本人】【法定代表人】:_____联系电话:_____
【委托】【法定】代理人:_____联系电话:_____

乙方(承租方):_____
省(市)/地区:_____性别:_____出生年月日:_____
住所(址):_____邮编:_____
【身份证】【护照】【营业执照】号码:_____联系电话:_____
【委托】【法定】代理人:_____联系电话:_____
住所(址):_____邮编:_____

乙方的其他承租同住人共_____人,姓名和公民身份号码情况如下:

序号	姓名	公民身份号码

根据《中华人民共和国合同法》、《上海市房屋租赁条例》等法律、法规和规定,甲、乙双方在平等、自愿、公平和诚实信用的基础上,经协商一致,就乙方承租甲方可依法出租的房屋事宜,订立本合同。

第一条 出租房屋情况和租赁用途

1-1 甲方将坐落在本市_____【区】【县】_____路_____【弄】【新村】_____【号】【幢】_____室(部位)_____的房屋(简称该房屋)出租给乙方。该房屋【建筑面积】【使用面积】为_____平方米,房屋类型为_____,结构为_____,房屋用途为居住。签订本合同前,甲方已向乙方出示【房地产权证,编号:_____】【_____】【_____,编号:_____】,并已告知乙方该房屋【已】【未】设定抵押。

1-2 乙方向甲方承诺,租赁该房屋作为居住使用,并保证在租赁期间严格遵守国家和本市有关房屋使用和物业管理的规定。

1-3 该房屋的公用或合用部位的使用范围、条件和要求,现有装修、附属设施、设备状况以及需约定的有关事宜,由甲、乙双方在本合同补充条款中加以列明。甲、乙双方同意该附件作为甲方向乙方交付该房屋和本合同终止时乙方向甲方返还该房屋的验收依据。

第二条 交付日期和租赁期限

2-1 甲、乙双方约定,甲方于_____年___月___日前向乙方交付该房屋,租赁日期自_____年___月___日起至_____年___月___日止。

2-2 租赁期满,乙方应如期返还该房屋。乙方需继续承租该房屋的,则应于租赁期届满前_____个月,向甲方提出续租书面要求,经甲方同意后,双方应重新签订租赁合同。

第三条 租金、支付方式和限期

3-1 甲、乙双方约定,该房屋每日每平方米【建筑面积】【使用面积】租金为(_____币)_____元。月租金总计为(_____币)_____元。(大写:___万___仟___佰___拾___元___角整)。上述租金在租赁期限内不变,如需变动,则应由甲、乙双方重新协商,并达成书面协议。

3-2 乙方应于【每月_____日前】【_____】向甲方支付租金。逾期支付的,逾期一日,则乙方需按日租金的_____%支付违约金。

3-3 乙方支付租金的方式:_____
_____。

第四条 保证金和其他费用

4-1 甲、乙双方约定,甲方交付该房屋时,乙方应向甲方支付房屋租赁保证金,保证金为_____个月的租金,即(_____币)_____元。保证金收取后,甲方应向乙方开具收款凭证。

租赁关系终止时,甲方收取的房屋租赁保证金除用以抵充合同约定由乙方承担的费用外,剩余部分无息归还乙方。

4-2 租赁期间,使用该房屋所发生的水、电、煤气、通信、空调、有线电视、____、_____费用由【甲方】【乙方】承担。

除上述费用外,其他费用均由另一方承担。

第五条 房屋使用要求和维修责任

5-1 租赁期间,乙方应合理使用并爱护该房屋及其附属设施,发现该房屋及其附属设施有损坏或故障时,应及时通知甲方修复;甲方应在接到乙方通知后的_____日内进行维修。其中,因乙方使用不当或不合理使用,致使该房屋及其附属设施损坏或发生故障的,乙方应负责维修。

5-2 根据前款约定,应由甲方维修而逾期不维修的,乙方可代为维修,费用由甲方承担;应由乙方负责维修而拒不维修的,甲方可代为维修,费用由乙方承担。

5-3 租赁期间,甲方保证该房屋及其附属设施处于正常的可使用和安全的状态。甲方对该房屋进行检查、养护,应提前_____日通知乙方。检查养护时,乙方应予以配合。

5-4 乙方另需装修或者增设附属设施和设备的,应事先征得甲方的书面同意,按规定向有关部门审批的,则还应由【甲方】【甲方委托乙方】报有关部门批准后,方可进行。乙方增设的附属设施和设备归属及其维修责任由甲、乙双方另行书面约定。

第六条 房屋返还时的状态

6-1 除甲方同意乙方续租外,乙方应在本合同的租期【届满之日】【届满后____日内】返还该房屋,未经甲方同意逾期返还房屋的,每逾期一日,乙方应按(_____币)_____元/平方米【建筑面积】【使用面积】向甲方支付该房屋占用期间的使用费。

6-2 乙方返还该房屋应当符合正常使用后的状态。返还时,应经甲方验收认可,并相互结清各自应当承担的费用。

第七条 转租、转让和交换

7-1 租赁期内,乙方将该房屋部分或全部转租给他人,必须事先征得甲方的书面同意。但同一间居住房屋,不得分割转租。乙方转租该房屋应与接受转租方订立书面的转租合同。

7-2 租赁期内,乙方将该房屋转让给他人承租或与他人承租的房屋进行交换,必须事先征得甲方书面同意。转让或交换后,该房屋承租权的受让人或交换人应与甲方签订租赁主体变更合同并继续履行本合同。

第八条 解除本合同的条件

8-1 甲、乙双方同意在租赁期内,有下列情形之一的,本合同终止,双方互不承担责任:

(一)该房屋占用范围内的土地使用权依法提前收回的;

(二)该房屋因社会公共利益被依法征用的;

(三)该房屋因城市建设需要被依法列入房屋拆迁许可范围的;

(四)该房屋在租赁期间因不可抗力导致毁损、灭失的;

(五)甲方已告知乙方该房屋出租前已设定抵押并可能于租赁期限内被处分,现被处分的。

(六)_____。

8-2 甲、乙双方同意,有下列情形之一的,一方可书面通知另一方解除本合同。违反合同的一方,应向另一方按月租金的_____倍支付违约金;给另一方造成损失,支付的违约金不足抵付损失的,还应赔偿造成的损失与违约金的差额部分:

(一)甲方未按时交付该房屋,经乙方催告后_____日内仍未交付的;

(二)甲方交付的该房屋不符合本合同的约定,致使不能实现租赁目的的;或甲方交付的房屋存在缺陷、危及乙方安全的。

(三)乙方未征得甲方同意改变房屋居住用途,致使房屋损坏的;

（四）因乙方原因造成房屋主体结构损坏的；
（五）乙方擅自转租该房屋、转让该房屋承租权或与他人交换各自承租的房屋的；
（六）乙方擅自增加承租同住人，且人均承租建筑面积或使用面积低于规定标准的；
（七）乙方逾期不支付租金累计超过_____月的；
（八）_____。

第九条　违约责任

9-1　该房屋交付时存在缺陷，影响乙方正常使用的，甲方应自交付之日起的_____日内进行修复，逾期不修复的，甲方同意减少租金并变更有关租金条款。

9-2　因甲方未在该合同中告知乙方，该房屋出租前已抵押或产权转移已受到限制，造成乙方损失的，甲方应负责赔偿。

9-3　租赁期间，甲方不及时履行本合同约定的维修、养护责任，致使房屋损坏，造成乙方财产损失或人身伤害的，甲方应承担赔偿责任。

9-4　租赁期间，非本合同规定的情况甲方擅自解除本合同，提前收回该房屋的，甲方应按提前收回天数的租金的_____倍向乙方支付违约金。若支付的违约金不足抵付乙方损失的，甲方还应负责赔偿。

9-5　乙方未征得甲方书面同意或者超出甲方书面同意的范围和要求装修房屋或者增设附属设施的，甲方可以要求乙方【恢复房屋原状】【赔偿损失】。

9-6　租赁期间，非本合同规定的情况，乙方中途擅自退租的，乙方应按提前退租天数的租金的_____倍向甲方支付违约金。若违约金不足抵付甲方损失的，乙方还应负责赔偿。甲方可从租赁保证金中抵扣。保证金不足抵扣的，不足部分则由乙方另行支付。

第十条　解决争议的方式

10-1　本合同属中华人民共和国法律、法规管辖。

10-2　甲、乙双方在履行本合同过程中若发生争议，应协商解决；协商解决不成的，双方同意选择下列第_____种方式解决：
（一）提交上海仲裁委员会仲裁；
（二）依法向人民法院起诉。

第十一条　其他条款

11-1　租赁期间，甲方需抵押该房屋，应当书面告知乙方，并向乙方承诺该房屋抵押后当事人协议以折价、变卖方式处分该房屋前_____日书面征询乙方购买该房屋的意见。

11-2　本合同自双方【签字之日】【签字后第_____日】生效。双方约定，自合同生效之日起_____日内，按规定共同向房屋所在地街道、镇（乡）社区事务受理中心办理登记备案，领取房屋租赁合同登记备案证明。因甲方逾期未会同乙方办理登记备案影响乙方办理居住登记的，乙方可按规定单独办理租赁信息记载。

11-3　本合同经登记备案后，凡变更、终止本合同的，双方应按规定及时向原受理机构办理变更、终止登记备案手续。因甲方未会同乙方办理登记备案或变更、终止登记备案的,所引起的法律纠纷,由甲方承担一切责任。

11-4 本合同未尽事宜,经甲、乙双方协商一致,可订立补充条款。本合同补充条款为本合同不可分割的一部分,本合同及其补充条款内空格部分填写的文字与铅印文字具有同等效力。

11-5 甲、乙双方在签署本合同时,对各自的权利、义务、责任清楚明白,并愿按合同规定严格执行。如一方违反本合同,另一方有权按本合同规定追究违约责任。

11-6 甲方联系地址:＿＿＿＿＿＿＿＿＿＿,邮编:＿＿＿＿＿;乙方联系地址:＿＿＿＿＿＿＿＿＿,邮编:＿＿＿＿＿。甲、乙双方向前述对方联系地址以挂号信方式邮寄法律文书的,即视为法律文书已经通知并送达对方。

11-7 本合同连同附件一式＿＿＿＿份。其中:甲、乙双方各持一份,＿＿＿＿【区】【县】房地产交易中心或农场局受理处一份(办理登记备案或信息记载后,由社区事务受理中心转交),以及＿＿＿＿＿＿＿＿＿＿＿＿＿＿＿＿＿＿＿＿＿各一份,均具有同等效力。

补 充 条 款

(粘贴处)	(骑缝章加盖处)
甲方(名称):	乙方(名称或名字):
甲方【本人】【法定代表人】签署:	乙方【本人】【法定代表人】签署:
【委托】【法定】代理人签署:	【委托】【法定】代理人签署:
甲方盖章:	乙方盖章:
日期:＿＿年＿＿月＿＿日	日期:＿＿年＿＿月＿＿日
签于:	签于:

经纪机构名称:
经纪人姓名:
经纪人执业证书号:

三、房地产抵押合同

由于房地产抵押涉及的财产数额较大,法律关系复杂,而且要为债权担保,因此必须签订合同,表现抵押权人和抵押人之间的意思,按照法律规定,抵押合同应以书面形式订立。

1. 房地产抵押合同的特征

(1) 房地产抵押合同是从合同

房地产抵押合同的权利是以债务合同(贷款合同)即主合同的成立为条件的,它是为履行主合同而设立的担保,从属于主合同。因此,抵押合同随主合同的成立生效而生效,随主合同的灭失而灭失,而且当主合同无效时,抵押合同必然无效。

(2) 房地产抵押合同所设立的抵押权与其担保的债权同时存在。

由于房地产抵押合同是从合同,因此主合同的债务履行未完毕,以作担保的房地产抵押继续有效,直至主合同的债务履行完毕。

(3) 房地产抵押合同所设立的抵押权是一种他物权,可以转让,但其转让时连同主合同债务一同转让。

(4) 房地产抵押合同生效后,抵押权人对抵押物不享有占有、使用、受益权。

(5) 房地产抵押合同生效后,对抵押物具有限制性。

房地产抵押合同一旦生效,抵押人便不得随意处分抵押物,如要转让已设定抵押的房地产,必须以书面形式通知抵押权人,并将抵押情况告知房地产受让人,否则转让行为无效。

(6) 抵押权人处分抵押物须按法律规定的程序进行

虽然,一般房地产抵押合同对于如何处分抵押物都有了约定,无约定的也有法定的处分方式,但是按照规定,一旦合同约定的或法律规定的抵押权人有权处分抵押物的情形出现,抵押权人也应在处分抵押物前书面通知抵押人,抵押物为共同或者已出租的房地产还应当同时书面通知共有人或承租人。

处分抵押物可选择拍卖、变卖或者折价方式处分。处分抵押物时,按份共有的其他共有人,抵押前已承租的承租人有优先购买权。

一宗抵押物上存在两个以上抵押权的,债务履行期届满尚未受清偿的抵押权人行使抵押权时,应当通知其他抵押权人,并应当与所有先顺位抵押权人就该抵押权及其担保债权的处理进行协商。

2. 房地产抵押合同的内容

房地产抵押合同应当载明下列主要内容:

(1) 抵押人、抵押权人的名称或者个人姓名、住所。

(2) 主债权的种类、数额。

(3) 抵押房地产的处所、名称、状况、建筑面积、用地面积以及四至等。

(4) 抵押房地产的价值。

(5) 抵押房地产的占用管理人、占用管理方式、占用管理责任以及意外损毁、灭失的责任。

(6) 债务人履行债务的期限。

(7) 抵押权灭失的条件。

(8) 违约责任。

(9) 争议解决方式。

(10) 抵押合同订立的时间与地点。

(11) 双方约定的其他事项。

以在建工程抵押的,抵押合同还应当载明以下内容:

(1)《国有土地使用权证》、《建设用地规划许可证》和《建设工程规划许可证》编号。

(2) 已交纳的土地使用权出让金或需交纳的相当于土地使用权出让金的款额。

(3) 已投入在建工程的工程款。

(4) 施工进度及工程竣工日期。

(5) 已完成的工作量和工程量。

抵押权人要求抵押房地产保险的,以及要求在房地产抵押后限制抵押人出租、转让抵押房地产或者改变抵押房地产用途的,抵押当事人应当在抵押合同中载明。

在实际操作中,抵押合同的订立应着重把握抵押物的部位、面积、抵押物的价值及担保债务的数额,以及抵押权人有权处分抵押物的前提条件和处分方式等。

如以已出租的房地产设定抵押的,应将已出租情况明示抵押权人。原租赁合同继续有效,如果有营业期限的,企业以其所有的房地产设定抵押,其抵押期限不得超过企业的营业期限,而抵押房地产有土地使用年限的,抵押期限不得超过土地使用年限。

当已设立抵押权的房地产再次抵押时,应将第一次抵押的情况告知第二抵押权人,处分抵押物时,应以登记顺序为优先受偿的顺序。

以上种种情况,在签订抵押合同时都应一一明确约定。

3. 房地产抵押合同的成立

根据担保法规定,房地产抵押合同签订后,应当向房地产登记机关办理抵押登记,抵押合同自登记之日起生效,而不是自抵押合同签订之日起生效。

抵押人和抵押权人协商一致,可以变更抵押合同。抵押双方应当签订书面的抵押变更合同。一宗抵押物存在两个以上抵押权人的,需要变更抵押合同的抵押权人,必须征得所有后顺位抵押权人的同意。

抵押合同发生变更的,应当依法变更抵押登记,抵押变更合同自变更抵押登记之日起生效。

第四节 房地产网上交易

随着电子信息技术不断深入地应用于房地产业,房地产交易网上活动日益频繁化。近年来,从规范房地产交易行为的角度出发,有条件的城市已纷纷开始实行房地产交易的网上签约与合同备案制度。依托信息化网络技术建立起来的存量房买卖网上管理制度,通过构建统一的存量房买卖网上管理系统操作平台,对接房产登记机构的房屋权属管理业务信息系统,实现覆盖整个管理区域国有土地范围内的存量房买卖市场网络化管理(包括出售房源市场准入、经纪机构和经纪人市场准入、居间代理委托协议和买卖契约规范化签约及备案、经纪机构和经纪人信用档案记录等)和系统化服务(包括出售或承购信息登记发布、相关信息发布查询、存量房买卖居间代理等)等制定目标。实践表明,建立健全存量房买卖网上管理制度,对于贯彻落实房地产市场调控政策,规范存量房买卖和房地产经纪行为,维护存量房买卖双方和房地产经纪机构的合法权益,建立公开、公平、公正和安全、透明的存量房买卖市场秩序,增强房产行政主管部门对存量房买卖和房地产经纪活动微观及宏观层面的实时监控能力,推进房地产市场信息系统建设,营造主体诚信、行为规范、监管有力、市场有序的房地产市场环境,促进存量房买卖市场和房地产经纪行业的健康发展均具有积极而深远的推动作用。

一、网上挂牌

房地产网上信息的获取随着专业房地产网站的成长和壮大,已为广大消费者所接受,其信息量和交易配对的成功率均已达到较高的程度。房地产交易挂牌申请人可以选择自行寻找交易对象,也可以委托网上房地产经纪机构撮合交易。经纪机构名录可以登录"存量房买卖网上管理系统"查询。

自行寻找交易对象的,申请人确定联系人和联系方式后,信息即时可以上网挂牌。

委托经纪撮合交易的,申请人与经纪机构签署经纪合同,经纪机构将经纪合同在受理处(点)备案后,信息上网挂牌。

(1) 存量房网上挂牌申请

房地产买卖、租赁和公有住房差价交换交易信息上网挂牌的,房地产权利人应当本人到网上房地产交易服务受理处(受理点)提出申请,并提交下列文件。

申请挂牌买卖：

① 身份证件（原件及复印件）。

② 房地产产权证、土地使用证书（原件及复印件）。

③ 正在出租的房屋出售，需提供承租人放弃优先购买权的证明。

申请挂牌出租：

① 身份证件（原件及复印件）。

② 房地产权证书（原件及复印件）或公有住房租赁凭证（原件及复印件）。

申请公有住房挂牌差价交换：

① 身份证件（原件及复印件）。

② 公有住房租赁凭证（原件及复印件）。

受理处和受理点的详细地址可登陆"网上房地产"网站查询。

（2）存量房委托他人上网挂牌

房地产权利人委托他人上网挂牌的，应当向受理处（受理点）提交房地产权利人的委托授权书（原件）和身份证明（原件及复印件）及代理人的身份证明（原件及复印件）。

委托书可以在"网上房地产"网站下载。

（3）如何网上委托经纪

权利人在申请网上挂牌时，应当先与经纪机构网上签订经纪服务委托协议，当需委托第三方处理委托事项时需征得受托方同意。权利人确定受托经纪机构并与该机构签订经纪服务委托协议后、经纪机构将此经纪服务委托协议提交网上备案后为委托方提供网上挂牌服务并办理网上挂牌手续，经居间当有意向客户时，买卖双方协商一致后由受托经纪机构提供网上签订房地产买卖合同服务。

二、网上签约

网上签约是指以电子格式文本为基础，由房地产交易当事人委托房地产经纪机构或政府自行成交签约窗口的工作人员登录存量房买卖网上签约系统，在线录入《房地产居间服务委托协议》、《存量房买卖合同》的相关条款内容，并联机将协议、合同打印，并在协议、合同上签字盖章的行为。

网上签约和以往买卖双方在房地产经纪公司签订售房合同的程序有很大不同，进行网上签约一般应遵循以下流程（以买卖合同为例）：

① 存量房买卖双方商定合同相关条款的内容。如价格、付款方式、违约责任等。

② 操作人员登录存量房网上签约系统从已挂牌公示的交易房屋中选取交易房

屋信息导入存量房买卖合同。

③ 在线填写买卖合同的有关内容,进行存量房买卖合同草签。

④ 打印草签合同,买卖双方确认合同内容。

⑤ 确认草签合同内容无误后,买卖双方自行设置合同密码,由操作人员打印合同正式文本。

⑥ 合同文本交由买卖双方签字或盖章。

三、合同备案

新建商品房、存量房买卖实行购房合同备案制度,对房地产开发商及房产销售方进行有效地交易监控,不仅能够促使开发商加快建房,按规定办理产权证,还能提高房地产交易信息透明度,从源头上杜绝房地产开发企业捂盘惜售、一房多卖、合同欺诈等现象的发生,真正保护购房者的合法权益,使购房者放心买房。另外,有利于政府部门增强对市场的及时分析和监控能力,数据管理做到及时、科学和规范。管理部门通过自动查询、分析,提高对项目开发、销售情况的掌控能力,为制定相关政策、加强宏观调控提供科学的数据依据。

为了规范房地产买卖和房地产经纪行为,维护买卖双方和房地产经纪机构的合法权益,建立公平、公正、安全、透明的存量房买卖秩序,促进房地产市场和房地产经纪行业的健康发展,建立健全房地产市场信息系统和预警预报体系,是当前各级政府都十分关注和重视的民生与制度建设问题。如:存量房买卖合同实行网上备案制度。①可以规范房地产三级市场交易行为。存量房买卖网上管理系统可确保出售信息合法性、准确性和唯一性,避免信息的重复性,抵制并杜绝一房多售、单方毁约等现象,有效地遏制不合法、不守规经纪机构进入市场,保护买卖双方当事人的合法权益。②可增强存量房信息透明度。买卖双方可以随时上网了解可售存量房房源详细信息和相关房地产经纪机构基本信息,包括每套可售存量房的坐落位置、用途、形态、面积、套型、价格、建成时间和房地产抵押等情况,解决信息不公开、不对称等问题。③便于查询、统计。提升信息采集、提炼、分析和运用的质量,为服务群众和城防体系建设提供便利的信息保障,同时,平台操作的严密与高效性为服务对象和经纪机构、买卖双方创建了和谐的交易环境。

附4-5:苏州市市区存量房买卖网上管理办法

苏州市市区存量房买卖网上管理办法(暂行)

第一条 为了规范市区存量房买卖和房地产经纪行为,维护存量房买卖双方和房地产经纪机构的合法权益,建立公平、公正、安全、透明的存量房买卖秩序,促进存量房买卖市场和房地产经纪行业的健康发展,建立健全房地产市场信息系统和预警预报体系,根据《关于进一步整顿规范房地产交易秩序的通知》(建住房〔2006〕166号)、《关于加强房地产经纪管理、规范交易结算资金账户管理有关问题的通知》(建住房〔2006〕321号)、《关于开展房地产市场秩序专项整治的通知》(建稽〔2007〕87号)、《关于批转进一步整顿规范房地产交易秩序若干规定的通知》(苏府〔2006〕152号)等有关规定,制定本办法。

第二条 本市市区国有土地范围内存量房买卖和存量房买卖居间代理经纪活动,适用本办法。

第三条 市房产管理局负责市区存量房买卖网上管理的组织协调和监督管理工作。

市房地产市场管理处负责市区存量房买卖网上管理操作系统(以下简称操作系统)的建设、维护和平江区、沧浪区、金阊区存量房买卖网上管理的具体实施工作。

工业园区国土房产局和高新区、吴中区、相城区房产管理局负责各自辖区内存量房买卖网上管理的具体实施工作。

第四条 房地产经纪机构(以下简称经纪机构)从事存量房买卖居间代理经纪业务的,应当持经纪机构及其房地产执业经纪人(以下简称执业经纪人)入网登记表、经纪机构及其下属分支机构备案证、营业执照、收费等级证、税务登记证、组织机构代码证等材料,向市房地产市场管理处申请办理操作系统用户入网认证手续。

第五条 市房地产市场管理处应当及时受理经纪机构用户入网认证申请,有计划地组织开展执业经纪人网上管理业务培训。符合入网条件的经纪机构,市房地产市场管理处应当及时发放执业经纪人专用加密钥匙,并通过操作系统上网公示该经纪机构及其分支机构、执业经纪人的基本信息和信用档案。

第六条 通过市房地产市场管理处入网认证的经纪机构或执业经纪人认证信息发生变化的,应当立即申请办理用户信息认证变更手续。

第七条 办理承购或出售信息挂牌登记手续时,承购方或出售方应当出示身份(资格)证明。其中,办理出售信息挂牌登记的,出售方应当同时提供出售房屋所有权证和国有土地使用证、出售房屋相关权利人同意出售信息网上挂牌的文书。

承购方或出售方委托第三方代理承购、出售事宜的,委托代理人还应同时提交承购方或出售方出具的授权委托书。

第八条 入网经纪机构受理出售或承购信息挂牌登记事宜时,应当认真查验本办法第七条所列要件,不符合出售或承购条件的,不得接受挂牌登记。经纪机构查验无误后,属于承购信息挂牌登记的,当即通过操作系统录入承购方基本信息和详细承购信息;属于出售信息挂牌登记的,当即通过操作系统录入出售方基本信息和出售房屋基础信息,并上传至房屋所在地的房地产市场管理机构(以下简称管理机构)。

第九条 管理机构应当在2日内完成出售房屋权属状况的审核,同时将审核意见

和审核无误后录入的出售房屋权属登记信息通过操作系统下传至相应经纪机构。

第十条 出售房屋权属状况审核通过以后,经纪机构应当立即通过操作系统录入详细出售信息。

承购信息详细录入或出售房屋权属状况审核通过以后2日内,承购方或出售方应当通过登记挂牌受理经纪机构在线校对、修改录入信息,确认无误后在登记挂牌受理经纪机构打印的存量房承购或出售信息挂牌登记表上签章,然后由登记挂牌受理经纪机构通过操作系统上传备案,最后由管理机构即时上网公布登记挂牌信息。

第十一条 经纪机构在其经营场所或通过其他媒体自行发布存量房出售信息的,应当在该存量房出售信息经过网上公布以后方可进行。

第十二条 承购或出售信息网上公布有效期为90天,逾期仍未成交的,管理机构将即时撤下网上公布的挂牌信息。

有效期内,除公布的挂牌价格应当按承购方及其居间代理委托经纪机构或出售方及其居间代理委托经纪机构意愿,由登记挂牌备案经纪机构或辖区管理机构通过操作系统在存量房承购或出售信息挂牌登记表挂牌价格区间内进行调整以外,其他公布的内容均不得变更。

有效期内,承购方或出售方确需提前撤销挂牌信息、且未与任何经纪机构网上签订存量房承购或出售居间代理委托协议的,提前撤销挂牌方需持本方身份(资格)证明、存量房承购或出售信息挂牌登记表到登记挂牌备案经纪机构或辖区管理机构通过操作系统办理提前撤销挂牌手续。

第十三条 存量房出售方或承购方可以自行寻找买卖对象,也可委托入网经纪机构提供居间代理经纪服务。

委托居间代理经纪服务,可以委托独家,也可委托多家。委托独家的,委托方在委托期限内,不得再行委托其他经纪机构;委托多家的,委托方在委托期限内,可以委托3家以内(含3家)经纪机构。

第十四条 经纪机构接受存量房出售或承购居间代理委托事项前,应当认真查验委托方身份(资格)证明和出售房屋房地产权属证明,核实出售房屋的权属状况和自然状况。不符合出售或承购条件的,经纪机构不得接受存量房出售或承购居间代理委托服务事项;符合出售或承购条件的,经纪机构应当通过操作系统与出售方或承购方网上签订存量房出售或承购居间代理委托协议,并在委托协议中明确约定居间代理经纪服务委托形式。

第十五条 出售方或承购方与经纪机构就存量房出售或承购居间代理委托事宜达成意向后,应当通过受托经纪机构网上签订存量房出售或承购委托协议,然后由协议双方在线校对、协商修改协议内容,确认无误后分别在存量房出售或承购居间代理委托协议打印文本上签章。

存量房出售或承购居间代理委托协议打印以后,受托经纪机构应当在2日内负责将委托协议电子文本通过操作系统及时上传备案。

委托协议打印文本签章页上应当加盖负责执行该项居间代理业务的执业经纪人注册专用章。

第十六条 存量房出售或承购居间代理委托协议网上备案后,协议内容不得变更。

协议双方确需解除委托协议的,应当协商签订书面解除协议,原委托协议自书面解除协议生效之日起即行废止,受托经纪机构应当即时通过操作系统办理备案协议撤销手续。

第十七条 存量房出售居间代理受托经纪机构按照委托协议促成买卖意向后,应当为买卖双方免费提供网上签订存量房买卖契约的服务。

自行成交的存量房买卖双方,应当由出售房屋所在地的管理机构负责提供存量房出售或承购信息网上登记挂牌和存量房买卖契约网上签约服务。

第十八条 出售方与承购方就存量房买卖事宜达成意向后,应当通过操作系统网上签订存量房买卖契约,然后由买卖双方根据打印的契约草稿或在线校对、修改契约内容,确认无误后分别由买卖双方在线输入各自的契约密码,最后由契约各方当事人在打印的契约正式文本上签章。

存量房买卖契约正式打印以后,网上签约受理机构应当在2日内通过操作系统将契约电子文本及时上传备案。

第十九条 存量房买卖契约网上备案后,契约内容不得变更。

依法裁定契约无效或契约约定可以解除契约的、买卖双方协商一致同意解除契约的,由有权解除契约的一方或买卖双方,会同居间代理委托经纪机构执业经纪人,持生效法律文书、撤销备案契约书面申请、解除契约协议书、身份(资格)证明、原契约和居间代理委托协议打印文本等,通过出售房屋所在地的管理机构在线输入各自密码,方可办理备案契约撤销手续。管理机构通过操作系统撤销备案契约以后,原契约即行废止。

第二十条 入网经纪机构应当如实提供存量房出售或承购信息挂牌登记、出售或承购居间代理委托协议、买卖契约的上传备案信息,严格遵守存量房买卖网上管理的各项操作规程。对违反本办法和各项操作规程的经纪机构,管理机构应当及时责令其进行整改、整改期间内冻结其网上操作资格,并将不良行为记入该经纪机构和执业经纪人的信用档案、进行公示曝光,直至取消其入网资格。

第二十一条 市房地产市场管理处应当通过苏州市区存量房买卖网上管理系统(http://clf.szfcweb.com)及时公示入网经纪机构及其执业经纪人基本信息(包括诚信记录)、存量房出售(承购)基本信息、存量房出售(承购)居间代理委托协议和存量房买卖契约示范文本、存量房买卖每日成交信息,并为当事人提供存量房出售(承购)挂牌登记表、存量房出售(承购)居间代理委托协议和存量房买卖契约等备案文档的在线查询服务。

第二十二条 本办法自2007年12月1日起施行。

第五节　房地产交易中其他法律文件及其识别

一、《建设用地规划许可证》

在城市规划区内进行建设需要申请用地的，必须持国家批准建设项目的有关文件，向城市规划行政主管部门申请定点，由城市规划行政主管部门核定其用地位置和界限，提供规划设计条件，核发建设用地规划许可证。建设用地规划许可证是建设单位在向土地管理部门申请征用、划拨土地前，经城市规划行政主管部门确认建设项目位置和范围符合城市规划的法定凭证。

建设单位或者个人在取得建设用地规划许可证后，方可向县级以上地方人民政府土地管理部门申请用地，经县级以上地方人民政府审查批准后，由土地管理部门根据土地管理的有关规定供应土地。

核发建设用地规划许可证的目的在于确保土地利用符合城市规划，维护建设单位按照城市规划使用土地的合法权益，为土地管理部门在城市规划区内行使权属管理职能提供必要的法律依据。土地管理部门在办理征用、划拨建设用地的过程中，若确需改变建设用地规划许可证核定的用地位置和界限，必须与城市规划行政主管部门商议并取得一致意见。保证修改后的用地位置和范围符合城市规划要求。

在城市规划区内，未取得建设用地规划许可证而取得建设用地批准文件、占用土地的，批准文件无效，占用的土地由县级以上人民政府责令退回。

二、《建设工程规划许可证》

建设工程规划许可证是有关建设工程符合城市规划要求的法律凭证。在城市规划区内新建、扩建和改建建筑物、构筑物、道路、管线和其他工程设施，必须持有关批准文件向城市规划行政主管部门提出申请，由城市规划行政主管部门根据城市规划提出的规划设计要求，核发建设工程规划许可证。在核发建设工程规划许可证前，城市规划行政主管部门应对建设工程施工图进行审查。建设单位或者个人在取得建设工程规划许可证件和其他有关批准文件后，方可申请办理开工手续。

在城市规划区内，未取得建设工程规划许可证件或者违反建设工程规划许可证件的规定进行建设，严重影响城市规划的，由县级以上地方人民政府城市规划行政主管部门责令停止建设,限期拆除或者没收违法建筑物、构筑物或者其他设施;影响城市规划,尚可采取改正措施的,由县级以上地方人民政府城市规划行政主管部门责令限期改正,并处罚款。对未取得建设工程规划许可证件或者违反建设工程规划许可证件的规定进行建设的单位的有关责任人员,可以由其所在单位或者上级主管机关给予行政处分。

三、《施工许可证》

凡是从事各类房屋建筑及其附属设施的建造、装修装饰和与其配套的线路、管道、设备的安装,以及城镇市政基础设施工程的施工,建设单位在开工前应当向工程所在地的县级以上人民政府建设行政主管部门(以下简称发证机关)申请领取施工许可证。

工程投资额在30万元以下或者建筑面积在300平方米以下的建筑工程,可以不申请办理施工许可证。省、自治区、直辖市人民政府建设行政主管部门可以根据当地的实际情况,对限额进行调整,并报国务院建设行政主管部门备案。

按照国务院规定的权限和程序批准开工报告的建筑工程,不再领取施工许可证。必须申请领取施工许可证的建筑工程未取得施工许可证的,一律不得开工。任何单位和个人不得将应该申请领取施工许可证的工程项目分解为若干限额以下的工程项目,规避申请领取施工许可证。

建设单位申请领取施工许可证,应当具备下列条件,并提交相应的证明文件:①已经办理该建筑工程用地批准手续。②在城市规划区的建筑工程,已经取得建设工程规划许可证。③施工场地已经基本具备施工条件,需要拆迁的,其拆迁进度符合施工要求。④已经确定施工企业。按照规定应该招标的工程没有招标,应该公开招标的工程没有公开招标,或者肢解发包工程,以及将工程发包给不具备相应资质条件的,所确定的施工企业无效。⑤满足施工需要的施工图纸及技术资料,施工图设计文件已按规定进行了审查。⑥有保证工程质量和安全的具体措施。施工企业编制的施工组织设计中有根据建筑工程特点制定的相应质量、安全技术措施,专业性较强的工程项目编制的专项质量、安全施工组织设计,并按照规定办理了工程质量、安全监督手续。⑦按照规定应该委托监理的工程已委托监理。⑧建设资金已落实。建设工期不足一年的,到位资金原则上不得少于工程合同价的50%,建设工期超过一年的,到位资金原则上不少于工程合同价的30%。建设单位应当提供银行出具的到位资金证明,有条件的可以实行银行付款保函或者其他第三方担保。⑨法律、行政法规规定的其他条件。

四、《商品房预售许可证》

《城市房地产管理法》规定"商品房预售实行预售许可证制度",房地产开发企业取得《商品房预售许可证》方能预售商品房。

房地产开发企业申请办理《商品房预售许可证》应当向市、县人民政府房地产管理部门提交下列证件及资料:①缴纳了土地出让金,以获得土地使用权证书。②已取得建设工程规划许可证和施工许可证。③有明确的竣工日期,且投入资金达到工程建设总投资25%以上的证明。④开发企业的《营业执照》和资质等级证书。⑤工程施工合同。⑥商品房预售方案。预售方案应当说明商品房的位置、装修标准、竣工交付日期、预售总面积、交付使用后的物业管理等内容,并应当附商品房预售总平面图、分层平面图。⑦其他有关资料。

五、《住宅质量保证书》和《住宅使用说明书》

1998年5月,为了保障住房消费者的权益,加强商品住宅售后服务管理,促进住房销售,建设部印发《商品住宅实行住宅质量保证书和住宅使用说明书制度的规定》(以下简称《规定》),《规定》要求房地产开发企业在向用户交付销售的新建商品住宅时必须提供《住宅质量保证书》和《住宅使用说明书》,以明确责任,确保商品住宅质量。

1. 《住宅质量保证书》

《住宅质量保证书》是房地产开发企业对销售的商品住房承担质量责任的法律文件,房地产开发企业应当按《住宅质量保证书》的约定,承担保修责任。商品住房售出后,委托物业管理公司等单位维修的,应在《住宅质量保证书》中明示所委托的单位。

《住宅质量保证书》主要包括以下方面的内容,包括对结构、部件、设施、配套和维修五个方面的质量保证。

(1) 工程质量监督部门核验的质量等级

(2) 地基基础和主体结构在合理使用寿命年限内承担保修

(3) 正常使用情况下各部位、部件保修内容与保修期:屋面防水,以及有防水要求的墙面、厨房和卫生间地面、地下室、管道渗漏,5年;墙面、顶棚抹灰层脱落,1年;地面空鼓开裂、大面积起砂,1年;门窗翘裂、五金件损坏,1年;管道堵塞,2个月;供热、供冷系统和设备,1个采暖期或供冷期;卫生洁具,1年;灯具、电器,6个月;其他部位、部件的保修期限,由房地产开发企业与用户自行约定。

(4) 用户报修的单位,答复和处理的时限

住房保修期从开发企业将竣工验收的住房交付用户使用之日起计算,保修期限不应低于上述规定的最低期限。国家对住房工程质量保修期另有规定的,保修期限按照国家规定执行。在保修期限内发生的属于保修范围的质量问题,开发企业应当履行保修义务,并对造成的损失承担赔偿责任。

房地产开发企业向用户交付商品住房时,应当有交付验收手续,并由用户对住房设备、设施的正常运行签字认可。用户验收后自行添置、改动的设施、设备,由用户自行承担维修责任。

2. 《住宅使用说明书》

《住宅使用说明书》是对住房的结构、性能和各部位(部件)的类型、性能、标准等做出说明,并提出使用注意事项,主要包括以下五个方面的内容。

(1) 名称及坐落位置

(2) 开发单位、设计单位、施工单位,委托监理的应注明监理单位名称

(3) 层数和结构类型

层数包括总层数和单位住宅所在层数;结构类型主要是指建筑结构类型。

(4) 承重结构和屋顶

承重结构包括:基础、墙体、梁、柱;屋顶包括:非上人屋顶、可供上人活动的屋顶。

(5) 设施、设备及装饰、装修等注意事项

包括:上水、下水、电、燃气、热力、通风、消防、通讯、楼宇安全对讲系统、楼道照明、装修装饰等设施配置(即七通一平)的说明;有关设备、设施安装预留位置的说明和安装注意事项;门、窗类型,使用注意事项;配电负荷;承重墙、保温墙、防水层、阳台等部位注意事项的说明;其他需说明的问题。

(6) 住宅建筑体内隐蔽工程图

另外,住宅建筑物中配置的设备、设施,生产厂家另有使用说明书的,应附于《住宅使用说明书》中。

《住宅使用说明书》的作用:住宅使用人按照《住宅使用说明书》的要求使用住宅,保障使用人居住生活的使用安全,并使住宅安全的运行、最大限度地延长住宅使用寿命。

复习思考题

1. 什么是房地产市场？房地产市场有哪些基本特征？
2. 房地产市场与普通商品市场的差异性表现在哪些方面？
3. 何谓区位？区位的特征表现在哪些方面？影响区位的因素有哪些？
4. 什么是房地产区位？影响房地产区位的因素主要有哪些？
5. 房地产市场体系由哪些子系统组成？房地产经纪人属于哪个子系统？
6. 我国房地产市场结构依据什么而划分？有什么特点？
7. 什么是房地产交易？我国《城市房地产管理法》对房地产交易类型是如何界定的？
8. 什么是房地产转让？房地产转让分为几种类型？简述房地产转让的条件和流程。
9. 什么是房屋租赁？简述房屋出租和转租的一般程序。
10. 什么是房地产抵押？房地产抵押有哪些类型？简述房地产抵押的一般程序。
11. 签订商品房买卖合同的注意事项有哪些方面？
12. 签订存量房买卖合同的注意事项有哪些方面？
13. 签订房屋租赁合同的注意事项有哪些方面？
14. 什么是房地产抵押合同？简述房地产抵押合同的特征。
15. 如何进行房地产网上交易？网上挂牌、网上签约应注意哪些问题？
16. 什么是房地产交易中的"四证两书"？简述其主要内容。

第五章 房地产交易价格

学习要求

- 掌握：房地产价格形成的条件、特征、影响因素。
- 熟悉：房地产价格的种类。
- 了解：房地产估价的基本方法和类型。

第一节 房地产价格的概念及特征

一、房地产价格的概念

房地产价格是和平地获得他人的房地产所必须付出的代价——货币额、商品或其他有价物。在现今社会，房地产价格通常用货币来表示，惯例上也是用货币形式来偿付，但也可以用实物、劳务等其他形式来偿付，例如，以房地产作价入股换取设备、技术等。房地产价格的形成基于三个条件：有用性、稀缺性、有效需求。

1. 有用性

有用性是指能满足人们的某种需要，经济学上称为使用价值或效用。房地产如果没有用，人们就不会产生占有房地产的要求或欲望，更谈不上花钱去购买，从而也就不会有价格。

2. 稀缺性

稀缺性，是指现存的数量尚不够满足每个人的需要，是相对稀缺，而不是绝对缺乏。一种物品仅有用还不能使其有价格，比如空气，尽管对人类至关重要，但它的数量丰富,一般情况下都能自由取用,所以不会有价格。因此,房地产要有价格还必须具有稀缺性,只有有用并稀缺,人们才肯付出金钱等代价去占有或使用它。

3. 有效需求

有效需求是指有支付能力支持的需要。需要不等于需求,需要只是一种要求或欲望,需求是指有购买能力支持的需要——不但愿意购买而且有支付能力。房地产价格要成为现实——不是有价无市,还必须对房地产形成有效需求,即:既有购买欲望(想买),又有购买能力(有钱买)。

二、房地产价格的特征

1. 价格的一般特征

房地产价格与一般物品的价格,既有相同之处,也有不同的地方。相同之处是:①都有价格,用货币表示;②都有波动,受供求等因素的影响;③都是按质论价,优质高价,劣质低价;④都与交易的个别条件有关。房地产价格与一般物品价格的不同之处,表现为房地产价格的特征。

2. 房地产价格的主要特征

房地产价格主要有下列 5 个特征:房地产价格受区位的影响很大;房地产价格实质是房地产权益的价格;房地产价格既有交换代价的价格,也有使用代价的租金;房地产价格是在长期考虑下形成的;房地产价格通常是个别形成,容易受交易者个别因素的影响。

(1) 房地产价格受区位的影响很大

房地产具有不可移动性,其价格与区位密切相关。区位是指地球上某一事物与其他事物在空间方位和距离上的关系。就具体一宗房地产而言,其区位是指该宗房地产与其他房地产或事物在空间方位和距离上的关系,除了其地理坐标位置(通常用经纬度表示),还包括它与重要场所(如市中心、机场港口、车站、政府机关、同行业等)的距离,从其他地方到达该宗房地产的可及性,从该宗房地产去往其他地方的便捷性,该宗房地产的周围环境、景观等。其中,最简单和最常见的是用距离来衡量区位的好坏。距离有空间直线距离、交通路线距离和交通时间距离。现在,人们越来越重视交通时间距离而不是空间直线距离。

(2) 房地产价格实质是房地产权益的价格

房地产由于不可移动,在交易中其可以转移的,不是物质实体,而是所有权、使用权或其他权益。物质实体状况相同的房地产,权益状况可能千差万别,甚至物质实体状况好的,由于权益过小,如土地使用年限很短或产权有争议,价格较低;相反,物质实体状况差的,由于权益较大,如产权清晰、完全,价格可能较高。所以,从这种意义上讲,房地产价格是房地产权益的价格。

(3) 房地产价格既有交换代价的价格,也有使用代价的租金

房地产由于价值大、寿命长久,出现了买卖和租赁两种方式并存,有些类型的房地产,如公寓、写字楼、旅馆,租赁甚至是主流。所以,房地产同时有两个价格:一是其本身有一个价格,经济学上称为源泉价格,即这里的交换代价的价格(简称价格);另一个是使用它一定时间的价格,经济学上称为服务价格,即这里的使用代价的租金(简称租金)。一般物品,如家具、衣服,主要是买卖价格,很少有租赁价格。人在现代社会,只有租赁价格——工资,没有买卖价格。房地产的价格与租金的关系,类似于资本的本金与利息的关系。

(4) 房地产价格是在长期考虑下形成的

房地产的价值大,人们对其交易一般是谨慎的。并由于房地产具有独一无二性,对影响其价格的质量、功能、产权、物业管理等方面的情况在短时间内不易了解。因此,房地产的交易价格很难在短期内达成。另外,一宗房地产通常与周围其他房地产构成某一特定地区,而该地区并非固定不变,尤其是社会经济位置经常在变化,所以,房地产价格也是在考虑该房地产过去如何使用,预计将来可以做何种使用,总结这些考虑结果后才形成房地产现在的价格。

(5) 房地产价格通常是个别形成,容易受交易者个别因素的影响

一般物品由于品质相同,可以开展样品交易、品名交易,同时存在众多的买者和卖者,其价格形成通常较客观,难以受交易者个别因素的左右。房地产由于不能搬到一处作比较,具有独一无二性,要认识房地产,只有亲自到实地查勘,而且由于房地产价值大,相似的房地产一般只有少数几个买者和卖者,有的房地产甚至只有一个买者和一个卖者,所以,房地产价格一般随交易的需要而个别形成,并容易受买卖双方个别因素(如付款方式、讨价还价能力、需要的急迫程度、偏好、感情冲动)的影响。

第二节 房地产价格的影响因素

房地产价格的高低,是由众多影响房地产价格的因素相互作用的结果,或者说,是这些因素交互影响汇聚而成的。而且,影响房地产价格的因素极其复杂、难以把握。

一方面,各种影响房地产价格的因素对房地产价格的影响方向是不尽相同的:有的因素降低房地产的价格,有的因素则提高房地产的价格。有些影响房地产价格

的因素对房地产价格的影响较大(即引起的房地产价格的升降幅度较大);有的因素则影响较小。但是,随着时间的不同,地区的不同,或者房地产的类型不同,那些影响较大的因素也许会变成影响较小的因素,甚至没有影响;相反,那些影响较小的因素有可能成为主要的影响因素。

另一方面,各种影响房地产价格的因素与房地产价格之间的影响关系是不尽相同的:有的因素对房地产价格的影响是直线性的,即随着这种因素的变化而提高或降低房地产的价格;有的因素在某一状况下随着这种因素的变化而提高或降低房地产的价格,但在另一状况下却随着这种因素的变化而降低或提高房地产的价格;有的因素从某一角度看会提高房地产的价格,但从另一角度看会降低房地产的价格,其对房地产价格的最终影响如何,是由这两方面的合力决定的。

影响房地产价格的因素多而复杂,需要进行归纳分类。为讨论分析的方便起见,现将影响房地产价格的因素分为下列8类:自身因素;环境因素;人口因素;经济因素;社会因素;政策因素;心理因素;国际因素。各类影响因素中还包含若干种具体的影响因素。

1. 房地产的自身因素

房地产的自身因素是指那些反映房地产本身的物质实体、权益和区位状况的因素。房地产自身状况的好坏,直接关系到其价格的高低。例如,建筑物的新旧、质量、功能、平面布置、外观形象等因素,对房地产的价格有很大影响。而日照、风向、降水量、地势、天然周期性灾害等因素,对房地产的价格也有很大影响。日照对房地产价格的影响可以从住宅的朝向对其价格的影响中看到。相同楼层、套型的住宅,朝东南与朝西北,价格就有较大差异。处在上风地区的房地产的价格,一般高于处在下风地区的房地产的价格。把降水量与地势结合起来看,对房地产价格的影响比较明显。房地产所处的地势虽然低洼,但如果降水量不大,则不易积水,从而地势对房地产价格的影响不大;反之,降水量大,地势对房地产价格的影响就大。凡是有天然周期性灾害的地带,如江、河、湖、海边周期性的水灾,土地利用价值低,甚至不能利用。如果勉强利用,一旦天灾袭来,人们的生命财产都无保障。因此,这类房地产的价格必然很低。但如果一旦修建了可靠的防洪设施,不再受周期性灾害的影响,其价格会逐渐上涨。甚至由于靠近江、河、湖、海的缘故,可以获得特别的条件,如风景、水路交通,从而这类房地产的价格要高于其他房地产的价格。

2. 环境因素

影响房地产价格的环境因素,是指那些对房地产价格有影响的房地产周围的物理性状因素。这方面的因素主要有声觉环境、大气环境、水文环境、视觉环境和卫生环境。例如,汽车、火车、飞机、工厂、人群(如周围是否有农贸市场)等,都可能形成噪声。对于住宅、旅馆、办公、学校、科研等类房地产来说,噪声大的地方,房地产价格较低;噪声小、安静的地方,房地产价格通常较高。再如,化工厂、屠宰厂、酱厂、酒厂、厕所等都可能造成空气污染,因此,凡接近这些地方的房地产价格较低。

3. 人口因素

房地产的需求主体是人,人的数量、素质、构成等状况,对房地产价格有很大影响。

房地产价格与人口数量的关系非常密切。就一国而言如此,一地区或一城市的情况来看也如此。特别是在城市,随着外来人口、流动人口的增加,对房地产的需求必然增加,从而引起房地产价格上涨。人们的文化教育水平、生活质量和文明程度,也可以引起房地产价格高低的变化,人类社会随着文明发达、文化进步,公共设施必然日益完善和普遍,同时对居住环境也必然力求宽敞舒适,凡此种种都足以增加对房地产的需求,从而导致房地产价格趋高。家庭人口规模发生变化,即使人口总数不变,也将引起居住单位数的变动,从而引起需用住宅数量的变动,随之导致房地产需求的变化而影响房地产价格。

4. 经济因素

影响房地产价格的经济因素,主要有经济发展状况,储蓄、消费、投资水平,财政收支及金融状况,物价(特别是建筑材料价格)、建筑人工费,居民收入。这些因素对房地产价格的影响都较复杂,例如物价,房地产价格是物价的一种,但与一般物价的特性不同。通常,物价的普遍波动,表明货币购买力的变动,即币值发生变动。此时物价变动,房地产价格也随之变动,如果其他条件不变,则物价变动的百分比相当于房地产价格变动的百分比,而两者的动向也应一致,表示房地产价格与一般物价之间的实质关系未变。不论一般物价总水平是否变动,其中某些物价的变动也可能会引起房地产价格的变动,如建筑材料价格、建筑人工费的上涨,会增加房地产的开发成本,从而可能推动房地产价格上涨。从一段较长时期来看,房地产价格的上涨率要高于一般物价的上涨率和国民收入的增长率。但在房地产价格中,土地价格、建筑物价格和房地价格,或者不同类型的房地产的价格,其变动幅度不是完全同步,甚至不是同方向的。

5. 社会因素

影响房地产价格的社会因素,主要有政治安定状况、社会治安程度、房地产投机和城市化等。

政治安定状况是指不同政治观点的党派、团体的冲突情况,现行政权的稳固程

度等。一般来说,政治不安定,意味着社会可能动荡,影响人们投资、置业的信心,会造成房地产价格低落。

社会治安程度是指偷窃、抢劫、强奸、绑架、杀人等方面的刑事犯罪情况。房地产所处的地区如果经常发生此类犯罪案件,则意味着人们的生命财产缺乏保障,因此会造成房地产价格低落。

房地产投机是利用房地产价格的涨落变化,通过在不同时期买进或卖出房地产,从价差中获取利润的行为。一般来说,房地产投机对房地产价格的影响可能出现下列三种情况:引起房地产价格上涨;引起房地产价格下跌;起着稳定房地产价格的作用。至于房地产投机具体会导致怎样的结果,要看当时的多种条件,包括投机者的素质和心理等。

一般来说,城市化意味着人口向城市地区集中,造成对城市房地产的需求不断增加,从而会带动城市房地产价格上涨。

6. 政策因素

影响房地产价格的政策因素,是指那些影响房地产价格的制度、政策、法律法规、行政措施等方面的因素,主要有:房地产制度、房地产价格政策、行政隶属变更、特殊政策、城市发展战略、城市规划、土地利用规划、税收政策、交通管制等。例如,在传统土地使用制度下,严禁买卖、出租或者以其他形式非法转让土地,可能使地租、地价根本不存在。对住房实行低租金、实物分配,必然造成住房的租金、价格低落。而改革土地使用制度和住房制度,推行住宅商品化、社会化,就使房地产价格显现出来,反映客观的市场供求状况。又如,直接或间接地对持有房地产课税,实际上是减少了利用房地产的收益,因而会造成房地产价格低落;相反,降低甚至取消对持有房地产课税,会导致房地产价格上升。

7. 心理因素

心理因素对房地产价格的影响有时是不可忽视的。影响房地产价格的心理因素主要有下列几个:(1)购买或出售心态;(2)个人欣赏趣味(偏好);(3)时尚风气;(4)接近名家住宅心理;(5)讲究风水或吉祥号码,如讲究门牌号码、楼层数字等。

8. 国际因素

现代社会国际交往频繁,某个国家或地区的政治、经济、文化等常常影响其他国家和地区。影响房地产价格的国际因素主要有世界经济状况、军事冲突状况、政治对立状况和国际竞争状况。例如,如果世界经济发展良好,一般有利于房地产价格上涨。如果国与国之间发生政治对立,则不免会出现经济封锁、冻结贷款、终止往来等,这些一般会导致房地产价格下跌。

表 5-1 影响商品住宅市场价格的一般因素

序号1	一级因素	序号2	二级因素	内容说明
1	自然因素	1.1	自然环境	空气和水源的质量、清洁度、噪音污染程度及自然景观
		1.2	自然稀缺因素	如：位置、景观等
		1.3	配套设施	为居民日常生活服务的医院、商业、公园等
		1.4	市政设施	交通运输、给排水、供电、邮电通讯等
2	社会因素	2.1	居住模式的态度	包括对容积率和建筑密度的选择
		2.2	人口趋势	我国城市化进程的加速、老龄化的趋势
		2.3	城市化	生活和生产方式的转变 对城乡结合部的影响最显著
		2.4	环境特点	有些喜欢商业氛围浓，有些喜欢安静
		2.5	建筑欣赏水平	欧式、园林式等
		2.6	文化传统及消费习惯	如：对一些地段房子的"故土"情感
3	经济因素	3.1	市场的完善程度与活跃程度	
		3.2	供求关系	成交量、成交价格、销售量、竣工量、投资额、开发量等
		3.3	金融市场	存贷利率
		3.4	宏观经济政策	
		3.5	物价、收入水平、就业率	人均可支配收入
4	政策因素	4.1	住房制度与政策	如：限购令、限价房等
		4.2	税收政策	
		4.3	金融政策	抵押贷款的限制、资本金准备的限制、货币政策
5	政治与行政因素	5.1	政治安定状况	政局和政权的稳定性
		5.2	社会治安状况	生命财产的保障性
		5.3	城市规划	城市道路交通布局、城市各项工程建设的综合部署等
		5.4	行政隶属关系的变更	如：行政建制的升级、城区界限的变更等
6	心理因素	6.1	消费偏好	自身的居住习惯、工作地点、文化等对住宅产生的心理感受
		6.2	心理预期	交易者对未来政局和经济前景的信心
7	其他因素	7.1	国际因素	如：战争
		7.2	其他特殊目的的买卖等	

第三节 房地产价格的种类

一、土地价格、建筑物价格和房地价格

1. 土地价格

土地价格简称地价,如果是一块无建筑物的空地,此价格即指该块土地的价格;如果是一块有建筑物的土地,此价格是指该宗房地产中土地部分的价格,不含建筑物的价格。

同一块土地,在交易中所定义的"生熟"程度可能与其实际"生熟"程度不同。土地的"生熟"程度主要有下列5种:(1)未征用补偿的农地。取得该土地后还需要支付征地补偿费。(2)已征用补偿但未做"三通一平"或以上开发的土地。(3)已做"三通一平"或以上开发的土地,如已做"七通一平"的土地。(4)在现有城区内有待拆迁建筑物的土地。取得该土地后还需要支付拆迁补偿安置费。(5)已做拆迁补偿安置的城市空地。有时根据土地的"生熟"程度,把土地粗略地分为生地、毛地、熟地三种,由此又有生地价格、毛地价格、熟地价格之说。

2. 建筑物价格

建筑物价格是指建筑物部分的价格,不含建筑物所占用的土地的价格。人们平常所说的房价,例如购买一套商品住房的价格,通常是含有该建筑物占用的土地的价格,与这里所说的建筑物价格的内涵不同。

3. 房地价格

房地价格又称房地混合价,是指建筑物连同其占用的土地的价格,它往往等同于人们平常所说的房价。

二、基准地价、标定地价和房屋重置价格

基准地价、标定地价和房屋重置价格是《中华人民共和国城市房地产管理法》提到的三种价格。该法第33条规定:"基准地价、标定地价和各类房屋的重置价格应当定期确定并公布。"

根据《城镇土地估价规程》(GB/T18508—2001),基准地价是指"在城镇规划区范围内,对现状利用条件下不同级别或不同均质地域的土地,按照商业、居住、工业等用途,分别评估确定的某一估价期日上法定最高年期土地使用权区域平均价格"。

根据《城镇土地估价规程》,标定地价是指"政府根据管理需要,评估的某一宗地在正常土地市场条件下于某一估价期日的土地使用权价格。它是该类土地在该区域的标准指导价格"。

房屋重置价格是指不同区域、不同用途、不同建筑结构、不同档次或等级的房屋,在某一基准日建造它所发生的必要支出及应当获得的利润。

三、总价格、单位价格和楼面地价

1. 总价格

总价格简称总价,是指某一宗或某一区域范围内的房地产整体的价格。它可能是一块面积为 500 m^2 的土地的价格,一套建筑面积为 200 m^2 的高档公寓的价格,或是一座建筑面积为 10 000 m^2 的商场的价格,也可能是一个城市的全部房地产的价格,或是一国全部房地产的价格。房地产的总价格一般不能反映房地产价格水平的高低。

2. 单位价格

单位价格简称单价,是指一个计量单位的价格,对于土地来说,具体是指单位土地面积的土地价格;对于建筑物来说,具体是指单位建筑物面积(如建筑面积、套内建筑面积、使用面积等)的建筑物价格;对于房地来说,具体是指单位建筑物面积的房地价格。房地产的单位价格一般可以反映房地产价格水平的高低。

3. 楼面地价

楼面地价又称单位建筑面积地价,是平均到每单位建筑面积上的土地价格。楼面地价与土地总价的关系为:

$$楼面地价 = 土地总价/总建筑面积$$

由此公式可以找到楼面地价、土地单价、容积率三者之间的关系,即:

$$楼面地价 = 土地单价/容积率$$

在现实生活中,楼面地价往往比土地单价更能反映土地价格水平的高低。例如,有甲、乙两块土地,甲土地的单价为 700 元/m^2,乙土地的单价为 510 元/m^2,如果甲、乙两块土地的其他条件完全相同,毫无疑问甲土地比乙土地贵(每平方米土地面积贵 190 元),此时明智的买者会购买乙土地而不会购买甲土地。但如果甲、乙两块土地的容积率不同,除此之外的其他条件都相同,则很难简单地根据土地单价来判断甲、乙两块土地的价格高低,而应采用楼面地价。例如,甲土地的容积率为 5,乙土地的容积率为 3,则甲土地的楼面地价为 140 元/m^2,乙土地的楼面地价为 170 元/m^2。

根据楼面地价来判断,乙土地反而比甲土地贵(每平方米建筑面积贵30元)。此时懂得楼面地价意义的买者,通常会购买甲土地而不会购买乙土地。这是因为,在同一地区,同类用途和建筑结构的房屋(含土地)在市场上的售价基本相同(但在人们越来越重视环境的情况下,高的容积率意味着高的建筑密度,从而房价会受到一定的影响),假如平均为每平方米建筑面积1 200元,建筑造价(不含地价)也基本接近(如果容积率差异较大会导致对建筑高度或建筑结构的不同要求,如一个只需建多层,而另一个必须建高层,则建筑造价会有一定差异),假如为每平方米建筑面积900元,这样,房地产开发商在甲土地上每平方米建筑面积可获得利润为1 200－900－140＝160(元),而在乙土地上每平方米建筑面积只获得利润为1 200－900－170＝130(元)。

四、成交价格、市场价格、理论价格

1. 成交价格

成交价格简称成交价,是交易双方实际达成交易的价格。它是一个已完成的事实,通常随着交易者的心态、偏好、对市场的了解程度、讨价还价能力、交易双方之间的关系等的不同而不同。

成交价格可能是正常的,也可能是不正常的,所以,可将成交价格区分为正常成交价格和非正常成交价格。正常成交价格是指交易双方在公开市场、信息通畅、平等自愿、诚实无欺、没有利害关系下进行交易形成的价格,不受一些不良因素,如不了解市场行情、垄断、胁迫等的影响;反之,则为非正常成交价格。

2. 市场价格

市场价格是指某种房地产在市场上的一般、平均水平价格,是该类房地产大量成交价格的抽象结果。

3. 理论价格

理论价格是真实需求与真实供给相等的条件下形成的价格。在经济学里有许多词来表达它,如价值、内在价值、自然价值、自然价格等。

市场价格的正常波动是由真实需求与真实供给相互作用造成的。凡是影响真实需求与真实供给的因素,如收入、成本等的变化,都可能使市场价格发生波动。所以,在正常市场或正常经济发展下,市场价格基本上与理论价格相吻合,围绕着理论价格而上下波动,不会偏离太远。但在投机心态驱使和非理性预期下,产生许多虚假需求,可能使市场价格脱离理论价格,如在泡沫经济下形成的畸高价格。

五、市场调节价、政府指导价和政府定价

《中华人民共和国价格法》(1997年12月29日中华人民共和国主席令第92号公布)第三条规定:"国家实行并逐步完善宏观经济调控下主要由市场形成价格的机制。价格的制定应当符合价值规律,大多数商品和服务价格实行市场调节价,极少数商品和服务价格实行政府指导价或者政府定价。"可见,从政府对价格管制或干预的程度来看,价格有市场调节价、政府指导价和政府定价。

市场调节价是指由经营者自主制定,通过市场竞争形成的价格。政府指导价是指由政府价格主管部门或者其他有关部门,按照定价权限和范围规定基准价及其浮动幅度,指导经营者制定的价格。政府定价是指由政府价格主管部门或者其他有关部门,按照定价权限和范围制定的价格。如在城镇住房制度改革中,出售公有住房的标准价、成本价就属于政府定价。

政府对价格的干预,还有最高限价和最低限价。最高限价是试图规定一个对房地产可以收取的最高价格;最低限价是试图规定一个对房地产可以收取的最低价格,又称最低保护价。政府对价格的干预还有规定成本构成或利润率等,如规定新建的经济适用住房出售价格实行政府指导价,按保本微利原则确定。

六、买卖价格、租赁价格、抵押价值、典价、保险价值、课税价值等

买卖价格简称买卖价,是房地产权利人通过买卖方式将其房地产转移给他人,由房地产权利人(卖方)收取或他人(买方)支付的货币额、商品或其他有价物。

租赁价格通常称为租金,在土地场合称为地租,在房地混合场合称为房租。中国大陆目前的房租有市场租金(或称协议租金,是由市场供求状况决定的租金)、商品租金(是以房地价值为基础确定的租金,其构成内容包括折旧费、维修费、管理费、贷款利息、房产税、保险费、地租和利润八项因素)、成本租金(是按照出租房屋的经营成本确定的租金,由折旧费、维修费、管理费、贷款利息、房产税五项因素构成)、准成本租金(是指接近但还不到成本租金水平的租金)和福利租金。房租有按使用面积计的,有按建筑面积计的,也有按套计的,其中,住宅一般是按使用面积或套计租,非住宅一般是按建筑面积计租。房租也有天租金、月租金和年租金之别。

抵押价值是以抵押方式将房地产作为债权担保时的价值。在抵押过程中,一边是未偿还贷款余额,一边是抵押房地产的价值。贷款人希望在整个抵押过程中,抵押房地产无论是在设定抵押之初时的价值还是随着时间的推移而变化了的

价值,都超过未偿还贷款余额。因为只有这样,才能确保贷款能安全收回。所以,房地产抵押价值应当是债务人不履行到期债务或者发生当事人约定的实现抵押权的情形时,抵押房地产拍卖、变卖最可能所得的价款扣除法定优先受偿款后的余额。法定优先受偿款是假定实现抵押权时,法律规定优先于本次抵押贷款受偿的款额,包括已抵押担保的债权数额、发包人拖欠承包人的建设工程价款以及其他法定优先受偿款,但不包括诉讼费用、拍卖费用、估价费用、营业税等拍卖、变卖的费用和税金。

典价是在设定典权时,由典权人支付给出典人的金额。典价往往低于房地产的实际价值。

保险价值是将房地产投保时,为确定其保险金额提供参考依据而评估的价值。保险价值所包含的范围视所投保的险种而定。如投保火灾险时的保险价值,仅是有可能遭受火灾损毁的建筑物的价值及其可能的连带损失,而不包含不可损毁的土地的价值,通常具体是建筑物的重建成本(或重置成本)和重建期间的经济损失(如租金损失)。

课税价值是为课税的需要,由估价人员评估的作为计税依据的价值。具体的课税价值如何,要视税收政策而定。例如,1986年9月国务院颁布的《中华人民共和国房产税暂行条例》规定,房产税的计税依据是房产原值一次减除10%~30%后的余值或房产的租金收入,因此,房产税的计税价值是评估的房产原值或房产租金。1951年8月8日中央人民政府政务院(现国务院的前身)发布的《城市房地产税暂行条例》规定,城市房地产税的计税依据是标准房价和标准地价,或者标准房地价或标准房地租价。其中的标准房地价应按房地坐落地区、房屋建筑情况并参酌当地一般房地混合买卖价格分区、分类、分级评定。因此,当时的城市房地产税的计税价值即是房地产市场价值或市场租金。

征用价值是政府强制取得房地产时应给予的补偿金额。

七、实际价格和名义价格

实际价格是指在成交日期时一次付清的价格,或者将不是在成交日期时一次付清的价格折现到成交日期时的价格。名义价格是指在成交日期时讲明但不是在成交日期时一次付清的价格。

例如,一套建筑面积 $100\ m^2$、单价 $3\ 000\ 元/m^2$、总价 30 万元的住房,在实际交易中的付款方式可能有下列几种:

(1) 要求在成交日期时一次付清。

（2）如果在成交日期时一次付清，则给予折扣，如优惠5%。

（3）从成交日期时起分期付清，如首期支付10万元，余款在一年内分两期支付，如每隔半年支付10万元。

（4）约定在未来某个日期一次付清，如约定一年后付清。

（5）以抵押贷款方式支付，如首期支付5万元，余款在未来10年内以抵押贷款方式按月等额支付。

在上述第一种情况下，实际单价为3 000元/m²，实际总价为30万元；不存在名义价格。

在第二种情况下，实际单价为3 000元/m²×(1−5%)＝2 850(元/m²)，实际总价为28.5万元；名义单价为3 000元/m²，名义总价为30万元。

在第三种情况下，实际总价为10＋10/(1＋5%×0.5)＋10/(1＋5%)＝29.28(万元)（假定年折现率为5%），实际单价为2 928元/m²；名义单价为3 000元/m²，名义总价为30万元。

在第四种情况下，实际总价为30÷(1＋5%)＝28.57(万元)（假定年折现率为5%），实际单价为2 857元/m²；名义单价为3 000元/m²，名义总价为30万元。

在第五种情况下，实际单价为3 000元/m²，实际总价为30万元，不存在名义价格。

八、现房价格和期房价格

现实中的商品交易有现货交易和期货交易，由此有现货价格和期货价格之说。房地产也有类似的现货交易和期货交易及现货价格和期货价格。在房地产的现货价格和期货价格中，最典型的是现房价格（含土地价格）和期房价格（含土地价格）。

房地产的现货价格是指以现状房地产为交易标的的价格。该房地产的现状可能是一块准备建造、但尚未建造建筑物的土地，可能是一项在建工程，也可能是建筑物已建成的房地产。当为建筑物已建成的房地产时，即为现房价格。

房地产的期货价格是指以未来状况的房地产为交易标的的价格，其中最常见的是期房价格。期房价格是指以目前尚未建成而在将来建成的房屋（含土地）为交易标的的价格。期房价格通常低于现房价格。以可以出租的公寓住宅来看，由于买现房可以立即出租，买期房在期房成为现房期间不能享受租金收入，并由于买期房总存在着风险（如有可能不能按期建成，或实际交付的品质比预售时讲的差等），所以，期房价格与现房价格之间的关系有：

期房价格＝现房价格－预计从期房达到现房期间现房出租的净收益的折现值
　　　　－风险补偿

上述关系是期房与现房同品质（包括工程质量、功能、户型、环境和物业管理服务等）下的关系。在现实中常常出现同地段的期房价格比现房价格高的相反现象，这主要是由于两者的品质不同，如现房的户型差异、功能已落后等。

九、起价、标价、成交价和均价

起价、标价、成交价和均价，是在商品房销售中出现的一组价格。

起价是指所销售的商品房的最低价格。这个价格通常是最差的楼层、朝向、户型的商品房价格，甚至这种价格的商品房根本不存在，仅是为了广告作用，吸引人们对所销售商品房的关注而虚设的价格。所以，起价通常不能反映所销售商品房的真实价格水平。

标价又称报价、表格价，是商品房出售者在其"价目表"上标注的不同楼层、朝向、户型的商品房的出售价格。一般情况下，买卖双方会在这个价格的基础上讨价还价，最后出售者可能作出某种程度的让步，按照一个比这个价格低的价格成交。

成交价是商品房买卖双方的实际交易价格。商品房买卖合同中写明的价格一般就是这个价格。

均价是所销售商品房的平均价格，具体有标价的平均价格和成交价的平均价格。这个价格一般可以反映所销售商品房的价格水平。

十、评估价、保留价、起拍价、应价和成交价

评估价、保留价、起拍价、应价和成交价，是在房地产拍卖活动中出现的一组价格。房地产拍卖是以公开竞价的形式，将房地产转让给最高应价者的买卖方式。

评估价是对拟拍卖的房地产的公开市场价值进行测算和判定的结果。

保留价又称拍卖底价，是在拍卖前确定的拍卖标的可售的最低价格。拍卖有无保留价拍卖和有保留价拍卖。有保留价拍卖是在拍卖前将拍卖标的进行估价，确定一个比较合理的保留价。拍卖标的无保留价的，拍卖师应在拍卖前予以说明。拍卖标的有保留价的，竞买人的最高应价未达到保留价时，该应价不发生效力，拍卖师应当停止拍卖标的的拍卖。

起拍价又称开叫价格，是拍卖师在拍卖时首次报出的拍卖标的的价格。拍卖有增价拍卖和减价拍卖。增价拍卖是先对拍卖标的确定一个最低起拍价，然后由低往高叫价，直到最后由出价最高者得。减价拍卖是由拍卖师先喊出拍卖标的的

最高起拍价,然后逐次喊出逐步降低的价格,直至有竞买人表示接受而成交。增价拍卖是一种常见的叫价方式。在增价拍卖中,起拍价通常低于保留价,也可以等于保留价。

应价是竞买人对拍卖师报出的价格的应允,或是竞买人自己报出的购买价格。

成交价是经拍卖师落槌或者以其他公开表示买定的方式确认后的竞买人的最高应价。在有保留价拍卖中,最高应价不一定成为成交价,只有在最高应价高于或等于保留价的情况下,最高应价才成为成交价。

十一、房屋租金及其种类

房屋租金是承租人为取得一定期限内房屋的使用权而付给房屋所有权人的经济补偿。房屋租金可分为成本租金、商品租金、市场租金和福利租金。

成本租金由折旧费、维修费、管理费、融资利息和税金五项组成。

商品租金由成本租金加上保险费、地租和利润等八项因素构成。

市场租金是在商品租金的基础上,根据供求关系而形成的。

真正的房租构成因素应当包括:地租,房屋折旧费(包括结构、设备和装饰装修的折旧费),维修费,管理费,投资利息,保险费,房地产税(目前属于这种性质的税有城镇土地使用税、房产税等),租赁费用(如租赁代理费),租赁税费(如营业税、城市维护建设、教育费附加、租赁手续费),利润。

在实际中,房租可能包含真正房租构成因素之外的费用,如可能包含家具设备使用费、物业服务费、水费、电费、燃气费、供暖费、通信费、有线电视费等;房租也可能不包含真正房租构成因素的费用,如出租人与承租人约定维修费、管理费、保险费等由承租人负担。

目前,我国未售公有住房的租金标准是由人民政府根据当地政治、经济发展的需要和职工的承受能力等因素确定的,仍具有较浓的福利色彩。其他经营性的房屋和私有房屋的租金标准则由租赁双方协商议定。

《城市房地产管理法》规定:"以营利为目的,房屋所有权人将以划拨方式取得土地使用权的国有土地上建成的房屋出租的,应当将租金中所含土地收益上缴国家。具体办法由国务院规定。"《租赁管理办法》中规定:"土地收益的上缴办法,应当按照财政部《关于国有土地使用权有偿使用征收管理的暂行办法》和《关于国有土地使用权有偿使用收入若干财政问题的暂行规定》的规定,由市、县人民政府房地产管理部门代收代缴。国务院颁布新的规定时,从其规定。"

第四节　房地产估价基本方法

一、房地产估价概述

房地产估价是市场经济不可或缺的重要组成部分,社会经济发展特别是房地产市场的发展,越来越离不开房地产估价服务。目前,市场对房地产估价的需要主要来自于:国有建设用地使用权出让、房地产转让和租赁、房地产抵押贷款、房地产征收征用补偿、房地产税收、房地产损害赔偿、房地产分割、房地产保险、房地产争议调处和司法鉴定、企业有关经济行为、房地产管理等方面。

1. 房地产估价的概念

房地产估价是指专业房地产估价人员根据估价目的、遵循估价原则、按照估价程序,选用适宜的估价方法,并在对影响估价对象价格的因素进行综合分析的基础上,对估价对象在估价时点的客观合理价格或价值进行测算和判定的活动。

2. 房地产估价的要素

房地产估价的要素一般是指估价当事人、估价目的、估价对象、估价时点、价值类型、估价依据、估价假设、估价原则、估价程序、估价方法等。

（1）估价当事人

估价当事人是指与估价活动有直接关系的单位和个人,包括估价人员、估价机构和估价委托人。房地产估价人员有房地产估价师和房地产估价员两类。房地产估价机构是指具备足够数量的房地产估价师等条件,依法设立并取得房地产估价机构资质,从事房地产估价活动的专业服务机构。估价委托人即客户,是指直接向估价机构提出估价需求,与估价机构订立估价委托合同的单位或个人。

（2）估价目的

估价目的是指一个估价项目中估价委托人对估价报告的预期用途,通俗地说,就是估价委托人将要拿未来完成后的估价报告去做什么用,是为了满足何种涉及房地产的经济活动或者民事行为、行政行为的需要。任何一个估价项目都有估价目的,一个估价项目通常只有一个估价目的。不同的估价目的将影响估价结果,而且,估价目的还限制了估价报告的用途。

（3）估价对象

估价对象是指一个估价项目中需要评估其价值的房地产或房地产权益及相关

其他财产。房地产估价对象有土地、房屋、构筑物、在建工程、以房地产为主的整体资产、整体资产中的房地产等。

（4）估价时点

估价时点也称价值日期、估价基准日，是指一个估价项目中由估价目的决定的需要评估的价值所对应的时间，一般用公历年、月、日表示。

（5）价值类型

价值类型有两种含义，一是指价值的种类，二是指一个估价项目中由估价目的决定的需要评估的具体某种类型的价值即特定价值。价值类型可以分为市场价值和非市场价值两大类。

（6）估价依据

估价依据是指一个估价项目中估价所依据的相关法律、法规、政策和标准，估价委托人提供的有关情况和资料，估价机构和估价师掌握、搜集的有关情况和资料。

（7）估价假设

估价假设是指一个估价项目中估价师对于那些估价所必要、但尚不能肯定而又必须予以明确的前提条件作出的某种假定。

（8）估价原则

估价原则是指在房地产估价的反复实践和理论探索中，在认识房地产价格形成和变动的客观规律的基础上，总结、提炼出的一些简明扼要的进行房地产估价所应依据的法则或标准。独立、客观、公正是房地产估价的基本原则，也是房地产估价的最高行为准则。同时，房地产估价还应遵守的技术性原则主要有合法原则、最高最佳使用原则、估价时点原则、替代原则等。

合法原则要求估价结果是在依法判定的估价对象权益下的价值。所谓依法，不仅要依据宪法和相关法律、行政法规、估价对象所在地的地方性法规、缔结或者参加的相关国际条约，还要依据国务院及其各部门颁发的相关决定、命令、部门规章和政策及技术规范，最高人民法院和最高人民检察院颁布的相关司法解释，估价对象所在地的国家机关颁发的相关地方政府规章和政策，以及估价对象的规划设计条件、国有建设用地使用权出让合同、房屋租赁合同等。

最高最佳使用原则要求估价结果是在估价对象最高最佳使用下的价值。最高最佳使用是指法律上许可、技术上可能、经济上可行，经过充分合理的论证，能够使估价对象的价值达到最大化的一种最可能的使用。

估价时点原则要求估价结果是在由估价目的决定的某个特定时间的价值。

替代原则要求估价结果不得不合理地偏离类似房地产在同等条件下的正常

价格。

(9) 估价程序

估价程序是指一个房地产估价项目运作的全过程中的各项具体工作,按照其相互联系排列出的先后进行次序。房地产估价的一般程序是:获取估价业务;受理估价委托;拟定估价作业方案;搜集估价所需资料;实地查勘估价对象;选定估价方法测算;确定估价结果;拟定估价报告;审核估价报告;出具估价报告;估价资料归档。

(10) 估价方法

房地产估价应借助科学的估价方法,不能单纯依靠估价人员的经验及其主观判断。一宗房地产的价值通常可以从如下三条途径来求取:

途径一:近期市场上类似的房地产是以什么价格进行交易的——基于明智的买者肯出的价钱不会高于其他买者最近购买类似房地产的价格,即基于类似房地产的市场交易价格来衡量其价值。

途径二:如果重新开发建设一宗类似的房地产需要多少费用——基于明智的买者肯出的价钱不会高于重新开发建设类似房地产所必需的代价,即基于房地产的重新开发建设成本来衡量其价值。

途径三:如果将该宗房地产出租或营业预计可以获得多少收益——基于明智的买者肯出的价钱不会高于该宗房地产预期未来收益的现值之和,即基于该宗房地产的预期未来收益来衡量其价值。

由此,在房地产估价上产生了三大基本方法:市场法、成本法和收益法。

二、市场法

1. 市场法概述

市场法又称市场比较法、比较法,是将估价对象房地产与在估价时点的近期发生过交易的类似房地产进行比较,对这些类似房地产的成交价格做适当的处理来求取估价对象价值的方法。其中,类似房地产是指与估价对象相同或者相当的房地产。

市场法的适用对象是具有交易性的房地产,如房地产开发用地、普通商品住宅、高档公寓、别墅、写字楼、商铺、标准厂房等。而那些很少发生交易的房地产,如特殊厂房、学校、纪念馆、古建筑、教堂、寺庙等,则难以采用市场法估价。

市场法适用的条件是在同一供求范围内并在估价时点的近期,存在着较多类似房地产的交易。如果在房地产市场发育不够或者类似房地产交易实例较少的地区,就难以采用市场法估价。

运用市场法估价一般按下列四个步骤进行：

第一步，搜集交易实例。

第二步，选取可比实例。

第三步，对可比实例成交价格做适当的处理。其中，根据处理的内涵不同，分为价格换算、价格修正和价格调整。价格换算即建立价格可比基础，价格修正即交易情况修正，价格调整包括交易日期调整和房地产状况调整。

第四步，求取比准价格。

2. 搜集交易实例

运用市场法估价，首先需要拥有大量真实的交易实例（一般来说，不能反映市场真实价格行情的报价、标价是无效的。但这些报价、标价在一定程度上可以作为了解市场行情的参考）。只有拥有了大量真实的交易实例，才能把握正常的市场价格行情，才能据此评估出客观合理的价值。因此，首先应尽可能搜集较多且真实的交易实例。

在搜集交易实例时应尽可能搜集较多的内容，一般包括：①交易实例房地产的状况，如名称、坐落、面积、四至、用途、产权、土地形状、建筑物建成年月、周围环境、景观等；②交易双方，如卖方和买方的名称、之间的关系；③成交日期；④成交价格，包括计价方式（如按建筑面积计价、按套内建筑面积计价、按使用面积计价、按套计价等）和价款；⑤付款方式，如一次性付款、分期付款（包括付款期限、每期付款额或付款比率）、贷款方式付款（包括首付款比率、贷款期限）；⑥交易情况，如交易目的（卖方为何而卖，买方为何而买），交易方式（如协议、招标、拍卖、挂牌等），交易税费的负担方式，有无利害关系人之间的交易（关联交易）、急卖急买、人为哄抬等特殊交易情况。

3. 选取可比实例

针对某一具体的估价对象及估价时点、估价目的，不是任何交易实例都可以用来参照比较的，有些交易实例并不适用。因此，需要选取符合一定条件的交易实例作为参照比较的交易实例。我们把这些可用于参照比较的交易实例，称为可比实例。

选取的可比实例应符合如下四个基本条件：①可比实例房地产应是估价对象房地产的类似房地产；②可比实例的成交日期应与估价时点接近；③可比实例的交易类型应与估价目的吻合；④可比实例的成交价格应为正常市场价格或能够修正为正常市场价格。

选取的可比实例数量，从理论上讲越多越好，但是，如果要求选取的数量过多，

一是可能由于交易实例的数量有限而难以做到,二是后续进行修正、调整的工作量大,因此一般选取三个以上(含三个)、十个以下(含十个)可比实例即可。

4. 建立价格可比基础

选取了可比实例之后,一般需先对这些可比实例的成交价格进行换算处理,使它们之间的口径一致、相互可比,并统一到需要求取的估价对象的价格单位上来,为后续进行修正、调整建立共同的基础。

建立价格可比基础包括如下五个方面:

(1) 统一付款方式:房地产由于价值量大,其成交价格往往采用分期付款的方式支付。估价中为便于比较,价格通常以一次付清所需要支付的金额为基准,因此需要将分期付款的可比实例成交价格折算为在其成交日期一次付清的数额。具体方法是通过折现计算。

例如:某宗房地产交易总价为30万元,其中首期付款20%,余款于半年后支付。假设月利率为0.5%,则该宗房地产在其成交日期一次付清的价格为:

$$30 \times 20\% + 30 \times (1-20\%)/(1+0.5\%)^6 = 29.29(万元)$$

(2) 统一采用单价:在统一采用单价方面,通常为单位面积上的价格。土地除了单位土地面积上的价格,还可为单位建筑面积上的价格——楼面地价。根据估价对象的具体情况,还可以有其他的比较单位,如仓库以单位体积为比较单位,停车场以每个车位为比较单位,旅馆以每个房间或床位为比较单位,电影院以每个座位为比较单位,医院以每个床位为比较单位,保龄球馆以每个球道为比较单位,等等。

(3) 统一币种和货币单位:在统一币种方面,不同币种的价格之间的换算,应采用该价格所对应的日期时的汇率。在通常情况下,是采用成交日期时的汇率。但如果先按原币种的价格进行市场状况调整,则对进行了市场状况调整后的价格,应采用估价时点时的汇率进行换算。汇率的取值,一般采用国家外汇管理部门公布的外汇牌价的卖出、买入中间价。在统一货币单位方面,按照使用习惯,人民币、美元、港币等,通常都采用"元"。

(4) 统一面积内涵:在现实的房地产交易中,有按建筑面积计价、有按套内建筑面积计价,也有按使用面积计价的。它们之间的换算公式如下:

$$建筑面积下的价格 = 套内建筑面积下的价格 \times \frac{套内建筑面积}{建筑面积}$$

$$建筑面积下的价格 = 使用面积下的价格 \times \frac{使用面积}{建筑面积}$$

$$套内建筑面积下的价格 = 使用面积下的价格 \times \frac{使用面积}{套内建筑面积}$$

(5) 统一面积单位：在面积单位方面，中国内地通常采用平方米（土地面积除了平方米，有时还采用公顷、亩），中国香港地区和美国、英国等习惯采用平方英尺，中国台湾地区和日本、韩国一般采用坪。将公顷、亩、平方英尺、坪下的价格换算为平方米下的价格如下：

平方米下的价格＝公顷下的价格÷10 000

平方米下的价格＝亩下的价格÷666.67

平方米下的价格＝平方英尺下的价格÷0.092 903 04

平方米下的价格＝坪下的价格÷3.30579

5. 交易情况修正

可比实例的成交价格可能是正常的，也可能是不正常的。由于要求评估的是估价对象的客观合理价值，所以，如果可比实例的成交价格是不正常的，则应将其修正为正常的。这种对可比实例成交价格进行的修正，称为交易情况修正。

(1) 了解可能使可比实例成交价格偏离的因素

进行交易情况修正，首先应了解有哪些因素可能使可比实例成交价格偏离其正常市场价格。在下列交易中，成交价格往往会偏离正常市场价格：

① 利害关系人之间的交易。例如，父子之间、兄弟之间、母子公司之间、公司与其员工之间的房地产交易，成交价格通常低于正常市场价格。

② 急于出售或急于购买的交易。例如，欠债到期，无奈只有出售房地产来偿还，在这种情况下的成交价格往往是偏低的。相反，在急于购买情况下的成交价格往往是偏高的。

③ 交易双方或某一方对市场行情缺乏了解的交易。如果买方不了解市场行情，盲目购买，成交价格往往是偏高的。相反，如果卖方不了解市场行情，盲目出售，成交价格往往是偏低的。

④ 交易双方或某一方有特别动机或偏好的交易。例如，买方或卖方对所买卖的房地产有特别的爱好、感情，特别是该房地产对买方有特殊的意义或价值，从而买方执意要购买或卖方惜售，在这种情况下的成交价格往往是偏高的。

⑤ 特殊交易方式的交易。如拍卖、招标、哄抬或抛售等。房地产正常成交价格的形成方式，应是买卖双方经过充分讨价还价的协议方式。拍卖、招标方式容易受现场气氛、情绪等的影响而使成交价格失常。

⑥ 交易税费非正常负担的交易。在房地产交易中往往需要缴纳一些税费，如营业税、城市维护建设税、教育费附加、土地增值税、契税、印花税、交易手续费、补交土地使用权出让金等。按照税法及中央和地方政府的有关规定，有的税费应由卖方

缴纳,如营业税、城市维护建设税、教育费附加、土地增值税;有的税费应由买方缴纳,如契税、补交土地使用权出让金;有的税费则买卖双方都应缴纳或各负担一部分,如印花税、交易手续费。正常成交价格是指在买卖双方各自缴纳自己应缴纳的交易税费下的价格,即在此价格下,卖方缴纳卖方应缴纳的税费,买方缴纳买方应缴纳的税费。需要评估的价值,也是基于买卖双方各自缴纳自己应缴纳的交易税费。但在实际的房地产交易中,往往出现本应由卖方缴纳的税费,买卖双方协议由买方缴纳;或者本应由买方缴纳的税费,买卖双方协议由卖方缴纳。

⑦ 相邻房地产的合并交易。房地产价格受土地形状是否规则、土地面积或建筑规模是否适当的影响。形状不规则或面积、规模过小的房地产,价格通常较低。但这类房地产如果与相邻房地产合并后,则效用通常会增加。因此,当相邻房地产的拥有者欲购买该房地产时,该房地产的拥有者通常会索要高价,而相邻房地产的拥有者往往也愿意出较高的价格购买。所以,相邻房地产合并交易的成交价格往往高于其单独存在、与其不相邻者交易时的正常市场价格。

⑧ 受债权债务关系影响的交易。例如,设立了抵押权、典权或有拖欠工程款的房地产交易。

(2) 修正方法

进行交易情况修正,需要测定使成交价格发生偏离的因素造成的偏离程度。在哪种情况下应当修正多少,主要依靠估价人员根据其掌握的扎实的估价理论知识、积累的丰富估价实践经验和对当地房地产市场行情、交易习惯等的深入调查、了解作出判断。其中,对于交易税费非正常负担的修正,只要调查了解清楚了交易税费非正常负担的实际情况,然后根据计算即可。具体是将成交价格修正为按照税法及中央和地方政府的有关规定,无规定的依照当地习惯,买卖双方各自缴纳自己应缴纳的交易税费下的价格。在修正方法上,主要是把握以下公式:

正常成交价格－应由卖方缴纳的税费＝卖方实际得到的价格

正常成交价格＋应由买方缴纳的税费＝买方实际付出的价格

如果卖方、买方应缴纳的税费是正常成交价格的一定比率,即

应由卖方缴纳的税费＝正常成交价格×应由卖方缴纳的税费比率

应由买方缴纳的税费＝正常成交价格×应由买方缴纳的税费比率

则:

$$正常成交价格 = \frac{卖方实际得到的价格}{1-应由卖方缴纳的税费的比率}$$

$$\text{正常成交价格} = \frac{\text{买方实际付出的价格}}{1 + \text{应由买方缴纳的税费的比率}}$$

（3）交易日期调整

可比实例的成交价格是其成交日期时的价格，是在其成交日期时的房地产市场状况（如当时的市场供求关系）下形成的。要求评估的估价对象的价值是估价时点时的价值，是在估价时点时的房地产市场状况（如估价时点是现在的情况下是现在的市场供求关系）下形成的。如果成交日期与估价时点不同（往往是这种情况，而且成交日期通常是过去，估价时点通常是现在），房地产市场状况可能发生了变化，例如，政府出台了新的政策措施，利率发生了变化，出现了通货膨胀或通货紧缩，消费观念有所改变等，导致了可比实例、估价对象这类房地产的市场供求关系发生了变化，从而即使两宗完全相同的房地产，在这两个时间上的价格也会有所不同。因此，应将可比实例在其成交日期时的价格调整为在估价时点时的价格。这种对可比实例成交价格进行的调整，称为交易日期调整。交易日期调整实质上是对房地产市场状况对房地产价格的影响进行调整，故又可称之为房地产市场状况调整，简称市场状况调整。

交易日期调整的关键，是要把握可比实例、估价对象这类房地产的价格自某个时期以来的涨落变化情况，具体是调查、了解过去不同时间的数宗类似房地产的价格，找出这类房地产的价格随着时间变化而变动的规律，据此再对可比实例成交价格进行交易日期调整。调整的具体方法，可采用价格指数法，也可采用时间序列分析。

6. 房地产状况调整

如果可比实例房地产与估价对象房地产自身状况之间有差异，则还应对可比实例成交价格进行房地产状况调整，因为房地产自身状况的好坏还关系到其价格高低。进行房地产状况调整，是将可比实例在成交日期时的房地产状况下的价格，调整为估价对象在估价时点时的房地产状况下的价格。房地产状况可以分为区位状况、权益状况和实物状况，房地产状况调整可分为区位状况调整、权益状况调整和实物状况调整。在这三种调整中，还可进一步细分为若干因素的调整。

房地产状况调整总的思路是：如果可比实例房地产状况好于估价对象房地产状况，则应对可比实例价格做减价调整；反之，则应做增价调整。具体思路是：①确定对估价对象这类房地产的价格有影响的房地产状况方面的各种因素，包括区位方面的、权益方面的和实物方面的因素。②判定估价对象房地产和可比实例房地产在这些因素方面的状况。③将可比实例房地产与估价对象房地产在这些因素方面的状况逐一进行比较，找出它们之间差异所造成的价格差异程度。④根据价格差异程度对可比实例价格进行调整。

7. 求取比准价格

经过交易情况修正后,就将可比实例实际而可能是不正常的成交价格变成了正常市场价格;经过交易日期调整后,就将可比实例在其成交日期时的价格变成了在估价时点时的价格;经过房地产状况调整后,就将可比实例在其房地产状况下的价格变成了在估价对象房地产状况下的价格。这样,经过这三大方面的修正和调整后,就把可比实例房地产的成交价格变成了估价对象房地产在估价时点的价值。但通过不同的可比实例所得到的价格可能是不相同的,最后需要采用算术平均的方法把它们综合成一个价格,以此作为市场法的估价结果。

三、成本法

1. 成本法概述

成本法是先分别求取估价对象在估价时点的重新购建价格和折旧,然后将重新购建价格减去折旧来求取估价对象价值的方法。成本法也可以说是以房地产价格各个构成部分的累加为基础来评估房地产价值的方法。

只要是新近开发建设、可以假设重新开发建设或者计划开发建设的房地产,都可以采用成本法估价。成本法特别适用于那些既无收益又很少发生交易的房地产估价,如学校、图书馆、体育场馆、医院、行政办公楼、军队营房、公园等公用、公益的房地产,以及化工厂、钢铁厂、发电厂、油田、码头、机场等有独特设计或只针对个别用户的特殊需要而开发建设的房地产。单纯的建筑物通常也是采用成本法估价。在房地产保险(包括投保和理赔)及其他损害赔偿中,一般也是采用成本法估价。另外,成本法也适用于房地产市场发育不够或者类似房地产交易实例较少的地区,在无法运用市场法估价时的房地产估价。

运用成本法估价的一般步骤是:

(1)搜集有关房地产开发建设的成本、税费、利润等资料。

(2)测算重新购建价格。

(3)测算折旧。

(4)求取积算价格。

2. 确定房地产价格构成

运用成本法估价的一项基础工作是搞清楚房地产价格的构成。现实中的房地产价格构成非常复杂,不同地区、不同时期、不同类型的房地产,其价格构成可能不同。另外,对房地产价格构成项目的划分标准或角度不同,房地产价格的构成也会有所不同。但在实际运用成本法估价时,不论当地房地产价格的构成如何,首先最关键的是要调查、了解当地从取得土地一直到建筑物竣工验收合格乃至完成销售的全过程,以及该过程中所涉及的费、税种类及其支付标准、支付时间,以做到既不能重复,也不能漏项。然后在此基础上针对估价对象的实际情况,确定估价对象的价格构成并测算各构成项目的金额。下面以"取得房地产开发用地进行房屋建设,然后销售所建成的商品房"这种典型的房地产开发经营方式为例,并从便于测算各构成项目金额的角度,来划分房地产价格构成。在这种情况下,房地产价格通常由下列七大项构成:

(1) 土地取得成本

房地产价格中的土地取得成本是指取得房地产开发用地所必需的费用、税金等。在完善、成熟的房地产市场下,土地取得成本一般是由购置土地的价款和在购置时应由房地产开发商(作为买方)缴纳的税费(如契税、交易手续费)构成。在目前情况下,根据房地产开发用地取得的途径,土地取得成本的构成可分为如下三种:

① 通过征收农地取得的,土地取得成本包括农地征收中发生的费用和土地使用权出让金等。

② 通过城市房屋拆迁取得的,土地取得成本包括城市房屋拆迁中发生的费用和土地使用权出让金等。

③ 通过市场"购买"取得的,如购买政府招标、拍卖、挂牌出让或者房地产开发商转让的已完成征收或拆迁补偿安置的熟地,土地取得成本包括购买土地的价款和在购买时应由买方缴纳的税费等。

(2) 开发成本

房地产价格中的开发成本是指在取得的房地产开发用地上进行基础设施和房屋建设所必需的直接费用、税金等。在理论上,可以将开发成本划分为土地开发成本和建筑物建造成本。在实际中,开发成本主要包括如下几项:

① 勘察设计和前期工程费,包括可行性研究,工程勘察,规划及建筑设计,施工通水通电通路及场地平整等开发项目前期工作所发生的费用。

② 基础设施建设费,包括所需要的道路、供水、排水、供电、通信、燃气、热力等设施的建设费用。如果取得的房地产开发用地是熟地,则基础设施建设费已部分或全部包含在土地取得成本中,在此就只有部分或没有基础设施建设费。

③ 房屋建筑安装工程费,包括建造房屋及附属工程所发生的土建工程费用和安装工程费用。附属工程如房屋周围的围墙、水池、建筑小品、绿化等。

④ 公共配套设施建设费,包括所需要的非营业性的公共配套设施的建设费用。

⑤ 开发建设过程中的税费。

(3) 管理费用

房地产价格中的管理费用是指为组织和管理房地产开发经营活动所必需的费用,包括房地产开发商的人员工资及福利费、办公费、差旅费等,可总结为土地取得成本与开发成本之和的一定比率。因此,在估价时管理费用通常可按照土地取得成本与开发成本之和乘以这一比率来测算。

(4) 投资利息

房地产价格中的投资利息与会计上的财务费用不同,包括土地取得成本、开发成本和管理费用的利息,无论它们的来源是借贷资金还是自有资金都应计算利息。此外,从估价角度来看,房地产开发商自有资金应得的利息也要与其应获得的利润分开,不能算作利润。

(5) 销售费用

房地产价格中的销售费用是指销售开发完成后的房地产所必需的费用,包括广告宣传费、销售代理费等。销售费用通常按照售价乘以一定比率来测算。

(6) 销售税费

房地产价格中的销售税费是指销售开发完成后的房地产应由房地产开发商(此时作为卖方)缴纳的税费。销售税费通常是售价的一定比率,因此,在估价时通常按照售价乘以这一比率来测算。

(7) 开发利润

现实中的房地产开发利润是一种结果,是由销售收入(售价)减去各种成本、费用和税金后的余额。而在成本法中,"售价"是未知的,是需要求取的,开发利润则是需要事先测算的。开发利润通常按一定基数乘以同一市场上类似房地产开发项目所要求的相应利润率来测算。

3. 成本法的基本公式

成本法最基本的公式为:

$$房地产价格 = 重新购建价格 - 折旧$$

上述公式可以根据如下三类估价对象而具体化:①新开发的土地;②新建的房地产;③旧的房地产。

对于新开发的土地,成本法的基础公式为:

$$新开发土地价格 = 取得待开发土地的成本 + 土地开发成本 + 管理费用 \\ + 投资利息 + 销售费用 + 销售税费 + 开发利润$$

在新建房地产的情况下,成本法的基本公式为:

新建房地产价格＝土地取得成本＋土地开发成本＋建筑物建造成本＋管理费用

＋投资利息＋销售费用＋销售税费＋开发利润

在旧房地产的情况下,成本法的基本公式为:

旧房地产价格＝房地产的重新购建价格－建筑物的折旧

或者

旧房地产价格＝土地重新购建价格＋建筑物的重新购建价格－建筑物的折旧

4. 房地产重新购建价格的求取

重新购建价格又称重新购建成本,是指假设在估价时点重新取得全新状况的估价对象所必需的支出,或者重新开发建设全新状况的估价对象所必需的支出和应获得的利润。其中,重新取得可简单地理解为重新购买,重新开发建设可简单地理解为重新生产。把握重新购建价格的概念还应特别注意以下三点:

(1) 重新购建价格是估价时点时的价格。如在重新开发建设的情况下,重新购建价格是在估价时点时的国家财税制度和市场价格体系下,按照估价时点时的房地产价格构成来测算的。

(2) 重新购建价格是客观的价格。具体来说,重新取得或重新开发建设的支出,不是个别单位或个人的实际耗费,而是必需的耗费,应能体现社会或行业的平均水平,即是客观成本而不是实际成本。如果超出了社会或行业的平均水平,超出的部分不仅不能构成价格,而且是一种浪费;而低于社会或行业平均水平的部分,不会降低价格,只会形成个别单位或个人的超额利润。

(3) 建筑物的重新购建价格是全新状况下的价格,土地的重新购建价格是估价时点状况下的价格。因此,建筑物的重新购建价格中未扣除建筑物的折旧,而土地的增减价因素一般已考虑在其重新购建价格中。例如,估价对象的土地是10年前取得的商业用途法定最高年限40年的土地使用权,求取其重新购建价格时不是求取其40年的土地使用权的价格,而是求取其30年的土地使用权的价格。如果该土地目前的交通条件比10年前有了很大改善,求取其重新购建价格时不是求取其10年前交通状况下的价格,而是求取其目前交通状况下的价格。

求取房地的重新购建价格有两大路径:一是不将该房地分为土地和建筑物两个相对独立的部分,而是模拟房地产开发商的房地产开发过程,在房地产价格构成的基础上,采用成本法来求取;二是将该房地分为土地和建筑物两个相对独立的部分,先求取土地的重新购建价格,再求取建筑物的重新购建价格,然后将两者相加来求取。后一种路径用于土地市场上以能直接在其上进行房屋建设的熟地交易为主的情况。

求取土地的重新购建价格,通常是假设该土地上的建筑物不存在,除此之外的状况均维持不变,然后采用市场法等求取该土地的重新购置价格。这种求取思路特别适用于城市建成区内难以求取重新开发土地成本的土地。求取土地的重新购建价格,也可以采用成本法求取其重新开发成本。因此,土地的重新购建价格可以分为重新购置价格和重新开发成本。

求取建筑物的重新购建价格,是假设该建筑物所占用的土地已经取得,并且该土地为空地,除了建筑物不存在以外,其他状况均维持不变,然后在此空地上重新建造与该建筑物相同或具有同等效用的全新建筑物所必需的支出和应获得的利润;也可以设想将该全新建筑物发包给建筑承包商建造,由建筑承包商将能直接使用的全新建筑物移交给发包人,这种情况下发包人应支付给建筑承包商的全部费用(即建筑工程价款或工程承发包价格),再加上发包人所必需的其他支出(如管理费、投资利息、税费等)。

建筑物的重新购建价格根据建筑物重新建造方式的不同,分为重置价格和重建价格。重置价格又称重置成本,是指采用估价时点时的建筑材料、建筑构配件、建筑设备和建筑技术等,在估价时点时的国家财税制度和市场价格体系下,重新建造与估价对象建筑物具有同等效用的全新建筑物所必需的支出和应获得的利润。重建价格又称重建成本,是指采用与估价对象建筑物相同的建筑材料、建筑构配件、建筑设备和建筑技术等,在估价时点时的国家财税制度和市场价格体系下,重新建造与估价对象建筑物相同的全新建筑物所必需的支出和应获得的利润。可将这种重新建造方式形象地理解为"复制"。

5. 建筑物折旧的求取

(1) 建筑物折旧的概念和内容

估价上的建筑物折旧与会计上的建筑物折旧,虽然都称为折旧并有一定的相似之处,但因两者的内涵不同而有着本质的区别。估价上的建筑物折旧是指由于各种原因而造成的建筑物价值损失,其数额为建筑物在估价时点时的市场价值与重新购建价格的差额。即:

$$建筑物折旧 = 建筑物重新购建价格 - 建筑物市场价值$$

建筑物的重新购建价格表示建筑物在全新状况下所具有的价值,将其减去建筑物折旧相当于进行减价调整,其所得的结果则表示建筑物在估价时点状况下所具有的价值。根据造成建筑物折旧的原因,可将建筑物折旧分为物质折旧、功能折旧和经济折旧三大类。

① 物质折旧：是指建筑物在实体上的老化、损坏所造成的建筑物价值损失。物质折旧可进一步从自然经过的老化、正常使用的磨损、意外破坏的损毁、延迟维修的损坏残存四个方面来认识和把握。

自然经过的老化主要是由自然力作用引起的，如风吹、日晒、雨淋等引起的建筑物腐朽、生锈、风化、基础沉降等，它与建筑物的实际年龄（建筑物从竣工验收合格之日起到估价时点止的日历年数）正相关。同时要看建筑物所在地区的气候和环境条件，如酸雨多的地区，建筑物老化就快。正常使用的磨损主要是由人工使用引起的，它与建筑物的使用性质、使用强度和使用年数正相关。例如，居住用途建筑物的磨损要小于工业用途建筑物的磨损。意外破坏的损毁主要是由突发性的天灾人祸引起的，包括自然方面的，如地震、水灾、风灾、雷击；人为方面的，如失火、碰撞等。对于这些损毁即使进行了修复，但可能仍然有"内伤"。延迟维修的损坏残存主要是由没有适时地采取预防、养护措施或修理不够及时引起的，它造成建筑物不应有的损坏或提前损坏，或已有的损坏仍然存在，如门窗有破损，墙体或地面有裂缝、洞等。

② 功能折旧：是指建筑物在功能上的相对缺乏、落后或过剩所造成的建筑物价值损失。导致建筑物功能相对缺乏、落后或过剩的原因，可能是建筑设计上的缺陷、过去的建筑标准过低、人们的消费观念改变、建筑技术进步、出现了更好的建筑物等。功能缺乏是指建筑物没有其应该有的部件、设备、设施或系统等。例如，住宅没有卫生间、暖气、燃气、电话线路、有线电视等；办公楼没有电梯、中央空调、宽带等。功能落后是指建筑物已有部件、设备、设施或系统等的标准低于正常标准或有缺陷而阻碍其他部件、设备、设施或者系统等的正常运营。例如，设备设施陈旧落后或容量不够，建筑样式过时，空间布局欠佳等。拿高档办公楼来说，现在要求有较好的智能化系统，如果某个所谓高档办公楼的智能化程度不够，相对而言其功能就落后了。功能过剩是指建筑物已有部件、设备、设施或系统等的标准超过市场要求的标准而对房地产价值的贡献小于其成本。例如，某幢厂房的层高为 6 m，但如果当地厂房的标准层高为 5 m，则该厂房超高的 1 m 因不能被市场接受而使其所多花的成本成为无效成本。

③ 经济折旧：是指建筑物本身以外的各种不利因素所造成的建筑物价值损失。不利因素可能是经济因素（如市场供给过量或需求不足）、区位因素（如环境改变，包括自然环境恶化、环境污染、交通拥挤、城市规划改变等），也可能是其他因素（如政府政策变化等）。例如，一个高级居住区附近兴建了一座工厂，该居住区的房地产价值下降，这就是一种经济折旧。这种经济折旧一般是永久性的。再如，在经济不景气时期以及高税率、高失业率时，房地产的价值下降，这也是一种经济折旧，但这种

经济折旧现象不会永久持续下去,当经济复苏后,这种经济折旧也就消失了。

例:某旧住宅,测算其重置价格为40万元,地面、门窗等破旧引起的物质折旧为1万元,因户型设计不好、没有独用厕所和共用电视天线等导致的功能折旧为6万元,由于位于城市衰落地区引起的经济折旧为3万元。试求取该旧住宅的折旧总额和现值。

解:该旧住宅的折旧总额=1+6+3=10(万元)

该旧住宅的现值=重置价格-折旧=40-10=30(万元)

(2) 求取建筑物折旧的年限法

年限法是根据建筑物的经济寿命、有效年龄或剩余经济寿命来求取建筑物折旧的方法。

建筑物的寿命分为自然寿命和经济寿命。建筑物的自然寿命是指从建筑物竣工之日开始到建筑物主要结构构件和设备的自然老化或损坏而不能继续保证安全使用为止的时间。建筑物的经济寿命是指从建筑物竣工之日开始到建筑物对房地产价值不再有贡献为止的时间。建筑物的经济寿命短于其自然寿命。建筑物在其寿命期间如果经过了翻修、改造等,自然寿命和经济寿命都有可能得到延长。

建筑物的年龄分为实际年龄和有效年龄。建筑物的实际年龄是指从建筑物竣工之日开始到估价时点为止的日历年数,类似于人的实际年龄。建筑物的有效年龄是指估价时点时的建筑物状况和效用所显示的年龄,类似于人看上去的年龄。建筑物的有效年龄可能短于也可能长于其实际年龄。

建筑物的剩余寿命是其寿命减去年龄之后的寿命,分为剩余自然寿命和剩余经济寿命。建筑物的剩余自然寿命是其自然寿命减去实际年龄之后的寿命。建筑物的剩余经济寿命是其经济寿命减去有效年龄之后的寿命,即:

$$剩余经济寿命=经济寿命-有效年龄$$

因此,如果建筑物的有效年龄比实际年龄小,就会延长建筑物的剩余经济寿命;反之,就会缩短建筑物的剩余经济寿命。建筑物的有效年龄是从估价时点向过去计算的时间,剩余经济寿命是从估价时点开始到建筑物经济寿命结束为止的时间,两者之和等于建筑物的经济寿命。如果建筑物的有效年龄少于实际年龄,就相当于建筑物比其实际竣工之日晚建成。此时,建筑物的经济寿命可视为从这个晚建成之日开始到建筑物对房地产价值不再有贡献为止的时间。

利用年限法求取建筑物折旧时,建筑物的寿命应为经济寿命,年龄应为有效年龄,剩余寿命应为剩余经济寿命。

年限法中最主要的是直线法。直线法是最简单和迄今应用得最普遍的一种折

旧方法,它假设在建筑物的经济寿命期间每年的折旧额相等。直线法的年折旧额计算公式为:

$$D_i = D = \frac{C-S}{N} = \frac{C(1-R)}{N}$$

式中:D_i——第 i 年的折旧额,或称第 i 年的折旧。在直线法的情况下,每年的折旧额 D_i 是一个常数 D。

C——建筑物的重新购建价格。

S——建筑物的净残值,是建筑物的残值减去清理费用后的余额。建筑物的残值是预计建筑物达到经济寿命后,不宜继续使用时,经拆除后的旧料价值。清理费用是拆除建筑物和搬运废弃物所发生的费用。

N——建筑物经济寿命。

R——建筑物的净残值率,简称残值率,是建筑物的净残值与其重新购建价格的比率,即:

$$R = \frac{S}{C} \times 100\%$$

采用直线法折旧下的建筑物现值的计算公式为:

$$V = C - E_t = C - \frac{(C-S)t}{N} = C\left[1 - (1-R)\frac{t}{N}\right]$$

四、收益法

1. 收益法概述

收益法又称收益资本化法、收益还原法,是预测估价对象的未来收益,然后利用报酬率或资本化率、收益乘数将其转换为价值来求取估价对象价值的方法。根据将未来预期收益转换为价值的方式不同,即资本化的方式不同,收益法分为直接资本化法和报酬资本化法。直接资本化法是将估价对象未来某一年的某种预期收益除以适当的资本化率或者乘以适当的收益乘数来求取估价对象价值的方法。其中,将未来某一年的某种预期收益乘以适当的收益乘数来求取估价对象价值的方法,称为收益乘数法。报酬资本化法即现金流量折现法,是房地产的价值等于其未来各期净收益的现值之和,具体是预测估价对象未来各期的净收益(净现金流量),选用适当的报酬率(折现率)将其折算到估价时点后相加来求取估价对象价值的方法。

收益法是以预期原理为基础的。具体地说,房地产当前的价值,通常不是基于其历史价格、开发建设它所花费的成本或过去的市场状况,而是基于市场参与者对

其未来所能带来的收益或者能够得到的满足、乐趣等的预期。历史资料的作用,主要是用来推知未来的动向和情势,解释未来预期的合理性。从理论上讲,一宗房地产过去的收益虽然与其当期的价值无关,但其过去的收益往往是未来收益的一个很好的参考值,除非外部条件发生异常变化使得过去的趋势不能继续发展下去。

从收益法的观点看,房地产的价值主要取决于下列三个因素:①未来净收益的大小——未来净收益越大,房地产的价值就越高,反之就越低;②获得净收益期限的长短——获得净收益期限越长,房地产的价值就越高,反之就越低;③获得净收益的可靠性——获得净收益越可靠,房地产的价值就越高,反之就越低。

收益法适用的对象是有收益或有潜在收益的房地产,如住宅(特别是公寓)、写字楼、旅馆、商店、餐馆、游乐场、影剧院、停车场、加油站、标准厂房(用于出租的)、仓库(用于出租的)、农地等。它不限于估价对象本身现在是否有收益,只要估价对象所属的这类房地产有获取收益的能力即可。但对于行政办公楼、学校、公园等公用、公益性房地产的估价,收益法大多不适用。

运用收益法估价一般分为下列四个步骤进行:

第一步,搜集并验证与估价对象未来预期收益有关的数据资料,如估价对象及其类似房地产的收入、费用等数据资料。

第二步,预测估价对象的未来收益(如净收益)。

第三步,求取报酬率或资本化率、收益乘数。

第四步,选用适宜的收益法公式计算出收益价格。

2. 报酬资本化法的主要计算公式

(1) 收益期限为有限年且净收益每年不变的公式

收益期限为有限年且净收益每年不变的公式如下:

$$V = \frac{A}{Y}\left[1 - \frac{1}{(1+Y)^n}\right]$$

式中:V——房地产的收益价格;

A——房地产的净收益;

Y——房地产的报酬率或折现率;

n——房地产的收益期限,是自估价时点起至未来可以获得收益的时间,通常为收益年限。

公式原型为:

$$V = \frac{A}{1+Y} + \frac{A}{(1+Y)^2} + \cdots + \frac{A}{(1+Y)^n}$$

此公式的假设前提(也是应用条件,下同)是:①净收益每年不变为 A;②报酬率不等于零,为 Y;③收益期限为有限年 n。

上述公式的假设前提是公式推导上的要求(后面的公式均如此),其中报酬率 Y 在现实中是大于零的,因为报酬率也表示一种资金的时间价值或机会成本。从数学上看,当 $Y=0$ 时,$V=A\times n$。

例:某宗房地产是在政府有偿出让的土地上开发建设的,当时获得的土地使用年限为50年,至今已使用了6年;预计利用该宗房地产正常情况下每年可获得净收益8万元;该宗房地产的报酬率为8.5%,试计算该宗房地产的收益价格。

解:该宗房地产的收益价格计算如下:

$$V = \frac{A}{Y}\left[1 - \frac{1}{(1+Y)^n}\right] = \frac{8}{8.5\%}\left[1 - \frac{1}{(1+8.5\%)^{50-6}}\right] = 91.52(万元)$$

(2) 收益期限为无限年且净收益每年不变的公式

收益期限为无限年且净收益每年不变的公式如下:

$$V = \frac{A}{Y}$$

公式原型为:

$$V = \frac{A}{1+Y} + \frac{A}{(1+Y)^2} + \cdots + \frac{A}{(1+Y)^n} + \cdots$$

此公式的假设前提是:①净收益每年不变为 A;②报酬率不等于零,为 Y;③收益期限 n 为无限年。

例:某宗房地产预计未来每年的净收益为8万元,收益期限可视为无限年,该类房地产的报酬率为8.5%。试计算该宗房地产的收益价格。

解:该宗房地产的收益价格计算如下:

$$V = \frac{A}{Y} = \frac{8}{8.5\%} = 94.12(万元)$$

(3) 净收益在前若干年有变化的公式

净收益在前若干年有变化的公式如下:

$$V = \sum_{i=1}^{t} \frac{A_i}{(1+Y)^i} + \frac{A}{Y(1+Y)^t}\left[1 - \frac{1}{(1+Y)^{n-t}}\right]$$

式中,t 表示净收益有变化的期限

公式原型为:

$$V = \frac{A_1}{1+Y} + \frac{A_2}{(1+Y)^2} + \cdots + \frac{A_t}{(1+Y)^t} + \frac{A}{(1+Y)^{t+1}} + \frac{A}{(1+Y)^{t+2}} + \cdots + \frac{A}{(1+Y)^n}$$

此公式的假设前提是：①净收益在未来的前 t 年(含第 t 年)有变化,分别为 A_1, A_2,…, A_t 等,在 t 年以后无变化为 A；②报酬率不等于零,为 Y；③收益期限为有限年 n。

净收益在前若干年有变化的公式有重要的实用价值。因为在现实中每年的净收益往往不同,如果采用公式：

$$V = \frac{A}{Y}\left[1 - \frac{1}{(1+Y)^n}\right]$$

或者公式：

$$V = \frac{A}{Y}$$

来估价,有时未免太片面；而如果根据净收益每年都有变化的实际情况来估价,又不大可能(除非收益期限较短)。为了解决这个矛盾,一般是根据估价对象的经营状况和市场环境,对其未来3至5年或可以预测的更长时期的净收益作出估计,并且假设从此以后的净收益将不变,然后对这两部分净收益进行折现处理,计算出房地产的价格。特别是像商店、旅馆、餐饮、娱乐之类的房地产,在建成后的前几年由于试营业等原因,收益可能不稳定,更适宜采用这种公式来估价。

（4）预知未来若干年后的价格公式

预测房地产未来 t 年的净收益分别为 $A_1, A_2, \cdots, A_t$,第 t 年末的价格为 V_t,则其现在的价格为：

$$V = \sum_{i=1}^{t} \frac{A_i}{(1+Y)^i} + \frac{V_t}{(1+Y)^t}$$

公式原型为：

$$V = \frac{A_1}{1+Y} + \frac{A_2}{(1+Y)^2} + \cdots + \frac{A_t}{(1+Y)^t} + \frac{V_t}{(1+Y)^t}$$

此公式的假设前提是：①已知房地产在未来第 t 年末的价格为 V_t(或第 t 年末的市场价值,或第 t 年末的残值。如果购买房地产的目的是为了持有一段时间后转售,则 V_t 为预期的第 t 年末转售时的价格减去销售税费后的净值,简称为期末转售收益)；②已知房地产未来 t 年(含第 t 年)的净收益(简称为期间收益)；③期间收益和期末转售收益具有相同的报酬率 Y。

如果净收益每年不变为 A,则上述公式变为：

$$V = \frac{A}{Y}\left[1 - \frac{1}{(1+Y)^t}\right] + \frac{V_t}{(1+Y)^t}$$

预知未来若干年后的价格的公式，一是适用于房地产目前的价格难以知道，但根据发展前景比较容易预测其未来的价格或未来价格相对于当前价格的变化率时，特别是在某地区将会出现较大改观或房地产市场行情预期有较大变化的情况下；二是对于收益期限较长的房地产，有时不是按其收益期限来估价，而是先确定一个合理的持有期，然后预测持有期间的净收益和持有期末的价值，再将它们折算为现值。

3. 房地产净收益的求取

收益性房地产获取收益的方式，主要有出租和营业两种。据此，净收益的测算途径可分为两种：一是基于租赁收入测算净收益，例如存在大量租赁实例的普通住宅、公寓、写字楼、商铺、标准厂房、仓库等类房地产；二是基于营业收入测算净收益，例如旅馆、影剧院、娱乐场所、加油站等类房地产。有些房地产既存在大量租赁实例又有营业收入，如商铺、餐馆、农地等。在实际估价中，只要是能够通过租赁收入测算净收益的，宜通过租赁收入测算净收益来估价。

基于租赁收入测算净收益的基本公式为：

净收益＝潜在毛收入－空置等造成的收入损失－运营费用

＝有效毛收入－运营费用

潜在毛收入是假定房地产在充分利用、无空置(即100%出租)情况下的收入。

有效毛收入是由潜在毛收入扣除空置等造成的收入损失后的收入。

空置等造成的收入损失是因空置、拖欠租金(延迟支付租金、少付租金或不付租金)以及其他原因造成的收入损失。

净收益(净运营收益)是由有效毛收入扣除运营费用后得到的归属于房地产的收入。

运营费用是维持房地产正常使用或营业所必需的费用。

出租的房地产是收益法估价的典型对象，其净收益通常为租赁收入扣除由出租人负担的费用后的余额。租赁收入包括租金收入和租赁保证金或押金的利息收入。出租人负担的费用，根据真正的房租构成因素(地租、房屋折旧费、维修费、管理费、投资利息、保险费、房地产税、租赁费用、租赁税费和利润)，一般为其中的维修费、管理费、保险费、房地产税、租赁费用、租赁税费。但在实际中，房租可能包含真正的房租构成因素之外的费用，也可能不包含真正的房租构成因素的费用。如果出租人负担的费用项目多，名义租金就会高一些；如果承租人负担的费用项目多，名义租金就会低些。因此，确定出租人负担的费用时，要注意与租金水平相匹配。出租人负担的费用具体是如表5-2所列的费、税中出租人与承租人约定或按惯例由出租人负担的部分。

表5-2 出租的房地产求取净收益需要扣除的费用

项目名称	出租人负担	承租人负担	标准	数量	年金额
水费					
电费					
燃气费					
供暖费					
通信费					
有线电视费					
家具设备折旧费[1]					
物业服务费用[2]					
维修费					
保险费[3]					
房地产税[4]					
租赁费用[5]					
租赁税费[6]					
其他费用					

注：[1]如果由出租人提供家具设备（如家具、电视机、电冰箱、空调机等），应扣除它们的折旧费；[2]如物业管理企业对房屋及配套的设施设备和相关场地进行维修、养护、管理，维护相关区域内的环境卫生和秩序所收取的费用；[3]如投保房屋火灾险等的保险费；[4]如城镇土地使用税、房产税等；[5]如委托房地产经纪机构出租，房地产经纪机构向出租人收取的租赁代理费；[6]包括营业税、城市维护建设税、教育费附加、租赁手续费。

4. 报酬率的求取

报酬率即折现率，是与利率、内部收益率同类性质的比率。进一步搞清楚报酬率的内涵，需要搞清楚一笔投资中投资回收与投资回报的概念及其之间的区别。投资回收是指所投入资本的回收，即保本。投资回报是指所投入资本全部回收之后所获得的额外资金，即报酬。以向银行存款为例，投资回收就是向银行存入本金的收回，投资回报就是从银行那里得到的利息。因此，投资回报是不包含投资回收的，报酬率为投资回报与所投入资本的比率。从全社会来看，报酬率与投资风险正相关，风险大的投资，其报酬率也高，反之则低。例如，将资金购买国债，风险小，但利率低，收益也就低；而将资金搞投机冒险，报酬率高，但风险也大。

求取报酬率的方法主要有累加法和市场提取法。累加法是将报酬率视为包含无风险报酬率和风险报酬率两大部分，然后分别求出每一部分，再将它们相加得到报酬率的方法。无风险报酬率又称安全利率，是无风险投资的报酬率，是资金的机会成本。风险报酬率是指承担额外风险所要求的补偿，即超过无风险报酬率以上部

分的报酬率,具体是估价对象房地产存在的具有自身投资特征的区域、行业、市场等风险的补偿。累加法的一个细化公式为:

$$报酬率＝无风险报酬率＋投资风险补偿＋管理负担补偿＋缺乏流动性补偿－投资带来的优惠$$

其中:①投资风险补偿,是指当投资者投资于收益不确定、具有风险性的房地产时,他必然会要求对所承担的额外风险有补偿,否则就不会投资。②管理负担补偿,是指一项投资要求的关心和监管越多,其吸引力就会越小,从而投资者必然会要求对所承担的额外管理有补偿。房地产要求的管理工作一般远远超过存款、证券。③缺乏流动性补偿,是指投资者对所投入的资金由于缺乏流动性所要求的补偿。房地产与股票、债券相比,买卖要困难,交易费用也较高,缺乏流动性。④投资带来的优惠,是指由于投资房地产可能获得某些额外的好处,如易于获得融资,从而投资者会降低所要求的报酬率。因此,针对投资估价对象可以获得的好处,要作相应的扣减。

市场提取法是利用与估价对象房地产具有类似收益特征的可比实例房地产的价格、净收益等资料,选用相应的报酬资本化法公式,反求出报酬率。例如:在 $V=A/Y$ 的情况下,是通过 $Y=A/V$ 来求取 Y,即可以将市场上类似房地产的净收益与其价格的比率作为报酬率。

复习思考题

1. 什么是房地产价格?简述房地产价格形成的条件。
2. 房地产价格的主要特征表现在哪些方面?与一般商品价格比较分析。
3. 何谓区位?区位的特征表现在哪些方面?影响区位的因素有哪些?
4. 什么是房地产区位?影响房地产区位的因素主要有哪些?
5. 房地产价格的影响因素主要有哪些?结合实例简要分析。
6. 何谓基准地价、标定地价和房屋重置价?
7. 何谓总价格、单位价格和楼面地价?当已知地块规划要点,如何进行楼面地价的测算?
8. 何谓现房价格和期房价格?现房价格和期房价格有何关系?
9. 房屋租金理论上有哪些部分组成?分为几种类型?
10. 何谓房地产估价?房地产估价的要素包括哪些方面?
11. 房地产估价常用的方法有哪些?
12. 什么是市场法?价格可比基础包括哪些方面?如何进行交易修正?

13. 什么是成本法？运用成本法估价时所考虑的房地产价格由哪些部分构成？简述成本法估价的一般步骤。
14. 如何进行房地产重新购建价格的求取？如何进行建筑物折旧的求取？
15. 什么是收益法？如何进行报酬资本化法的计算？如何求取房地产净收益、报酬率？

第六章 房地产交易税费

学习要求

- 掌握：我国房地产税收的种类和税率。
- 熟悉：税收征收的环节。
- 了解：税收的特性。

第一节 税收的基本原理及相关术语

1. 税收的概念

税收是国家运用政治权力，向公民强制性地、无偿地收取一定比例的财富，它是任何国家存在的经济基础。

2. 税收的特性

税收具备三性：强制性、无偿性、固定性。

3. 税收术语

纳税人：又称为纳税主体，它是税法规定的负有纳税义务的单位和个人。

负税人：指最终负担税款的单位和个人。

课税对象：指税法规定的征税的目的物，是征税的依据。

课税标准：指国家征税时的实际依据。

税率：是应纳税额和征税对象之间的比例，是征税的依据。

第二节 我国的房地产税收

房地产税收是指以房地产(包括土地和房屋)为课税对象的诸多税种的总称。

房地产税收可以根据税收环节的不同进行不同的分类。国家税务总局《关于进一步加强房地产税收管理的通知》(国税发〔2005〕82号文)指出:"目前,在土地使用权的出让和房地产开发、转让、保有诸环节分别征收营业税及城市维护建设税和教育费附加(以下简称营业税及附加)、企业所得税、外商投资企业和外国企业所得税、个人所得税(以下统称所得税)、土地增值税、城镇土地使用税、房产税、城市房地产税、印花税、耕地占用税、契税等税种。"根据这一规定,在房地产开发环节主要税种有:耕地占用税、营业税、城市维护建设税、教育费附加、城镇土地使用税、土地增值税、所得税(企业所得税或外商企业所得税、个人所得税);房地产转让环节主要税种有:营业税、城市维护建设税、教育费附加、土地增值税、契税、印花税、所得税(企业所得税或外商企业所得税、个人所得税);房地产保有环节主要税种有:房产税或城市房地产税、城镇土地使用税等。其中,在房地产买卖过程中涉及的税费主要包括营业税及城市维护建设税和教育费附加、所得税、土地增值税、契税和印花税等;在房屋租赁过程中涉及的税费主要包括营业税及城市维护建设税和教育费附加、所得税、房产税和印花税等。

表6-1 我国现行房地产税收一览

类别	税种	税率(%)	生效日期(年_月_日)	使用范围
占有类课税	耕地占用税	1—10元/m²	1987.4.1	全部
	城镇土地使用税	0.2—10元/m²·年	1988.11.1	国内外企业和个人
	房产税	自用:1.2 出租:12	1986.10.1	国内外企业和个人
	城市房地产税	自用:1.2 出租:18	1951.8.8	外商企业和外籍个人
	固定资产投资方向调节税	2000年以后暂停征收		
流转类课税	营业税	5	1994.1.1	全部
	城市维护建设税	市/县/其他 1/5/7	1985	缴纳增值税、消费税、营业税的纳税人
	教育费附加	3—4	1986.7.1	同上
	印花税	五档: 0.003/0.005/0.03/0.05/0.1	1988.10.1	全部

续表 6-1

类别	税种	税率(%)	生效日期(年_月_日)	使用范围
流转类课税	契税	3—5	1997.10.1 1999.8.1 减半 2008.11.1 再降 0.5%	全部
收益类课税	土地增值税	累进制 30—60	1994.1.1	全部
收益类课税	企业所得税	25	2008.1.1	全部
收益类课税	个人所得税	20	1993.10.31 2011.9.1 税基上调	全部

一、契税

契税是在土地、房屋权属发生转移时,对产权承受人征收的一种税。

1. 纳税人

《中华人民共和国契税暂行条例》规定,在中华人民共和国境内转移土地、房屋权属,承受的单位和个人为契税的纳税人,应当依照本条例的规定缴纳契税。

转移土地、房屋权属是指下列行为:

(1) 国有土地使用权出让。

(2) 土地使用权转让,包括出售、赠与和交换。

(3) 房屋买卖。

(4) 房屋赠与。

(5) 房屋交换(等值交换不缴纳)。

下列方式视同为转移土地、房屋权属,予以征税:

(1) 以土地、房屋权属作价投资、入股;

(2) 以土地、房屋权属抵债;

(3) 以获奖方式承受土地、房屋权属;

(4) 以预购方式或者预付集资建房款方式承受土地、房屋权属。

2. 课税对象

契税的征税对象是发生产权转移变动的土地、房屋。

3. 税率

契税的税率为 3‰~5‰,各地适用税率,由省、自治区、直辖市人民政府在此幅度内按照本地区的实际情况确定,并报财政部和国家税务总局备案。

4. 计税依据

契税的依据是房屋产权转移时双方当事人签订的契约价格。征收契税,一般以契约载明的买价、现值价格作为计税依据。但是,为了保护房屋产权交易双方的合法权益,体现公平交易,避免发生隐价、瞒价等逃税行为,征收机关认为有必要时,也可以直接或委托房地产估价机构对房屋价值进行评估,以评估价格作为计税依据。

考虑到实际交易中房产和地产的不可分性,也为防止纳税人通过高估地产"价格"逃避税收和便于操作,在房地产交易契约中,无论是否划分房产的价格和土地的"价格",都以房地产交易契约价格总额为计税依据。土地使用权交换、房屋交换时,以所交换的土地使用权、房屋的价格的差额为计税依据。

5. 纳税环节和纳税期限

契税的纳税环节是在纳税义务发生以后,办理契证或房屋产权证之前。按照《契税暂行条例》,由承受人自转移合同签订之日起 10 日内办理纳税申报手续,并在征收机关核定的期限内缴纳税款。

6. 减免规定

国家机关、事业单位、社会团体、军事单位承受土地、房屋用于办公、教学、医疗、科研和军事设施的,免税。

城镇职工按规定第一次购买公有住房的,免税。

因不可抗力灭失住房而重新购买住房的,免税。

土地、房屋被县级以上人民政府征用、占用后,重新承受土地、房屋权属的,由省级人民政府决定是否减免。

纳税人承受荒山、荒沟、荒滩、荒丘土地使用权用于农、林、牧、渔业生产的,免税。

经外交部确认,予以免税的外国驻华使馆、领事馆、联合国驻华机构用其外交代表、领事馆员和其他外交人员承受土地、房屋权属。

法定继承人(包括配偶、子女、父母、兄弟姐妹、祖父母、外祖父母)继承土地、房屋权属的,不征契税。

二、营业税、城市维护建设税和教育费附加

(1) 营业税是对提供应税劳务、转让无形资产和销售不动产的单位和个人开征的一种税。销售不动产的营业税税率为 5%。

(2) 城市维护建设税(以下简称城建税)是随增值税、消费税和营业税附征并专门用于城市维护建设的一种特别目的税。

城建税以缴纳增值税、消费税、营业税的单位和个人为纳税人。对外商投资企业的外国企业,暂不征城建税。

城建税实行的是地区差别税率，按照纳税人所在地的不同，税率分别规定为7％、5％、1％三个档次，具体是：纳税人所在地在城市市区的，税率为7％；在县城、建制镇的，税率为5％；不在城市市区、县城、建制镇的，税率为1％。

所有纳税人除另外规定外，其缴纳城建税的税率，一律执行纳税人所在地的税率，在同一地区，只能执行同一档次的税率，不能因企业隶属关系、企业规模和行业性质不同，而执行不同的税率。

但是，对下列两种情况，可不执行纳税人所在地的税率，而按缴纳"三税"（增值税、消费税、营业税）的所在地的适用税率缴纳城建税：一是受托方代征、代扣增值税、消费税、营业税的纳税人；二是流动经营无固定纳税地点的纳税人。

城建税以纳税人实际缴纳的"三税"税额为计税依据。"三税"税额仅指"三税"的正税，不包括税务机关对纳税人加收的滞纳金和罚款等非税款项。

(3) 教育费附加是随增值税、消费税和营业税附征并专门用于教育的一种特别目的税。教育费附加的税率在城市一般为营业税的3％。

营业税、城市建设维护税和教育费附加通常也称作"两税一费"。

三、土地增值税

土地增值税是对有偿转让国有土地使用权及地上建筑物和其他附着物的单位和个人征收的一种税。

1. 纳税人

凡有偿转让国有土地使用权、地上建筑物及其他附着物（以下简称转让房地产）并取得收入的单位和个人为土地增值税的纳税人。

各类企业单位、事业单位、国家机关、社会团体和其他组织，以及个体经营者、外商投资企业、外国企业以及外国驻华机构，以及外国公民、华侨、港澳同胞等均在土地增值税的纳税义务人范围内。

2. 征税范围

土地增值税的征税范围包括国有土地、地上建筑物及其他附着物。不包括通过继承、赠与等方式无偿转让房地产的行为。

3. 课税对象和计税依据

土地增值税的课税对象是有偿转让房地产所取得的土地增值额。

土地增值税以纳税人转让房地产所取得的土地增值额为计税依据，土地增值额为纳税人转让房地产所取得的收入减除规定扣除项目金额后的余额。纳税人转让房地产所取得的收入，包括转让房地产的全部价款及相关的经济利益，具体包括货币收入、实物收入和其他收入。

4. 税率和应纳税额的计算

土地增值税实行四级超额累进税率：

(1) 增值额未超过扣除项目金额50%的部分,税率为30%。

(2) 增值额超过扣除项目金额50%,未超过100%的部分,税率为40%。

(3) 增值额超过扣除项目金额100%,未超过200%的部分,税率为50%。

(4) 增值额超过扣除项目金额200%以上部分,税率为60%。

每级"增值额未超过扣除项目金额"的比例均包括本比例数。

为简化计算,应纳税额可按增值额乘以适用税率减去扣除项目金额乘以速算扣除系数的简便方法计算,速算公式如下：

土地增值额未超过扣除项目金额50%的,应纳税额＝土地增值额×30%。

土地增值额超过扣除项目金额50%,未超过100%的,应纳税额＝土地增值额×40%－扣除项目金额×5%。

土地增值额超过扣除项目金额100%,未超过200%的,应纳税额＝土地增值额×50%－扣除项目金额×15%。

土地增值额超过扣除项目金额200%的,应纳税额＝土地增值额×60%－扣除项目金额×35%。

5. 扣除项目

土地增值税的扣除项目为：

(1) 取得土地使用权时所支付的金额。

(2) 土地开发成本、费用。

(3) 建房及配套设施的成本、费用,或者旧房及建筑物的评估价格。

(4) 与转让房地产有关的税金。

(5) 财政部规定的其他扣除项目。

另外,对纳税人成片受让土地使用权后,分期分批开发、分块转让的,其扣除项目金额的确定,可按转让土地使用权的面积占总面积的比例计算分摊,或按建筑面积计算分摊,也可按税务机关确认的其他方式计算分摊。

纳税人有下列情形之一者,按照房地产评估价格计算征收土地增值税：

(1) 隐瞒、虚报房地产价格的。

(2) 提供扣除项目金额不实的。

(3) 转让房地产的成交价格低于房地产评估价,又无正当理由的。

6. 减免规定

下列情况免征土地增值税：

（1）纳税人建造普通标准住宅出售，其土地增值额未超过扣除金额20％的。

（2）因国家建设需要而被政府征用的房地产。

其中，普通标准住宅是指按所在地一般民用住宅标准建造的居住用房。普通标准住宅与其他住宅的具体划分界限由各省、自治区、直辖市人民政府规定。纳税人建造普通标准住宅出售，增值额未超过《中华人民共和国土地增值税实施细则》第七条（一）、（二）、（三）、（五）、（六）项扣除项目金额之和20％的，免征土地增值税；增值额超过扣除项目之和的20％的，应就其全部增值额按规定计税。

四、房产税

房产税是《中华人民共和国房产税暂行条例》设定的，以房产为课税对象，向产权所有人征收的一种税。

1. 纳税人

凡是中国境内拥有房屋产权的单位和个人都是房产税的纳税人。产权属于全民所有的，以经营管理的单位和个人为纳税人；产权出典的，以承典人为纳税人；产权所有人、承典人均不在房产所在地的，或者产权未确定以及租典纠纷未解决的，以房产代管人或者使用人为纳税人。

2. 课税对象

房产税的课税对象是房产。条例规定，房产税在城市、县城、建制镇和工矿区征收。

3. 课税依据

对于非出租的房产，以房产原值一次减除10％～30％后的余值为计税依据。具体减除幅度由省、自治区、直辖市人民政府确定。对于出租的房产，以房产租金收入为计税依据。租金收入是房屋所有权人出租房产使用权所得的报酬，包括货币收入和实物收入。对以劳务或其他形式为报酬抵付房租收入的，应根据当地房产的租金水平，确定一个标准租金额按租计征。

4. 税率

房产税采用比例税率。按房产余值计征的，税率为1.2％；按房产租金收入计征的，税率为12％。

5. 纳税地点

房产税在房产所在地缴纳。

6. 纳税期限

房产税按年计征,分期缴纳。

7. 减税、免税

下述房产免征房产税:

(1) 国家机关、人民团体、军队自用的房产。但是,上述单位的出租房产以及非自身业务使用的生产、经营用房,不属于免税范围。

(2) 由国家财政部门拨付事业经费的单位自用的房产。

(3) 宗教寺庙、公园、名胜古迹自用的房产,但其附设的营业用房及出租的房产,不属于免税范围。

(4) 个人所有非营业用的房产。

(5) 经财政部批准免税的其他房产。

五、印花税

印花税是对因商事活动、产权转移、权利许可证照授受等行为而书立、领受的应税凭证征收的一种税。

1. 纳税人

印花税的纳税人为在中国境内书立领受税法规定应税凭证的单位和个人,包括国内各类企业、事业、机关、团体、部队及中外合资企业、中外合作企业、外商独资企业、外国公司和其他经济组织及其在华机构等单位和个人。

2. 征税范围

印花税的征收范围主要是经济活动中最普遍、最大量的各种商事和产权凭证,具体包括以下几项:

(1) 购销、加工承揽、建设工程勘察设计、建设安装工程承包、财产租赁、货物运输、仓储保管、借款、财产保险、技术等合同或者具有合同性质的凭证。

(2) 产权转移书据。

(3) 营业账簿。

(4) 权利、许可证照。

(5) 经财政部确定征税的其他凭证。

3. 税率和计税依据

印花税的税率采用比例税率和定额税率两种:

对一些载有金额的凭证,如各类合同、资金账簿等,采用比例税率。税率共分5档:千分之一、万分之五、万分之三、万分之零点五、万分之零点三。

对一些无法计算金额的凭证,或者虽载有金额,但作为计税依据明显不合理的凭证,采用定额税率,每件缴纳一定数额的税款。

六、企业所得税

企业所得税是对企业在一定期间(通常为 1 年)内取得的生产经营所得和其他所得征收的一种税。

1. 纳税人

在中华人民共和国境内,企业和其他取得收入的组织(以下统称企业)为企业所得税的纳税人。个人独资企业、合伙企业不适用《中华人民共和国企业所得税法》。

企业分为居民企业和非居民企业。居民企业是指依法在中国境内成立,或者依照外国(地区)法律成立但实际管理机构在中国境内的企业。居民企业应当就其来源于中国境内、境外的所得缴纳企业所得税。非居民企业是指依照外国(地区)法律成立且实际管理机构不在中国境内,但在中国境内设立机构、场所的,或者在中国境内未设立机构、场所,但有来源于中国境内所得的企业。非居民企业在中国境内设立机构、场所的,应当就其所设机构、场所取得的来源于中国境内的所得,以及发生在中国境外但与其所设机构、场所有实际联系的所得,缴纳企业所得税。非居民企业在中国境内未设立机构、场所的,或者虽设立机构、场所但取得的所得与其所设机构、场所没有实际联系的,应当就其来源于中国境内的所得缴纳企业所得税。

2. 税率

企业所得税的税率为 25%。非居民企业在中国境内未设立机构、场所的,或者虽设立机构、场所但取得的所得与其所设机构、场所没有实际联系的,就其来源于中国境内的所得缴纳企业所得税的,适用税率为 20%。

3. 应税所得额

企业每一纳税年度的收入总额,减除不征税收入、免税收入、各项扣除以及允许弥补的以前年度亏损后的余额,为应纳税所得额。

企业以货币形式和非货币形式从各种来源取得的收入,为收入总额。包括:销售货物收入,提供劳务收入,转让财产收入,股息、红利等权益性投资收益,利息收入,租金收入,特许权使用费收入,接受捐赠收入,其他收入。

企业实际发生的与取得收入有关的、合理的支出,包括成本、费用、税金、损失和其他支出,准予在计算应纳税所得额时扣除。

4. 应纳税额

企业的应纳税所得额乘以适用税率,减除依照关于税收优惠的规定减免和抵免的税额后的余额,为应纳税额。

企业取得的以下所得已在境外缴纳的所得税税额,可以从其当期应纳税额中抵免,抵免额为该项所得依照本法规定计算的应纳税额;超过抵免限额的部分,可以在以后五个年度内,用每年抵免限额抵免当年抵税额后的余额进行抵补:

(1) 居民企业来源于中国境外的应税所得。

(2) 非居民企业在中国境内设立机构、场所,取得发生在中国境外但与该机构、场所有实际联系的应税所得。

七、个人所得税

1. 纳税人

个人所得税的纳税人为在中国境内有住所或者无住所而在境内居住满一年的,从中国境内和境外取得所得的个人。在中国境内无住所又不居住或者无住所而在境内居住不满一年的个人,从中国境内取得所得的,依照法律规定同样需缴纳个人所得税。

2. 税目

下列各项个人所得,应纳个人所得税:工资、薪金所得;个体工商户的生产、经营所得;对企事业单位的承包经营、承租经营所得;劳务报酬所得;稿酬所得;特许权使用费所得;利息、股息、红利所得;财产转让所得;财产租赁所得;偶然所得;经国务院财政部门确定征税的其他所得。

3. 与房地产相关的个人所得税税率

财产转让所得,以转让财产的收入减除财产原值和合理费用后的余额,为应纳税所得额。财产租赁所得,每次收入不超过四千元的,减除费用八百元,四千元以上的,减除20%的费用,其余额为应纳税所得额。财产租赁所得、财产转让所得,适用比例税率,税率为20%。

八、有关住房税收的优惠政策

1. 个人出售、购买住房税收优惠政策

个人自建自用住房销售时免征营业税;个人购买自用普通住宅,暂减半征契税。

企业、行政事业单位按房改成本价、标准价出售住房的收入,暂免征收营业税。另外,居民个人拥有的普通住房,在转让时暂免征收土地增值税。

对出售自有住房并拟在现住房出售后1年内按市场价重新购房的纳税人,其购房金额大于或等于原住房销售额的,免征个人所得税;购房金额小于原住房销售额

的,按购房金额占原住房销售额的比例免征个人所得税。

对个人转让自用达5年以上,并且是唯一家庭生活用房的所得,免征个人所得税。

针对一些地区存在的房地产投资规模过大、商品住房价格上涨过快,供应结构不合理,市场秩序比较混乱等突出问题,为进一步加强对房地产市场的引导和调控,及时解决商品住房市场运行中的矛盾和问题,努力实现商品住房供求基本平衡,切实稳定住房价格,促进房地产业的健康发展,《国务院办公厅转发建设部等部门关于调整住房供应结构稳定住房价格意见的通知》(国办发[2006]37号)规定享受优惠政策的住房原则上应同时满足以下条件:住房小区建筑容积率在1.0以上,单套建筑面积在120平方米以下,实际成交价格低于同级别土地上住房平均交易价格的1.2倍。各省、自治区、直辖市可根据实际情况,制定本地区享受优惠政策普通住房的具体标准。允许单套建筑面积和价格标准适当浮动,但向上浮动的比例不得超过上述标准的20%。

2. 支持廉租住房、经济适用住房建设的税收政策

对廉租住房经营管理单位按照政府规定价格、向规定保障对象出租廉租住房的租金收入,免征营业税、房产税。

对廉租住房、经济适用住房建设用地以及廉租住房经营管理单位按照政府规定价格、向规定保障对象出租的廉租住房用地,免征城镇土地使用税。

开发商在经济适用住房、商品住房项目中配套建造廉租住房,在商品住房项目中配套建造经济适用住房,如能提供政府部门的相关材料,可按廉租住房、经济适用住房建筑面积占总建筑面积的比例免征开发商应缴纳的城镇土地使用税。

企事业单位、社会团体以及其他组织转让旧房作为廉租住房、经济适用住房房源且增值额未超过扣除项目金额20%的,免征土地增值税。

对廉租住房、经济适用住房经营管理单位与廉租住房、经济适用住房相关的印花税以及廉租住房承租人、经济适用住房购买人涉及的印花税予以免征。

开发商在经济适用住房、商品住房项目中配套建造廉租住房,在商品住房项目中配套建造经济适用住房,如能提供政府部门出具的相关材料,可按廉租住房、经济适用住房建筑面积占总建筑面积的比例免征开发商应缴纳的印花税。

对廉租住房经营管理单位购买住房作为廉租住房、经济适用住房经营管理单位回购经济适用住房继续作为经济适用住房房源的,免征契税。

对个人购买经济适用住房,在法定税率基础上减半征收契税。

对个人按《廉租住房保障办法》(原建设部等九部委令第162号)规定取得的廉

租住房货币补贴,免征个人所得税;对于所在单位以廉租住房名义发放的不符合规定的补贴,应征收个人所得税。

企事业单位、社会团体以及其他组织于2008年1月1日前捐赠住房作为廉租住房的,按《中华人民共和国企业所得税暂行条例》(国务院令第137号)、《中华人民共和国外商投资企业和外国企业所得税法》有关公益性捐赠政策执行;2008年1月1日后捐赠的,按《中华人民共和国企业所得税法》有关公益性捐赠政策执行。个人捐赠住房作为廉租住房的,捐赠额未超过其申报的应纳税所得额30%的部分,准予从其应纳税所得额中扣除。

廉租住房、经济适用住房、廉租住房承租人、经济适用住房购买人以及廉租住房租金、货币补贴标准等须符合《国务院关于解决城市低收入家庭住房困难的若干意见》及《廉租住房保障办法》(原建设部等九部委令162号)、《经济适用住房管理办法》(建住房〔2007〕258号)的规定;廉租住房、经济适用住房经营管理单位为县级以上人民政府主办或确定的单位。

3. 住房租赁税收优惠政策

2008年3月1日起,房屋租赁市场税收按以下规定执行:

(1) 对个人出租住房取得的所得减按10%的税率征收个人所得税。

(2) 对个人出租、承租住房签订的租赁合同,免征印花税。

(3) 对个人出租住房,不区分用途,在3%税率的基础上减半征收营业税,按4%的税率征收房产税,免征城镇土地使用税。

(4) 对企事业单位、社会团体以及其他组织按市场价格向个人出租用于居住的住房,减按4%的税率征收房产税。

复习思考题

1. 什么是税收?简述税收的特性和环节。
2. 什么是房地产税收?我国房地产税收有哪些类型?
3. 在房地产开发环节、房地产转让环节、房地产保有环节分别主要有哪些税种?
4. 在房地产买卖过程中、房屋租赁过程中涉及的税费主要包括哪些方面?
5. 什么是土地增值税?其税率是如何确定的?
6. 什么是房产税?如何进行税率的确定?

第七章 房地产登记

学习要求

- 掌握：房地产登记的相关规定和要求。
- 熟悉：房地产登记的范围、房地产登记的基本程序。
- 了解：房地产登记的种类及其相关知识。

第一节 房地产登记是取得产权证的前提

房地产登记完整的表述应该是房地产产权登记，也称房地产权属登记，是指土地使用权、房屋所有权和房地产他项权利的登记。我国房地产产权登记制度是按照《城市房地产管理法》的规定，履行登记手续，将产权状况记载于政府特定的簿册上的制度。

为什么要建立房地产权属登记制度？归结起来讲，一是由房地产自身的特征决定的——房地产是特殊财产，不同于一般财产和商品，它具有价值量大、使用期长、属于不动产等特征；二是从法律规定的角度来看，我国《城市房地产管理法》第五十九条规定："国家实行土地使用权和房屋所有权登记发证制度。"这就是说，城市房产权利的取得、变更或灭失只能由政府管理机关通过登记程序来确认。许多国家的法律也规定：不动产权利的取得和变更应以登记为生效要件。

建立房地产产权登记制度，明确产权归属，一方面有利于依法保护国家、集体和个人的房地产权利，另一方面也有利于形成一个正常的、规范的房地产产权管理秩序，不断健全和完善房地产产权保障制度，维护社会安定团结，促进经济发展。

设立房地产产权登记制度，是世界各国普遍采用的方式，是用法律和行政的手

段对房地产进行登记,审查确认产权,核发权属证书,办理权属的转移变更,调处产权纠纷,监督规范权利人的行为,建立准确、完整的产籍档案资料等,从而建立正常的产权管理秩序,更好地保护权利人的合法权益,在权属登记有公信力的国家或地区,实质上就是以国家或政府的声誉来保证某一房地产权利的归属和可靠性,从而使这一房地产权利能够得到国家法律的保护。当今世界,以不动产登记制度为核心,根据权属登记的内容和方式的不同,各国房地产权属登记制度可分为两大类,即契据登记制度和产权登记制度。

我国现行的房地产登记制度,类似于德国式登记制,兼采托伦斯登记制,但又有自己的特点,概括起来主要表现在以下几个方面:

(1) 房地产登记由不同登记机关分别登记。房屋与所占用的土地使用权是不可分割的,房地产产权的登记本应当是一次进行的,证书也应当只领取一个,但由于我国城镇土地属国家所有,房屋存在全民所有、集体所有、私有以及股份制等多种所有制形式。对于房产所有人除申请房屋所有权登记外,还要申请国有土地使用权登记。因此,我国对房地产事项由房屋与土地分部门管理,所以房地产权属登记一般是土地使用权和房屋所有权登记分别在土地管理机关和房地产管理机关进行。

(2) 房地产权属登记为房地产权利动态登记。当事人对房地产权利的取得、变更、丧失均须依法登记,不经登记,不发生法律效力,不能对抗第三人。房地产权属登记,不仅登记房地产静态权利,而且也登记权利动态过程,使第三人可以就登记情况,推知该房地产权利状态。

(3) 房地产权属登记采取实质性审查、登记。产权登记部门是政府职能部门,房地产权属登记时,登记机关对登记申请人提出的登记申请,不仅要审查形式要件,而且还必须对申请登记的权利的权源证明是否有效进行严格审查,并要进行实地勘验。形式要件与实地勘验结果一致,且无异议时方可进行登记。

(4) 房地产权属登记具有公信力。依法登记的房产权利受国家法律保护,权属证书是权利人依法拥有房产权利的唯一合法凭证。房地产权利一经登记机关在登记簿上注册登记,该权利对于善意第三人在法律上有绝对效力。

(5) 房地产权属登记实行强制登记制度。房地产权利初始登记后,涉及权利转移、设定、变更等,权利人必须在规定的期限内申请登记,若不登记,房地产权利便得不到法律保护,且要承担相应的法律责任。

(6) 颁发权利证书。房地产权属登记机关对产权申请人登记的权利,按程序登记完毕后,还要给权利人颁发权利证书。权利证书为权利人权利之凭证,由权利人持有和保管。

第二节 房地产权属登记的种类

房地产权属登记,也称为房地产产权登记。按照登记原因有不同分类,我国目前可分为七类:总登记、土地使用权初始登记、房屋所有权初始登记、转移登记、变更登记、他项权利登记、注销登记。

一、总登记

总登记,也称静态登记,是国家、省(自治区、直辖市)房地产主管机关或市、县登记机关根据需要,在一定的行政区域范围和规定的时间内进行的房地产权属登记。凡列入总登记范围的所有房屋,不论房屋归谁所有,也不论其产权有无转移或变更,房屋所有人都应在规定的期限内向登记机关申请登记。

总登记一般是指以下三种情况:
(1) 从未进行过登记,没有产权产籍资料。
(2) 需要全面核实,换发房地产产权证。
(3) 由于历史的原因,造成产权产籍管理的混乱,需要进行重新整顿登记。

总登记是一项涉及面广、工作量大的登记工作,一般由县级以上人民政府批准开展。登记机关认为需要时,可对本行政区域内的房地产权属证书进行验证或更换。进行总登记或验证一般应于规定期限开始之日 1 个月前,由登记机关公告周知。

公告应包括以下内容:
(1) 登记或验证区域。
(2) 申请期限。
(3) 受理申请地点。
(4) 办理登记的程序要求。

二、土地使用权登记

国有土地使用权登记,是指土地管理机关或房地产产权管理机关对依法取得土地使用权的单位和个人的申请,按照法定程序,对其国有土地使用权进行审查核实、注册登记,核发国有土地使用权证书的一种制度。

按照国家土地管理局的土地登记的有关规定,国有土地使用权的权属登记分为

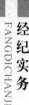

初始登记、变更登记两种。

所谓初始登记，是指在一定时间时，以出让或划拨方式取得土地使用权的，权利人应申请办理土地使用权初始登记。申请土地使用权初始登记时，权利人应提交批准用地、土地使用合同等有关证明文件，包括：在依法取得房地产开发用地上新建成的房屋应凭土地使用权证书，申请房屋所有权登记；其余新建房屋凭用地证明，申请房屋所有权登记。

所谓变更登记，是指在初始登记之后，因土地使用权转让、转移或者因所设定的他项权利，以及土地的主要用途发生改变而随时办理的登记。变更登记只是对初始登记的某些内容的改变，在程序上两种登记的过程几乎是一样的。

国有土地使用权登记主要事项有以下八项：

（1）土地使用者情况

土地使用者是指依法获得国有土地使用权的单位或个人。单位应记载注册成立的法定名称，个人记载其姓名，并对单位注册的地址和个人的住所、经营地址进行登记。

（2）土地位置

所谓土地位置是指土地坐落和四至。坐落是指土地所在的街道门牌号码或区号。四至是指登记土地相邻土地的所有者或者使用者的名称、姓名，也可以登记权属界线上永久性显著的地物或界标。为了与地籍图上反映的内容相互印证，还需登记土地所在地籍图的图号和地号。

（3）土地权属性质

（4）土地使用面积

使用面积包括独自用地面积、共有使用面积及分摊使用面积。用地面积是指土地使用者独自使用一宗地的面积。共有使用面积是指某一土地使用者与其他使用者共同使用一宗地的全部或者一部分而无法在地面上划分使用者之间使用权界限的土地面积。分摊面积是指土地使用者在共有权面积中应分摊的面积。

（5）土地分类面积

土地分类面积是指按全国统一的土地分类标准，在一宗土地上各类用地的具体面积。

（6）土地实际用途和等级

土地实际用途是指依法批准使用的土地实际用途，如学校、住宅、商业区等使用的土地。土地等级是指土地管理部门依照法定程序所评定的土地等级。

（7）土地权属来源及依据

土地权属来源是指土地使用者通过什么途径取得的土地。土地权属依据是指政府批准的用地文件或政府部门颁发的证件,或者能证明土地来源的其他文件、批准时间及批准用途等。

(8) 土地使用期限

土地使用期限是指政府批准的土地使用者可以使用土地的期限,主要是指通过出让方式取得国有土地使用权时所确定的期限。

三、房屋所有权初始登记(新建房屋登记)

房屋所有权初始登记是指新建房屋申请人,或原有但未进行过登记的房屋申请人原始取得所有权而进行的登记。由于我国当前新建房屋登记较多,因此,消费者更多的是知晓新建商品房登记——这是新建房屋权利人原始取得所有权的主要手段。对新建房屋必须申请登记。

申请新建房屋登记时,权利人应提交建筑用地规划许可证等有关证明。

在依法取得的房地产开发用地上新建成的房屋和集体土地转化为国有土地上的房屋,权利人应向登记机关申请办理房屋所有权初始登记。

在开发用地上新建成的房屋登记,权利人应向登记机关提交建设用地规划许可证、建设工程规划许可证及土地使用权证书等证明文件;集体土地转化为国有土地上的房屋,权利人应向登记机关提交用地证明等有关文件。

房地产开发公司出售商品房应在销售前到登记机关办理备案登记手续。

四、房屋产权转移登记

在总登记之后,当房屋所有权因买卖、交换、赠与、继承、分析、转让等法律行为发生,而涉及产权人的变更,必须办理产权过户手续情况下的登记。转移登记除继承外,应由权利人会同义务人申请登记,转移登记办理后,原发的产权证同时注销作废,产权人将获得新的产权证。

申请转移登记时,权利人应提交申请书、房地产权证书以及与房地产转移相关的合同、协议、证明文件等。例如,购房人应在开发企业备案登记后,凭购房合同办理房屋所有权登记。

五、变更登记

在总登记之后,房屋因发生扩建、翻建、改建、部分拆除等增减情况,以及相应的宅基地、院落用地使用范围的增减,或房地产权利人法定名称改变所进行的登记。

经变更登记后,原登记及原发证件注销作废,换发新的权证。

申请变更登记时,权利人应提交房地产权证书以及与房地产变更相关的文件。

转移登记与变更登记均称为动态登记。

六、他项权利登记

他项权利登记可分为三种:

(1) 他项权利设立登记。

(2) 他项权利内容变更登记。

(3) 他项权利注销登记。

以上三种情况都应申请他项权利登记。

申请他项权利登记时,权利人应提交的证明文件包括:

(1) 以空地使用权作为抵押物的,应提交国有土地使用权证或土地出让合同、抵押合同及相关的协议和证明文件。

(2) 以房屋及其占有土地作为抵押的,除应提交前项所列证明文件外,还应提交房屋所有权证书或房地产权证书。

(3) 以房屋期权作为抵押物的,应提交房屋预售合同、抵押合同。

七、注销登记

房地产权利因房屋或土地灭失、土地使用年限届满、他项权利终止、权利主体的消灭等,原权利人均应申请注销登记。对于权利主体消灭的注销登记,如无人承受或不能确定承受人的可由登记机关直接予以登记。

(1) 房屋灭失,所有权的要素之一客体灭失,房屋所有权不复存在。

(2) 土地使用权年限届满,房屋所有权人未按城市房地产管理法的规定申请续期,或虽申请续期而未获批准的,土地使用权由国家无偿收回。按房屋所有权和该房屋占用范围内土地使用权权利主体一致的原则,原所有人的房屋所有权也不复存在。

(3) 他项权利终止:抵押权是因主债权的消灭,如债的履行以及房屋灭失或抵押权的行使而使抵押权归于消灭;典权是因典期届满、出典人回赎或转典为卖以及房屋灭失而使典权归于消灭。

房地产权利丧失时,原权利人应申请注销登记。申请注销登记时,申请人应提交原房地产权属证书、相关的合同、协议等证明文件。无权利承受人或不能确定承受人的,由登记机关代为注销登记。

除以上登记类型之外,还有更正登记、遗失登记、更名及住址变更登记、限制登记等。

第三节　房地产登记的范围

房地产登记是城市管理的一项经济性的行政管理。应按有关法律、法令，结合各地的实际情况进行。国务院1983年12月已发布《城市私有房屋管理条例》。《条例》规定："本条例适用于直辖市、市、镇和未设镇建制的县城、工矿区的一切私有房屋，前款私有房屋是指个人所有、数人共有的自用或出租的住宅和非住宅用房。"原城乡建设环境保护部1987年4月21日颁发的《城镇房屋所有权登记暂行办法》第一条规定："本办法适用于城市、县镇、建制镇和工矿区范围内的所有房屋，包括全民所有制行政、军队、企业事业单位的房屋；集体所有制房屋；私人房屋；宗教团体房屋等。"根据上述规定精神，房屋所有权登记发证的地域范围和房屋范围是城市、县镇和独立工矿范围内的全部房屋；这与1985年组织开展的"第一次全国城镇房屋普查"所规定的普查范围和对象是相同的。

一、地域范围

（1）设区的城市。①市区建成区；②市郊区与区连接的建成区；③郊区建制镇建成区；④郊区建制镇以外区属以上机关、学校、工矿企事业单位，以及相连的城镇居民点。

（2）不设区的城市。①市区建成区；②市属建制镇建成区；③市区建成区以外的市属以上机关、学校、工矿企事业单位，以及相连接的城镇居民点。

（3）建制县。①县属建制镇建成区；②县建制镇以外县属以上机关、学校、工矿企业事业单位，以及相连接的城镇居民点。

二、房屋范围

（1）在应登记地域范围内，固定于土地上的结构完整的房屋。

（2）对一些特殊的房屋或结构简陋、破烂不堪的房屋，临时性的房屋，以及不属于房屋的各种建筑物，原则上不进行登记。

购房者购房时对在城乡结合部的房产应多加注意和谨慎，因为，随着城乡地域界线的模糊，乡村城镇化，尤其是乡镇企业的发展，使大量的原农业用地变为建筑地段，其中有一些是国家正常的征地范围——即经征地后，农业用地变为城镇用地，在其上建筑的房屋属于国家规定的城镇房地产登记的范围之内。但也有农民自行开发和建造或由某些非法开发商开发建造的房屋建筑物,这种房产是无法进行登记的,因为,在这种地段建造的房屋建筑物不属于国家允许登记的范围。

第四节 房地产登记的基本程序

我国房地产产权登记机关的工作程序是:受理登记申请;勘丈绘图、产权(权属)审查、确认;核准登记并绘制权证;颁发或者注销权属证书。

一、受理登记申请(登记收件)

权利人向房地产所在地的登记部门提出书面申请,填写统一的登记申请表,提交墙界表,并进行产权证件、身份证等有关证件的检验。

上述手续齐备,产权登记部门方能受理登记申请。

二、勘丈绘图

勘丈绘图是指登记机关对已申请登记和尚未申请登记的房地产,以权利人为单位,逐户、逐处进行实地勘察,查清现状,丈量计算面积,核实墙体归属,绘制分户平面图,补测或修改房屋平面图或地籍图。这是产权审查、确认和制图发证的依据。

三、产权(权属)审查、确认

产权登记部门对受理的登记申请要进行产权(权属)的审查、确认。主要包括查阅产权档案、审查权利人提交的各种证件、核实房产现状及权属来源等。

四、核准登记并绘制权证

经过审核批准确认房地产权属的,准予登记。经过审核未批准确认房地产权属的,予以延期登记或者不予登记。

准予延期登记的房地产:房地产权属不清或争议尚未解决的;因正当理由不能按期交齐证明材料的;按规定需要补办手续的;其他准予延期登记的;权利人在港、澳、台地区或国外的,其申请期限可根据具体情况适当延长。

对于权利人(申请人)逾期申请房屋权属登记的,登记机关可以按照规定登记费的3倍以内收取登记费。

不予登记房地产:房地产权属不清;违章建筑;临时建筑;申请人提供的证明材料不足以确认权属的;其他依法不予核准登记的。不予登记的房地产,登记部门将终止其登记程序,并在规定核准登记的期限内通知权利人,退还申请文件。

上述情况消失或者问题解决后,权利人可以重新申请登记。

对申请人申请登记的房地产,经过审查、确认准予发给产权证件的,登记机关将及时转入绘制权证阶段。该阶段包括缮证(即填写产权证件)、配图(将测绘人员经过实地复核后的房屋平面图或其他图件附在产权证规定的位置上)、校对、送印四个步骤。

五、颁发或者注销权属证书

登记部门对权利人的申请进行审查,凡权属清楚、证明材料齐全,应在规定的期限内核准登记并颁发房地产权属证书。

有下列情形之一的,登记部门有权撤销登记,注销房地产权属证书:

(1) 申报不实的。
(2) 涂改房地产权属证书的。
(3) 房地产权利灭失,而原权利人未在规定期限内办理房地产权属注销登记的。
(4) 登记部门认为有必要撤销的。

注销房地产权属证书,应由登记部门作出书面决定,并送达给原权利人。

房地产权属登记工作量大,需投入的人力、财力很多,为保证登记部门的工作正常进行,应由权利人交纳登记费用,这也是国际上的通例。登记费用包括:登记费、权属证书工本费、测量勘丈费等。登记费的收取标准在全国未统一规定前,由市、县人民政府制定。

附7-1: **房屋登记办法**
中华人民共和国建设部令第168号

《房屋登记办法》已于2008年1月22日经建设部第147次常务会议讨论通过,现予发布,自2008年7月1日起施行。

建设部部长 汪光焘

二〇〇八年二月十五日

第一章 总 则

第一条 为了规范房屋登记行为,维护房地产交易安全,保护权利人的合法权益,依据《中华人民共和国物权法》、《中华人民共和国城市房地产管理法》、《村庄和集镇规划建设管理条例》等法律、行政法规,制定本办法。

第二条　本办法所称房屋登记,是指房屋登记机构依法将房屋权利和其他应当记载的事项在房屋登记簿上予以记载的行为。

第三条　国务院建设主管部门负责指导、监督全国的房屋登记工作。

省、自治区、直辖市人民政府建设(房地产)主管部门负责指导、监督本行政区域内的房屋登记工作。

第四条　房屋登记,由房屋所在地的房屋登记机构办理。

本办法所称房屋登记机构,是指直辖市、市、县人民政府建设(房地产)主管部门或者其设置的负责房屋登记工作的机构。

第五条　房屋登记机构应当建立本行政区域内统一的房屋登记簿。

房屋登记簿是房屋权利归属和内容的根据,由房屋登记机构管理。

第六条　房屋登记人员应当具备与其岗位相适应的专业知识。

从事房屋登记审核工作的人员,应当取得国务院建设主管部门颁发的房屋登记上岗证书,持证上岗。

第二章　一般规定

第七条　办理房屋登记,一般依照下列程序进行:

(一) 申请;

(二) 受理;

(三) 审核;

(四) 记载于登记簿;

(五) 发证。

房屋登记机构认为必要时,可以就登记事项进行公告。

第八条　办理房屋登记,应当遵循房屋所有权和房屋占用范围内的土地使用权权利主体一致的原则。

第九条　房屋登记机构应当依照法律、法规和本办法规定,确定申请房屋登记需要提交的材料,并将申请登记材料目录公示。

第十条　房屋应当按照基本单元进行登记。房屋基本单元是指有固定界限、可以独立使用并且有明确、唯一的编号(幢号、室号等)的房屋或者特定空间。

国有土地范围内成套住房,以套为基本单元进行登记;非成套住房,以房屋的幢、层、间等有固定界限的部分为基本单元进行登记。集体土地范围内村民住房,以宅基地上独立建筑为基本单元进行登记;在共有宅基地上建造的村民住房,以套、间等有固定界限的部分为基本单元进行登记。

非住房以房屋的幢、层、套、间等有固定界限的部分为基本单元进行登记。

第十一条　申请房屋登记,申请人应当向房屋所在地的房屋登记机构提出申请,并提交申请登记材料。

申请登记材料应当提供原件。不能提供原件的,应当提交经有关机关确认与原件一致的复印件。

申请人应当对申请登记材料的真实性、合法性、有效性负责,不得隐瞒真实情况或者提供虚假材料申请房屋登记。

第十二条　申请房屋登记,应当由有关当事人双方共同申请,但本办法另有规定的除外。

有下列情形之一,申请房屋登记的,可以由当事人单方申请:

(一)因合法建造房屋取得房屋权利;

(二)因人民法院、仲裁委员会的生效法律文书取得房屋权利;

(三)因继承、受遗赠取得房屋权利;

(四)有本办法所列变更登记情形之一;

(五)房屋灭失;

(六)权利人放弃房屋权利;

(七)法律、法规规定的其他情形。

第十三条　共有房屋,应当由共有人共同申请登记。

共有房屋所有权变更登记,可以由相关的共有人申请,但因共有性质或者共有人份额变更申请房屋登记的,应当由共有人共同申请。

第十四条　未成年人的房屋,应当由其监护人代为申请登记。监护人代为申请未成年人房屋登记的,应当提交证明监护人身份的材料;因处分未成年人房屋申请登记的,还应当提供为未成年人利益的书面保证。

第十五条　申请房屋登记的,申请人应当使用中文名称或者姓名。申请人提交的证明文件原件是外文的,应当提供中文译本。

委托代理人申请房屋登记的,代理人应当提交授权委托书和身份证明。境外申请人委托代理人申请房屋登记的,其授权委托书应当按照国家有关规定办理公证或者认证。

第十六条　申请房屋登记的,申请人应当按照国家有关规定缴纳登记费。

第十七条　申请人提交的申请登记材料齐全且符合法定形式的,应当予以受理,并出具书面凭证。

申请人提交的申请登记材料不齐全或者不符合法定形式的,应当不予受理,并告知申请人需要补正的内容。

第十八条　房屋登记机构应当查验申请登记材料,并根据不同登记申请就申请登记事项是否是申请人的真实意思表示、申请登记房屋是否为共有房屋、房屋登记簿记载的权利人是否同意更正,以及申请登记材料中需进一步明确的其他有关事项询问申请人。询问结果应当经申请人签字确认,并归档保留。

房屋登记机构认为申请登记房屋的有关情况需要进一步证明的,可以要求申请人补充材料。

第十九条　办理下列房屋登记,房屋登记机构应当实地查看:
(一) 房屋所有权初始登记;
(二) 在建工程抵押权登记;
(三) 因房屋灭失导致的房屋所有权注销登记;
(四) 法律、法规规定的应当实地查看的其他房屋登记。

房屋登记机构实地查看时,申请人应当予以配合。

第二十条　登记申请符合下列条件的,房屋登记机构应当予以登记,将申请登记事项记载于房屋登记簿:
(一) 申请人与依法提交的材料记载的主体一致;
(二) 申请初始登记的房屋与申请人提交的规划证明材料记载一致,申请其他登记的房屋与房屋登记簿记载一致;
(三) 申请登记的内容与有关材料证明的事实一致;
(四) 申请登记的事项与房屋登记簿记载的房屋权利不冲突;
(五) 不存在本办法规定的不予登记的情形。

登记申请不符合前款所列条件的,房屋登记机构应当不予登记,并书面告知申请人不予登记的原因。

第二十一条　房屋登记机构将申请登记事项记载于房屋登记簿之前,申请人可以撤回登记申请。

第二十二条　有下列情形之一的,房屋登记机构应当不予登记:
(一) 未依法取得规划许可、施工许可或者未按照规划许可的面积等内容建造的建筑申请登记的;
(二) 申请人不能提供合法、有效的权利来源证明文件或者申请登记的房屋权利与权利来源证明文件不一致的;
(三) 申请登记事项与房屋登记簿记载冲突的;
(四) 申请登记房屋不能特定或者不具有独立利用价值的;
(五) 房屋已被依法征收、没收,原权利人申请登记的;
(六) 房屋被依法查封期间,权利人申请登记的;
(七) 法律、法规和本办法规定的其他不予登记的情形。

第二十三条　自受理登记申请之日起,房屋登记机构应当于下列时限内,将申请登记事项记载于房屋登记簿或者作出不予登记的决定:
(一) 国有土地范围内房屋所有权登记,30个工作日,集体土地范围内房屋所有权登记,60个工作日;
(二) 抵押权、地役权登记,10个工作日;
(三) 预告登记、更正登记,10个工作日;
(四) 异议登记,1个工作日。

公告时间不计入前款规定时限。因特殊原因需要延长登记时限的,经房屋登记机构负责人批准可以延长,但最长不得超过原时限的一倍。

法律、法规对登记时限另有规定的,从其规定。

第二十四条　房屋登记簿应当记载房屋自然状况、权利状况以及其他依法应当登记的事项。

房屋登记簿可以采用纸介质,也可以采用电子介质。采用电子介质的,应当有唯一、确定的纸介质转化形式,并应当定期异地备份。

第二十五条　房屋登记机构应当根据房屋登记簿的记载,缮写并向权利人发放房屋权属证书。

房屋权属证书是权利人享有房屋权利的证明,包括《房屋所有权证》、《房屋他项权证》等。申请登记房屋为共有房屋的,房屋登记机构应当在房屋所有权证上注明"共有"字样。

预告登记、在建工程抵押权登记以及法律、法规规定的其他事项在房屋登记簿上予以记载后,由房屋登记机构发放登记证明。

第二十六条　房屋权属证书、登记证明与房屋登记簿记载不一致的,除有证据证明房屋登记簿确有错误外,以房屋登记簿为准。

第二十七条　房屋权属证书、登记证明破损的,权利人可以向房屋登记机构申请换发。房屋登记机构换发前,应当收回原房屋权属证书、登记证明,并将有关事项记载于房屋登记簿。

房屋权属证书、登记证明遗失、灭失的,权利人在当地公开发行的报刊上刊登遗失声明后,可以申请补发。房屋登记机构予以补发的,应当将有关事项在房屋登记簿上予以记载。补发的房屋权属证书、登记证明上应当注明"补发"字样。

在补发集体土地范围内村民住房的房屋权属证书、登记证明前,房屋登记机构应当就补发事项在房屋所在地农村集体经济组织内公告。

第二十八条　房屋登记机构应当将房屋登记资料及时归档并妥善管理。

申请查询、复制房屋登记资料的,应当按照规定的权限和程序办理。

第二十九条　县级以上人民政府建设(房地产)主管部门应当加强房屋登记信息系统建设,逐步实现全国房屋登记簿信息共享和异地查询。

第三章　国有土地范围内房屋登记

第一节　所有权登记

第三十条　因合法建造房屋申请房屋所有权初始登记的,应当提交下列材料:
(一) 登记申请书;
(二) 申请人身份证明;
(三) 建设用地使用权证明;
(四) 建设工程符合规划的证明;

（五）房屋已竣工的证明；
（六）房屋测绘报告；
（七）其他必要材料。

第三十一条　房地产开发企业申请房屋所有权初始登记时，应当对建筑区划内依法属于全体业主共有的公共场所、公用设施和物业服务用房等房屋一并申请登记，由房屋登记机构在房屋登记簿上予以记载，不颁发房屋权属证书。

第三十二条　发生下列情形之一的，当事人应当在有关法律文件生效或者事实发生后申请房屋所有权转移登记：
（一）买卖；
（二）互换；
（三）赠与；
（四）继承、受遗赠；
（五）房屋分割、合并，导致所有权发生转移的；
（六）以房屋出资入股；
（七）法人或者其他组织分立、合并，导致房屋所有权发生转移的；
（八）法律、法规规定的其他情形。

第三十三条　申请房屋所有权转移登记，应当提交下列材料：
（一）登记申请书；
（二）申请人身份证明；
（三）房屋所有权证书或者房地产权证书；
（四）证明房屋所有权发生转移的材料；
（五）其他必要材料。

前款第（四）项材料，可以是买卖合同、互换合同、赠与合同、受遗赠证明、继承证明、分割协议、合并协议、人民法院或者仲裁委员会生效的法律文书，或者其他证明房屋所有权发生转移的材料。

第三十四条　抵押期间，抵押人转让抵押房屋的所有权，申请房屋所有权转移登记的，除提供本办法第三十三条规定材料外，还应当提交抵押权人的身份证明、抵押权人同意抵押房屋转让的书面文件、他项权利证书。

第三十五条　因人民法院或者仲裁委员会生效的法律文书、合法建造房屋、继承或者受遗赠取得房屋所有权，权利人转让该房屋所有权或者以该房屋设定抵押权时，应当将房屋登记到权利人名下后，再办理房屋所有权转移登记或者房屋抵押权设立登记。

因人民法院或者仲裁委员会生效的法律文书取得房屋所有权，人民法院协助执行通知书要求房屋登记机构予以登记的，房屋登记机构应当予以办理。房屋登记机构予以登记的，应当在房屋登记簿上记载基于人民法院或者仲裁委员会生效的法律文书予以登记的事实。

第三十六条　发生下列情形之一的,权利人应当在有关法律文件生效或者事实发生后申请房屋所有权变更登记:
（一）房屋所有权人的姓名或者名称变更的;
（二）房屋坐落的街道、门牌号或者房屋名称变更的;
（三）房屋面积增加或者减少的;
（四）同一所有权人分割、合并房屋的;
（五）法律、法规规定的其他情形。

第三十七条　申请房屋所有权变更登记,应当提交下列材料:
（一）登记申请书;
（二）申请人身份证明;
（三）房屋所有权证书或者房地产权证书;
（四）证明发生变更事实的材料;
（五）其他必要材料。

第三十八条　经依法登记的房屋发生下列情形之一的,房屋登记簿记载的所有权人应当自事实发生后申请房屋所有权注销登记:
（一）房屋灭失的;
（二）放弃所有权的;
（三）法律、法规规定的其他情形。

第三十九条　申请房屋所有权注销登记的,应当提交下列材料:
（一）登记申请书;
（二）申请人身份证明;
（三）房屋所有权证书或者房地产权证书;
（四）证明房屋所有权消灭的材料;
（五）其他必要材料。

第四十条　经依法登记的房屋上存在他项权利时,所有权人放弃房屋所有权申请注销登记的,应当提供他项权利人的书面同意文件。

第四十一条　经登记的房屋所有权消灭后,原权利人未申请注销登记的,房屋登记机构可以依据人民法院、仲裁委员会的生效法律文书或者人民政府的生效征收决定办理注销登记,将注销事项记载于房屋登记簿,原房屋所有权证收回或者公告作废。

第二节　抵押权登记

第四十二条　以房屋设定抵押的,当事人应当申请抵押权登记。

第四十三条　申请抵押权登记,应当提交下列文件:
（一）登记申请书;
（二）申请人的身份证明;
（三）房屋所有权证书或者房地产权证书;

（四）抵押合同；

（五）主债权合同；

（六）其他必要材料。

第四十四条　对符合规定条件的抵押权设立登记，房屋登记机构应当将下列事项记载于房屋登记簿：

（一）抵押当事人、债务人的姓名或者名称；

（二）被担保债权的数额；

（三）登记时间。

第四十五条　本办法第四十四条所列事项发生变化或者发生法律、法规规定变更抵押权的其他情形的，当事人应当申请抵押权变更登记。

第四十六条　申请抵押权变更登记，应当提交下列材料：

（一）登记申请书；

（二）申请人的身份证明；

（三）房屋他项权证书；

（四）抵押人与抵押权人变更抵押权的书面协议；

（五）其他必要材料。

因抵押当事人姓名或者名称发生变更，或者抵押房屋坐落的街道、门牌号发生变更申请变更登记的，无需提交前款第（四）项材料。

因被担保债权的数额发生变更申请抵押权变更登记的，还应当提交其他抵押权人的书面同意文件。

第四十七条　经依法登记的房屋抵押权因主债权转让而转让，申请抵押权转移登记的，主债权的转让人和受让人应当提交下列材料：

（一）登记申请书；

（二）申请人的身份证明；

（三）房屋他项权证书；

（四）房屋抵押权发生转移的证明材料；

（五）其他必要材料。

第四十八条　经依法登记的房屋抵押权发生下列情形之一的，权利人应当申请抵押权注销登记：

（一）主债权消灭；

（二）抵押权已经实现；

（三）抵押权人放弃抵押权；

（四）法律、法规规定抵押权消灭的其他情形。

第四十九条　申请抵押权注销登记的，应当提交下列材料：

（一）登记申请书；

（二）申请人的身份证明；

（三）房屋他项权证书；
（四）证明房屋抵押权消灭的材料；
（五）其他必要材料。

第五十条 以房屋设定最高额抵押的，当事人应当申请最高额抵押权设立登记。

第五十一条 申请最高额抵押权设立登记，应当提交下列材料：
（一）登记申请书；
（二）申请人的身份证明；
（三）房屋所有权证书或房地产权证书；
（四）最高额抵押合同；
（五）一定期间内将要连续发生的债权的合同或者其他登记原因证明材料；
（六）其他必要材料。

第五十二条 当事人将最高额抵押权设立前已存在债权转入最高额抵押担保的债权范围，申请登记的，应当提交下列材料：
（一）已存在债权的合同或者其他登记原因证明材料；
（二）抵押人与抵押权人同意将该债权纳入最高额抵押权担保范围的书面材料。

第五十三条 对符合规定条件的最高额抵押权设立登记，除本办法第四十四条所列事项外，登记机构还应当将最高债权额、债权确定的期间记载于房屋登记簿，并明确记载其为最高额抵押权。

第五十四条 变更最高额抵押权登记事项或者发生法律、法规规定变更最高额抵押权的其他情形，当事人应当申请最高额抵押权变更登记。

第五十五条 申请最高额抵押权变更登记，应当提交下列材料：
（一）登记申请书；
（二）申请人的身份证明；
（三）房屋他项权证书；
（四）最高额抵押权担保的债权尚未确定的证明材料；
（五）最高额抵押权发生变更的证明材料；
（六）其他必要材料。

因最高债权额、债权确定的期间发生变更而申请变更登记的，还应当提交其他抵押权人的书面同意文件。

第五十六条 最高额抵押权担保的债权确定前，最高额抵押权发生转移，申请最高额抵押权转移登记的，转让人和受让人应当提交下列材料：
（一）登记申请书；
（二）申请人的身份证明；
（三）房屋他项权证书；
（四）最高额抵押权担保的债权尚未确定的证明材料；
（五）最高额抵押权发生转移的证明材料；

（六）其他必要材料。

最高额抵押权担保的债权确定前，债权人转让部分债权的，除当事人另有约定外，房屋登记机构不得办理最高额抵押权转移登记。当事人约定最高额抵押权随同部分债权的转让而转移的，应当在办理最高额抵押权确定登记之后，依据本办法第四十七条的规定办理抵押权转移登记。

第五十七条　经依法登记的最高额抵押权担保的债权确定，申请最高额抵押权确定登记的，应当提交下列材料：

（一）登记申请书；

（二）申请人的身份证明；

（三）房屋他项权证书；

（四）最高额抵押权担保的债权已确定的证明材料；

（五）其他必要材料。

第五十八条　对符合规定条件的最高额抵押权确定登记，登记机构应当将最高额抵押权担保的债权已经确定的事实记载于房屋登记簿。

当事人协议确定或者人民法院、仲裁委员会生效的法律文书确定了债权数额的，房屋登记机构可以依照当事人一方的申请将债权数额确定的事实记载于房屋登记簿。

第五十九条　以在建工程设定抵押的，当事人应当申请在建工程抵押权设立登记。

第六十条　申请在建工程抵押权设立登记的，应当提交下列材料：

（一）登记申请书；

（二）申请人的身份证明；

（三）抵押合同；

（四）主债权合同；

（五）建设用地使用权证书或者记载土地使用权状况的房地产权证书；

（六）建设工程规划许可证；

（七）其他必要材料。

第六十一条　已经登记在建工程抵押权变更、转让或者消灭的，当事人应当提交下列材料，申请变更登记、转移登记、注销登记：

（一）登记申请书；

（二）申请人的身份证明；

（三）登记证明；

（四）证明在建工程抵押权发生变更、转移或者消灭的材料；

（五）其他必要材料。

第六十二条　在建工程竣工并经房屋所有权初始登记后，当事人应当申请将在建工程抵押权登记转为房屋抵押权登记。

第三节 地役权登记

第六十三条 在房屋上设立地役权的,当事人可以申请地役权设立登记。

第六十四条 申请地役权设立登记,应当提交下列材料:
(一) 登记申请书;
(二) 申请人的身份证明;
(三) 地役权合同;
(四) 房屋所有权证书或者房地产权证书;
(五) 其他必要材料。

第六十五条 对符合规定条件的地役权设立登记,房屋登记机构应当将有关事项记载于需役地和供役地房屋登记簿,并可将地役权合同附于供役地和需役地房屋登记簿。

第六十六条 已经登记的地役权变更、转让或者消灭的,当事人应当提交下列材料,申请变更登记、转移登记、注销登记:
(一) 登记申请书;
(二) 申请人的身份证明;
(三) 登记证明;
(四) 证明地役权发生变更、转移或者消灭的材料;
(五) 其他必要材料。

第四节 预告登记

第六十七条 有下列情形之一的,当事人可以申请预告登记:
(一) 预购商品房;
(二) 以预购商品房设定抵押;
(三) 房屋所有权转让、抵押;
(四) 法律、法规规定的其他情形。

第六十八条 预告登记后,未经预告登记的权利人书面同意,处分该房屋申请登记的,房屋登记机构应当不予办理。

预告登记后,债权消灭或者自能够进行相应的房屋登记之日起三个月内,当事人申请房屋登记的,房屋登记机构应当按照预告登记事项办理相应的登记。

第六十九条 预售人和预购人订立商品房买卖合同后,预售人未按照约定与预购人申请预告登记,预购人可以单方申请预告登记。

第七十条 申请预购商品房预告登记,应当提交下列材料:
(一) 登记申请书;
(二) 申请人的身份证明;
(三) 已登记备案的商品房预售合同;

（四）当事人关于预告登记的约定；

（五）其他必要材料。

预购人单方申请预购商品房预告登记，预售人与预购人在商品房预售合同中对预告登记附有条件和期限的，预购人应当提交相应的证明材料。

第七十一条 申请预购商品房抵押权预告登记，应当提交下列材料：

（一）登记申请书；

（二）申请人的身份证明；

（三）抵押合同；

（四）主债权合同；

（五）预购商品房预告登记证明；

（六）当事人关于预告登记的约定；

（七）其他必要材料。

第七十二条 申请房屋所有权转移预告登记，应当提交下列材料：

（一）登记申请书；

（二）申请人的身份证明；

（三）房屋所有权转让合同；

（四）转让方的房屋所有权证书或者房地产权证书；

（五）当事人关于预告登记的约定；

（六）其他必要材料。

第七十三条 申请房屋抵押权预告登记的，应当提交下列材料：

（一）登记申请书；

（二）申请人的身份证明；

（三）抵押合同；

（四）主债权合同；

（五）房屋所有权证书或房地产权证书，或者房屋所有权转移登记的预告证明；

（六）当事人关于预告登记的约定；

（七）其他必要材料。

第五节 其他登记

第七十四条 权利人、利害关系人认为房屋登记簿记载的事项有错误的，可以提交下列材料，申请更正登记：

（一）登记申请书；

（二）申请人的身份证明；

（三）证明房屋登记簿记载错误的材料。

利害关系人申请更正登记的，还应当提供权利人同意更正的证明材料。

房屋登记簿记载确有错误的，应当予以更正；需要更正房屋权属证书内容的，应当书面通知权利人换领房屋权属证书;房屋登记簿记载无误的,应当不予更正,并书面通知申请人。

第七十五条 房屋登记机构发现房屋登记簿的记载错误,不涉及房屋权利归属和内容的,应当书面通知有关权利人在规定期限内办理更正登记;当事人无正当理由逾期不办理更正登记的,房屋登记机构可以依据申请登记材料或者有效的法律文件对房屋登记簿的记载予以更正,并书面通知当事人。

对于涉及房屋权利归属和内容的房屋登记簿的记载错误,房屋登记机构应当书面通知有关权利人在规定期限内办理更正登记;办理更正登记期间,权利人因处分其房屋权利申请登记的,房屋登记机构应当暂缓办理。

第七十六条 利害关系人认为房屋登记簿记载的事项错误,而权利人不同意更正的,利害关系人可以持登记申请书、申请人的身份证明、房屋登记簿记载错误的证明文件等材料申请异议登记。

第七十七条 房屋登记机构受理异议登记的,应当将异议事项记载于房屋登记簿。

第七十八条 异议登记期间,房屋登记簿记载的权利人处分房屋申请登记的,房屋登记机构应当暂缓办理。

权利人处分房屋申请登记,房屋登记机构受理登记申请但尚未将申请登记事项记载于房屋登记簿之前,第三人申请异议登记的,房屋登记机构应当中止办理原登记申请,并书面通知申请人。

第七十九条 异议登记期间,异议登记申请人起诉,人民法院不予受理或者驳回其诉讼请求的,异议登记申请人或者房屋登记簿记载的权利人可以持登记申请书、申请人的身份证明、相应的证明文件等材料申请注销异议登记。

第八十条 人民法院、仲裁委员会的生效法律文书确定的房屋权利归属或者权利内容与房屋登记簿记载的权利状况不一致的,房屋登记机构应当按照当事人的申请或者有关法律文书,办理相应的登记。

第八十一条 司法机关、行政机关、仲裁委员会发生法律效力的文件证明当事人以隐瞒真实情况、提交虚假材料等非法手段获取房屋登记的,房屋登记机构可以撤销原房屋登记,收回房屋权属证书、登记证明或者公告作废,但房屋权利为他人善意取得的除外。

第四章 集体土地范围内房屋登记

第八十二条 依法利用宅基地建造的村民住房和依法利用其他集体所有建设用地建造的房屋,可以依照本办法的规定申请房屋登记。

法律、法规对集体土地范围内房屋登记另有规定的,从其规定。

第八十三条 因合法建造房屋申请房屋所有权初始登记的,应当提交下列材料:

(一)登记申请书;

（二）申请人的身份证明；
（三）宅基地使用权证明或者集体所有建设用地使用权证明；
（四）申请登记房屋符合城乡规划的证明；
（五）房屋测绘报告或者村民住房平面图；
（六）其他必要材料。

申请村民住房所有权初始登记的，还应当提交申请人属于房屋所在地农村集体经济组织成员的证明。

农村集体经济组织申请房屋所有权初始登记的，还应当提交经村民会议同意或者由村民会议授权经村民代表会议同意的证明材料。

第八十四条　办理村民住房所有权初始登记、农村集体经济组织所有房屋所有权初始登记，房屋登记机构受理登记申请后，应当将申请登记事项在房屋所在地农村集体经济组织内进行公告。经公告无异议或者异议不成立的，方可予以登记。

第八十五条　发生下列情形之一的，权利人应当在有关法律文件生效或者事实发生后申请房屋所有权变更登记：
（一）房屋所有权人的姓名或者名称变更的；
（二）房屋坐落变更的；
（三）房屋面积增加或者减少的；
（四）同一所有权人分割、合并房屋的；
（五）法律、法规规定的其他情形。

第八十六条　房屋所有权依法发生转移，申请房屋所有权转移登记的，应当提交下列材料：
（一）登记申请书；
（二）申请人的身份证明；
（三）房屋所有权证书；
（四）宅基地使用权证明或者集体所有建设用地使用权证明；
（五）证明房屋所有权发生转移的材料；
（六）其他必要材料。

申请村民住房所有权转移登记的，还应当提交农村集体经济组织同意转移的证明材料。

农村集体经济组织申请房屋所有权转移登记的，还应当提交经村民会议同意或者由村民会议授权经村民代表会议同意的证明材料。

第八十七条　申请农村村民住房所有权转移登记，受让人不属于房屋所在地农村集体经济组织成员的，除法律、法规另有规定外，房屋登记机构应当不予办理。

第八十八条　依法以乡镇、村企业的厂房等建筑物设立抵押，申请抵押权登记的，应当提交下列材料：
（一）登记申请书；

（二）申请人的身份证明；
（三）房屋所有权证书；
（四）集体所有建设用地使用权证明；
（五）主债权合同和抵押合同；
（六）其他必要材料。

第八十九条　房屋登记机构对集体土地范围内的房屋予以登记的，应当在房屋登记簿和房屋权属证书上注明"集体土地"字样。

第九十条　办理集体土地范围内房屋的地役权登记、预告登记、更正登记、异议登记等房屋登记，可以参照适用国有土地范围内房屋登记的有关规定。

第五章　法律责任

第九十一条　非法印制、伪造、变造房屋权属证书或者登记证明，或者使用非法印制、伪造、变造的房屋权属证书或者登记证明的，由房屋登记机构予以收缴；构成犯罪的，依法追究刑事责任。

第九十二条　申请人提交错误、虚假的材料申请房屋登记，给他人造成损害的，应当承担相应的法律责任。

房屋登记机构及其工作人员违反本办法规定办理房屋登记，给他人造成损害的，由房屋登记机构承担相应的法律责任。房屋登记机构承担赔偿责任后，对故意或者重大过失造成登记错误的工作人员，有权追偿。

第九十三条　房屋登记机构工作人员有下列行为之一的，依法给予处分；构成犯罪的，依法追究刑事责任：
（一）擅自涂改、毁损、伪造房屋登记簿；
（二）对不符合登记条件的登记申请予以登记，或者对符合登记条件的登记申请不予登记；
（三）玩忽职守、滥用职权、徇私舞弊。

第六章　附　则

第九十四条　房屋登记簿的内容和管理规范，由国务院建设主管部门另行制定。

第九十五条　房屋权属证书、登记证明，由国务院建设主管部门统一制定式样，统一监制，统一编号规则。

县级以上地方人民政府由一个部门统一负责房屋和土地登记工作的，可以制作、颁发统一的房地产权证书。房地产权证书的式样应当报国务院建设主管部门备案。

第九十六条　具有独立利用价值的特定空间以及码头、油库等其他建筑物、构筑物的登记，可以参照本办法执行。

第九十七条　省、自治区、直辖市人民政府建设（房地产）主管部门可以根据法律、法规和本办法的规定，结合本地实际情况，制定房屋登记实施细则。

第九十八条　本办法自2008年7月1日起施行。《城市房屋权属登记管理办法》（建设部令第57号）、《建设部关于修改〈城市房屋权属登记管理办法〉的决定》（建设部令第99号）同时废止。

附7-2：房屋权属登记信息查询暂行办法

关于印发《房屋权属登记信息查询暂行办法》的通知

（建住房〔2006〕244号）

各省、自治区建设厅、直辖市房地局（建委）：

为发挥房屋权属登记的公示作用，保障房屋交易安全，维护房屋交易秩序，保护房屋权利人及相关当事人的合法权益，我们制定了《房屋权属登记信息查询暂行办法》。现印发你们，请认真贯彻执行。

附件：房屋权属登记信息查询暂行办法

中华人民共和国建设部
二〇〇六年十月八日

房屋权属登记信息查询暂行办法

第一条　为发挥房屋权属登记的公示作用，保障房屋交易安全，维护房屋交易秩序，保护房屋权利人及相关当事人的合法权益，根据《中华人民共和国城市房地产管理法》、《中华人民共和国档案法》等有关规定，制定本办法。

第二条　本办法适用于城市房屋权属登记机关已登记的房屋权属登记信息的查询。

第三条　本办法所称房屋权属登记信息，包括原始登记凭证和房屋权属登记机关对房屋权利的记载信息。

第四条　房屋原始登记凭证包括房屋权利登记申请表，房屋权利设立、变更、转移、消灭或限制的具体依据，以及房屋权属登记申请人提交的其他资料。

第五条　房屋权属登记机关对房屋权利的记载信息，包括房屋自然状况（坐落、面积、用途等），房屋权利状况（所有权情况、他项权情况和房屋权利的其他限制等），以及登记机关记载的其他必要信息。

已建立房屋权属登记簿（登记册）的地方，登记簿（登记册）所记载的信息为登记机关对房屋权利的记载信息。

第六条　房屋权属登记机关、房屋权属档案管理机构（以下统称查询机构）应妥善保管房屋权属登记资料，及时更新对房屋权利记载的有关信息，保证信息的完整性、准确性和安全性。

查询机构应建立房屋权属登记信息查询制度，方便当事人查询有关信息。

第七条　房屋权属登记机关对房屋权利的记载信息，单位和个人可以公开查询。

第八条　原始登记凭证可按照下列范围查询：
（一）房屋权利人或者其委托人可以查询与该房屋权利有关的原始登记凭证；
（二）房屋继承人、受赠人和受遗赠人可以查询与该房屋有关的原始登记凭证；
（三）国家安全机关、公安机关、检察机关、审判机关、纪检监察部门和证券监管部门可以查询与调查、处理的案件直接相关的原始登记凭证；
（四）公证机构、仲裁机构可以查询与公证事项、仲裁事项直接相关的原始登记凭证；
（五）仲裁事项、诉讼案件的当事人可以查询与仲裁事项、诉讼案件直接相关的原始登记凭证；
（六）涉及本法第九条规定情形的，可以在国家安全、军事等机关同意查询范围内查询有关原始登记凭证。

第九条　涉及国家安全、军事等需要保密的房屋权属登记信息，须经国家安全、军事等机关同意后方可查询。

法律法规及有关规定不宜公开的房屋权属登记信息，其查询范围和方式按法律法规和有关规定办理。

第十条　房屋权属登记信息，单位和个人可以自己查询，也可以委托他人查询。

第十一条　查询房屋权属登记信息，应填写《房屋权属登记信息查询申请表》，明确房屋坐落（室号、部位）或权属证书编号，以及需要查询的事项，并出具查询人的身份证明或单位法人资格证明。

查询房屋原始登记凭证的，除提交前款规定的材料外，还应当分别按照下列规定提交有关证明文件：
（一）房屋权利人应提交其权利凭证；
（二）继承人、受赠人和受遗赠人应当提交发生继承、赠与和受遗赠事实的证明材料；
（三）国家安全机关、公安机关、检察机关、审判机关、纪检监察部门、证券监管部门应当提交本单位出具的查询证明以及执行查询任务的工作人员的工作证件；
（四）公证机构、仲裁机构应当提交本单位出具的查询证明、当事人申请公证或仲裁的证明，以及执行查询任务的工作人员的工作证件；
（五）仲裁、诉讼案件的当事人应当提交仲裁机构或者审判机关受理案件的证明，受理的案件须与当事人所申请查询的事项直接相关；
（六）涉及本法第九条规定情形的，应当提交国家安全、军事等机关同意查询的证明。

委托查询的，除按上述规定提交材料外，受托人还应当提交载明查询事项的授权委托书和本人身份证明。

第十二条　符合本办法规定的查询申请，查询机构应及时提供查询服务。不能及时提供查询服务或无法提供查询的，应向查询人说明理由。

第十三条　查询房屋权属登记信息,应当在查询机构指定场所内进行。查询人不得损坏房屋权属登记信息的载体,不得损坏查询设备。

查询原始登记凭证,应由查询机构指定专人负责查询,查询人不能直接接触原始登记凭证。

第十四条　查询人要求出具查询结果证明的,查询机构经审核后,可以出具查询结果证明。查询结果证明应注明查询日期及房屋权属信息利用用途。

有下列不能查询情形的,查询机构可以出具无查询结果的书面证明:

(一)按查询人提供的房屋坐落或权属证书编号无法查询的;

(二)要求查询的房屋尚未进行权属登记的;

(三)要求查询的事项、资料不存在的。

第十五条　查询机构及其工作人员应当对房屋权属登记信息的内容保密,不得擅自扩大登记信息的查询范围。

第十六条　查询人对查询中涉及的国家机密、个人隐私和商业秘密负有保密义务,不得泄露给他人,也不得不正当使用。

第十七条　房屋权属登记信息的查询按照国家有关规定收取相关费用。

第十八条　各省、自治区、直辖市房地产主管部门可以根据本办法,制定实施细则。

第十九条　本办法自2007年1月1日起实行。

复习思考题

1. 为什么说房地产登记是取得产权证的前提?
2. 简述我国房地产登记的种类。
3. 什么是房屋所有权初始登记?进行这类登记时应注意哪些问题?
4. 什么是转移登记和变更登记?两者之间不同点在哪里?
5. 什么是他项权利登记?列举常见的他项权利登记类型。
6. 简述我国房地产权属登记的程序和注意事项。

第八章 房地产经纪服务相关业务

学习要求

- 掌握：房地产咨询的基本流程；住房贷款中的主要术语，住房贷款的主要种类。
- 熟悉：房地产咨询的作用与服务方式；利率及有关计算、住房抵押贷款还款方式及计算、房地产抵押贷款的基本流程。

第一节 房地产咨询

一、房地产咨询的范畴与作用

1. 房地产咨询的范畴

咨询是指从事咨询工作的人员运用所掌握的信息、知识、经验、技术和智能为客户提供其所需的信息和智力服务的一类活动。大致分为信息咨询、科技咨询、决策咨询、工程咨询、企管咨询、生活咨询及涉外咨询等七大类。房地产咨询业务是直接为房地产开发、经营服务的，它的服务内容涉及面广，主要集中在信息咨询、决策咨询、工程咨询等方面。具体而言，房地产咨询指在房地产开发及流通过程中，为客户提供信息、建议、策划、可行性研究等各种智能服务的活动。房地产咨询可以为房地产投资在提供包括政策咨询、决策咨询、工程咨询、管理咨询在内的各种咨询服务，也可为房地产市场交易行为中的客户提供信息咨询、技术咨询等中介服务。当然,房地产咨询业务中目前最大的工作是为客户置业提供购房指南等,因此,房地产咨询属于中介服务,是房地产经纪人重要的,而且是基础的相关性服务活动。

2. 房地产咨询的作用

(1) 提供信息、知识和技术支持

房地产咨询是由房地产业各方面的专家,运用专门的科学技术和方法,凭借专家头脑中所储备的知识和经验向客户提供各类信息以及解决各类问题的方案、知识和技术。咨询成果作为"软件"产品进入房地产市场,可以直接或间接地为客户创造价值,帮助房地产业主进行科学化决策,从而推动房地产业健康发展。房地产咨询业的发展,有利于我们研究国外先进的房地产投资决策系统,研究国际上房地产项目的管理惯例以及涉及房地产经济、金融、估价、物业管理等方面的先进经验及做法等。

(2) 专业指导

房地产咨询从业人员是一支专家队伍,他们不仅有丰富的房地产开发经营管理的理论知识,而且还懂得建筑、经济、金融、保险等多方面知识。房地产咨询队伍的壮大,房地产咨询人员的参与,不仅房地产业的从业人员得到了咨询专家的专业指导,从而提高自身的水平,而且使我国的房地产业的决策水平、投资效益、管理能力迈上了一个新的台阶。

(3) 提供解决方案

由于房地产咨询业的运作及发展,咨询业从房地产中介服务业中分离出来,使房地产业的分工更为合理。在市场经济条件下,房地产咨询可以为房地产开发企业、经营企业、管理企业解决许多在企业求生存图发展过程中迫切需要解决的技术问题、经济问题、法律问题等等。任何一个房地产企业不可能拥有能解决各种问题的专家,也不可能花高薪去聘用不经常使用的专家。有了房地产咨询机构,房地产企业遇到什么样的问题都可以向咨询机构中的专家请教,付出较小的费用,获取较大的收益。

二、房地产咨询业务的基本流程

房地产咨询属于房地产中介服务中的一部分。房地产中介服务涉及房地产策划广告、法律、会计、测量、咨询、估价、管理等等业务,而咨询机构所能提供的咨询业务几乎涵盖了中介服务的内容,而且根据咨询机构自身的条件和能力可同时承担上述多项业务。

1. 为客户提供建议

房地产咨询机构在进行信息收集和分析的基础上,根据客户的要求,为客户提供专家建议。如对一个房地产开发项目进行可行性研究,提供研究报告,供房地产企业决策。可对房地产企业的开发项目提供工程咨询意见,如对设计方案的优化,项目管理模式的确定,项目目标的确定及实施意见等等。由于咨询人员是客户企业的局外人,咨询专家可凭借自身的专业知识、经验和智力,以独到的分析洞察问题的能力,提出客观、不带偏见、没有顾忌的专家意见。

房地产咨询机构不仅可为房地产开发企业的经营方针、经营目标、营销策划等大的方面提供咨询服务,也可以为业主(即购房者)提供购房指南,从市场行情、房改政策、楼盘位置、建筑质量、价格水平以及房产的增值前景以及物业管理等等主要方面为房地产交易市场中的顾客或潜在顾客提供专家建议,消除购房者的后顾之忧。

2. 为客户提供信息咨询服务

房地产咨询机构除了拥有"高智能"的各类专家外,一般都拥有资料齐全的数据库以及随时为数据库输送信息的采集信息的渠道。收集到的信息经过专业咨询人员的筛选、整理、加工、分析,使无序的信息变成有价值的信息资源,随时可为不同的客户服务。目前,我国房地产经纪机构中从事咨询服务的主要工作,就是收集房地产市场的各种信息、数据为客户提供信息服务。

同时房地产咨询机构还具有收集反馈信息的能力。反馈是指控制系统把信息发送出去,又把其产生的作用及结果返送回来,并对信息的再发送产生影响的过程。房地产企业的决策者十分想了解他的决策执行之后所产生的效果。房地产开发企业也很想了解楼盘售出后,房产业主对房地产开发企业的开发项目的设计、套型、建材、质量等的反馈意见。这类工作若由房地产开发企业自身的营销人员来承担的话,也许不经济,反馈的信息也可能不客观公正。因此,房地产开发企业可委托咨询机构去收集,并对收集到的信息进行客观科学的分析,在向客户提供反馈信息的同时提出专家建议,提供预选方案,以便辅佐企业领导决策。

3. 为客户进行市场调研与预测服务

房地产咨询活动离不开对房地产市场进行调研与预测。房地产开发企业在制订公司营销策划时,除了研究企业自身的条件与情况外,还要研究企业所处的市场情况及外部经营环境,这就离不开对市场所作的调研与预测。房地产开发企业可以委托咨询机构对某个房地产市场或某类住房需求量进行预测,房地产咨询机构的专业人员就会运用其自身的能力及科学手段,对通过调查所获得的有关数据,如人口、职业、收入、现居住面积、户型楼层、配套设施、环境、价格等进行调查,收集信息并进

行加工整理,最后提出建设性意见,为客户提供咨询服务。

4. 为房地产项目提供咨询服务

为房地产项目提供咨询服务包括两方面的内容。一方面,对房地产开发项目实施前期(包括可行性论证、设计咨询等)和实施阶段(工程项目管理咨询,相当于我国的监理),以及竣工验收后的物业管理阶段(物业管理咨询,房地产销售咨询等)的咨询服务。另一方面,开发项目立项后,当房地产开发企业要求银行等金融机构贷款时,银行为了提高贷款的安全系数,往往会要求房地产咨询机构对该开发项目进行评价咨询。中外合资或合作进行房地产开发,外方也往往要求咨询机构对项目进行评估。涉及世界银行、亚洲开发银行、联合国开发计划署等机构贷款、援助的项目,都必须先进行项目评估,并由咨询公司完成项目咨询评估后,世界银行等机构才同意将贷款或援助到位。这是对与咨询机构和客户有关的第三方提出咨询项目要求后所进行的项目咨询服务。

三、房地产咨询的服务方式

现代咨询机构的服务方式比传统的咨询服务方式有了很大的进步,基本上可分为三类。

1. 直答式服务方式

所谓直答式服务方式,指客户提出需要咨询的问题,由咨询机构中的专业咨询专家(或人员)给予口头或书面的直接答复。这也是房地产咨询机构中最常见的一种咨询服务方式。

这类客户提出的咨询问题一般都比较简单,如客户想要了解的如房源信息、房价、有无购买办理手段等,往往是在房地产交易过程中涉及的一些具体问题。一般的,房地产经纪人基本都具备这方面的知识和经验,都能从事直答式的咨询服务工作。

2. 网络式服务方式

随着计算机的普及,咨询机构通过建立的局部的或区域性的信息和咨询服务网络向客户提供各类咨询服务。这类服务方式起源于20世纪50年代的一些西方发达国家,目前已成为普遍运用并具有代表性的服务方式。其优点是使咨询服务更具广泛性、时效性、可靠性及实用性。如苏州市一大批房地产经营公司、中介公司及经纪人公司在房地产经纪人协会的共同努力下,已建立了网员网络,使信息及资源在网员单位之间流通,做到信息资源共享。特别对于房产交易信息、房产租赁、置换、抵押等信息,每个经纪人公司的工作人员、咨询人员坐在自己的微机终端前都能查询得到，做到互惠互利。发达国家的咨询公司不仅拥有自建的信息咨询网，而且还将自身的咨询网与国际网联机检索，某个咨询机构的咨询专家遇到自身解决不了的问题时，可以通过网络向其他咨询机构求援。随着计算机网络技术的飞速发展，美国已通过咨询网络建立了4 000多万个"家庭办公室"，用户只要用微机拨当地电话号码，与网络连接后，即可随时查询到国内和世界各地的信息等。

3. 项目式服务

这种服务方式一般有两种形式。一种是由客户提出项目，房地产咨询机构根据客户要求，进行调查、研究、论证、回答客户项目中提出的各种问题，如开发计划的咨询、评价开发可行性咨询、工程项目评价咨询、工程计划研究咨询、招投标咨询等。就客户提出的具体项目要求，由咨询机构提供咨询意见这类服务的运用较为普遍。另一种是由咨询机构（人员）向客户提供咨询项目，由客户自行选择。这一类型的服务突出了咨询机构（人员）的主动性，咨询人员为客户设计咨询项目，并承担咨询。咨询方主动提供咨询项目的形式，将越来越被客户所接受。

第二节　住房贷款

一、个人住房贷款的种类

目前，我国个人住房贷款根据所贷款项来源的不同主要有四种形式，即公积金贷款、住房抵押贷款、住房储蓄贷款和其他住房担保贷款。其中公积金贷款属于政策性贷款，后三种均属于商业性贷款。

1. 公积金贷款

公积金贷款，全称为公积金个人住房委托贷款，是银行接受住房公积金管理部门的委托，以职工缴存的住房公积金存款为主要资金来源，按照国定规定的要求向能够按时足额缴存住房公积金的职工在购买、建造、大修自住住房时发放的贷款。该类贷款不以盈利为目的，实行"低进低出"的利率政策，因此政策性很强。

公积金个人住房委托贷款的特点：专项消费性贷款、政策性贷款、委托性贷款、抵押贷款。

2. 住房抵押贷款

住房抵押贷款又称为"按揭"，是指购房者在购置房地产时，将预购置的房地产作为抵押物向银行申请贷款。这是一种抵押担保方式的贷款，是发生在售房者（或担保公司)、银行、购房者三方之间的约定,即:约定购房者将其已预付部分购房款房产的全部权益作抵押,并按时按还款计划分期支付本息;约定售房者(或担保公司)为购房者按期偿清银行贷款作担保;约定银行为购房者付清预付款外的所有购房款,在购房者不能按时履行债务时,银行有权处理抵押物并优先得到偿还。

住房抵押贷款的特征:

(1)借款人(购房者)用购买的房地产作为抵押向银行贷款,是银行提供贷款的基本条件。

(2)借贷双方签订借款合同的同时,也要签订抵押和同意委托扣款合同。

(3)借贷双方具有双重关系,即债权债务关系和受押出押关系。贷方既是债权人,同时也是受押人或抵押权人,借方既是债务人,也是出押人或抵押人。

(4)债务人不按期偿还本息,称为违约。在这种情况下,银行有权取消房地产抵押赎回权,并可以对该房地产进行拍卖,拍卖房款优先抵偿未偿还的贷款本息,剩余款项仍然交还购房者。

3. 住房储蓄贷款

住房储蓄贷款是住房储蓄的专项业务,先存后贷,低存低贷,固定利率。先存后贷就是住房储蓄客户要先存款,达到规定条件后才能取得贷款。低存低贷就是客户的存款利率低于现行定期存款利率,而贷款利率更大幅度低于现行个人住房贷款利率。固定利率就是住房储蓄合同一经签订,客户的存、贷利率就固定下来,不受市场利率波动的影响。

住房储蓄贷款的用途要遵守银监会制定的住房储蓄银行监管的法规,主要用于购买、建造、维修、装修住房或服务于这些项目的行为,也可以用于与住房相关的目的,如:为建造住房而获得建设用地、偿还因住房项目所欠的债务。

住房储蓄业务着重强调业务资金的封闭运转,即资金来源于客户的存款和还款,用途只能是客户进行配贷;资本金与业务资金严格分离,原则上不参与业务资金的运转。只有在特殊情况下,住房储蓄银行才可能临时从资金市场拆入少量资金以保证配贷需要。住房储蓄灵活方便,办理存款和还贷的手续简便,住房储蓄贷款可以和其他个人住房贷款组合使用,住房储蓄合同还可以根据客户的要求进行变更、分析、合并或转让。

4. 住房担保贷款

住房担保贷款属于第三方担保的贷款业务,所贷款项专项用于借款人正常的住房资金周转,是将商业性住房抵押贷款作为政策性的个人住房公积金抵押贷款的补充,一定程度上弥补了个人住房公积金贷款借款人贷款额度的不足,满足了借款人的贷款目标。这种贷款在操作时也称为组合贷款。

住房担保贷款中,住房公积金贷款的抵押物与商业性贷款的抵押物为同一房产,但借款人必须同时满足住房公积金抵押贷款与商业性抵押贷款的贷款条件,并且需要独立签订两份贷款合同,贷款额度、贷款期限分别计算。贷款额度既有按购房总价的比例限制,也有最高额度限制,通常会参考足额缴交公积金的数量;贷款的最长期限为20年。贷款的具体额度和期限根据借款人的申请和还款能力而定。

二、基本要素及主要术语

1. 贷款额度(抵押贷款价值)

贷款额度也称贷款成数,是指贷款额与楼(房)价的比率。银行在接受贷款申请时通常要求购房者必须要支付一定比例的现金——即首付款,其余的房款由银行提供贷款。

个人住房贷款包括商业性住房抵押贷款和政策性(住房公积金)住房抵押贷款两种类型。政策性住房抵押贷款利率较低,通常只面向参与缴纳住房公积金购买自住房屋的家庭,且贷款额度有一定限制。当政策性抵押贷款不足以满足借款人的资金需求时,还可以同时申请商业性住房抵押贷款。

贷款金额通常也称为贷款额度,所谓贷款金额是指金融机构在住房抵押贷款运作中向借款人贷出的款项的数目,也就是住房购买人向金融机构借到的款项的数目。贷款金额通常根据借款人的资信情况和还款能力确定。在个人住房贷款金额的确定上,有的商业银行采用如下公式:

$$贷款金额 = 借款人家庭月收入 \times (30\% \sim 40\%) \times 贷款期限(月)$$

具体某一住房的购房贷款金额和贷款期限可以由银行与房地产开发企业商定,并根据借款人的具体情况确定住房抵押贷款的实际可贷额度。

2. 首付款及首付款比例

所谓首付款是指住房购买人在购房时,除去向商业银行或公积金管理中心申请住房抵押贷款的金额之外,以自有资金首次支付的购房款金额。

住房抵押贷款的借款人,一般应具备以下条件:借款人应拥有一定的自有资金;借款人应当具有按期还本付息的能力;借款人有可以设定抵押的房地产;借款人原应付的贷款利息和到期贷款已按期清偿。

所谓首付款比例,是指首付款与所购住房总金额之比。设定首付款比例,是针对房地产抵押贷款的风险而考虑的。国内与国外房地产金融风险的历史表明,房地产置业投资由于其变现性差、投资数额巨大、投资回收周期较长等这些弊端,使房地产抵押贷款蒙受着较大的风险,为了减少房地产抵押贷款的风险,必须设定住房贷款的首付款比例。

3. 利息

利息是指占用资金所付出的代价或放弃资金使用权所得到的补偿。借款人在借贷期限内除偿还本金外,还要支付银行贷款利息。利息决定于贷款利率。住房抵押贷款利率决定于银行存款利率和政府对住房抵押贷款的金融政策。

如果用 P 代表银行向购房人贷款的金额,通常也称之为本金。用 I_n 代表购房人在贷款期间所付出的利息,那么经过一段时间后,银行的本利和 F_n 可以表示为:

$$F_n = P + I_n$$

其中,下标 n 为计算利息的周期数。计息周期是指计算利息的时间单位,可以是"年"、"半年"、"季度"、"月"、"周"、"日"等,实际中最常采用的时间单位是"年"和"月"。

4. 贷款利率

利率是在单位时间(一个计息周期)内所得到的利息额与借贷金额(即本金)之比,是单位本金经过一个计息周期后的增值额。

如果用 i 代表利率,它可以表示为:

$$i = I_n/P \times 100\%$$

利息是衡量资金时间价值的绝对尺度,利率是衡量资金时间价值的相对尺度。

贷款利率是银行按约定条件借给客户的货币,一定时间内客户支付的利息额同贷款金额(即本金)之比。它是用于计算贷款周期内的贷款成本的,一般用年利率作单位。利率高,成本也高,所以人们也常把它称为贷款的价格。

商业银行的贷款利率和个人住房公积金贷款利率是由中国人民银行制定和发布的。

5. 借贷期限

借贷期限是指住房抵押贷款分期偿还的期限。

贷款期限的长短与借款人的信用程度、偿还贷款能力、借款金额以及贷款银行的资金实力有关,也受中国人民银行贷款期限的制约。目前,国内住房抵押贷款根据贷款人申请贷款的年龄及相关条件进行评价,一般为男 60 周岁、女 55 周岁为上限,根据实际情况一手楼可以贷到 20～30 年不等,二手楼一般最高为 15 年(商业用房为 10 年)。贷款期限对于借款人有正负两个方面的影响,即借款期限长,借款人当前或近期所承担还款负担就轻,但所承担的利息负担也就越重;反之,若借款期限短,借款人所承担的利息负担较轻,但每期所要偿还的债务负担就较重。同时还款方式的不同也会产生上述两种影响。

同时,贷款期限还将影响到贷款银行面临的风险大小,期限越长,对贷款银行来讲,不确定因素越多,资金回收速度越慢,风险越大。所以,贷款期限与贷款银行的贷款风险以及借款人支付利息的负担均呈正相关关系。

6. 还款收入比

个人住房抵押贷款的借款人在申请抵押贷款时,首要的条件是有稳定合法收入和归还贷款本息的能力,还款收入比就是用于考察借款人归还贷款本息能力的重要指标。

所谓还款收入比是指借款人每期(年、月等)需归还的住房抵押贷款本息的金额与借款人同期的收入之比。

还款收入比越小,表明借款人归还抵押贷款本息的能力越大,贷款银行所承担的风险越小;反之,银行所承担的风险就越大。根据我国目前各行业人员的收入水平及实际操作的情况,贷款银行通常在审查借款人还款能力时,借款人的还款收入比一般不能超过50%。借款人的所有债务支出与收入比,不能超过55%,通常控制在30%~40%的范围内。

$$还款收入比 = \frac{本次贷款的月还款额 + 月物业管理费}{月均收入}$$

$$所有债务与收入比 = \frac{本次贷款的月还款额 + 月物业管理费 + 其他债务月偿付款}{月均收入}$$

由于我国现行的工资发放制度绝大部分采用的是按月发放的制度,因此,银行考察借款人的还款能力,实际上执行的是月还款收入比的指标。

三、还贷方式

住房抵押贷款的还贷方式有多种,有等额本息还款方式、等额本金还款方式、按月递增还本付息方式、按月递减还本付息方式、到期一次还本付息方式、期间按月付息期末还本方式和期间按固定还款常数还款期末一次结清等方式。我国现行住房抵押贷款的还款方式最常用的是等额本息还款方式与等额本金还款方式。

1. 等额本息还款法

等额本息还款方式是借款人在贷款期限内将贷款的本金和利息之和采用按月等额还款的一种还贷方式。一年期以上(不包含一年)的个人住房贷款的还款方式可以采用这种方式。这种还本付息方式由于每月还款金额相同,比较适用于在整个贷款期间内家庭收入有稳定来源的借款人,如公务员、学校教职工等。在等额本息还款方式下,对于本金的偿还是逐月进行的。在偿还初期,偿还额中利息占极大部分;随着时间的推移,偿还额中利息逐渐减少,本金逐渐增加,并且在偿还期末,偿还额中本金占极大部分,在整个偿还期内,借款人每月偿还的贷款本金和利息之和不变,但其中本金所占比重在逐月增加,利息所占比重在逐月减少。因此在这种还款方式下对于中途提前一次还清剩余贷款本息的借款人来说是不利的。

设:贷款总额为 Y,贷款期数为 n,贷款利率为 i,

则有公式:

$$分期还款额 = Y \frac{i(1+i)^n}{(1+i)^n - 1}$$

当还至第 k 期时:

$$贷款余额 = Y \frac{(1+i)^n - (1+i)^k}{(1+i)^n - 1}$$

借款人每期以相等的金额(分期还款额)偿还贷款,其中每期归还的金额包括每期应还利息、本金(按约定一般为先还利息,再还本金),按还款间隔逐期偿还,在贷款截止日期前本息全部还清。"分期还款额"也就是"每期还款额";"贷款余额"也称为"贷款剩余本金"。

2. 等额本金还款法

等额本金还款方式是借款人将贷款额分摊到整个贷款期限内,按期(月)均等归还本金,同时付清上一期(月)以来的贷款利息的一种还款方式。即:借款人每期偿还相同的本金,同时付清本期应付的贷款利息。

这种还款方式,每期(月)的偿还金额逐渐减少,比较适合已经有一定的积蓄,但预期收入可能逐渐减少的借款人,如某些中老年职工,他们一般有一定积蓄,但随着退休的临近,收入有可能逐渐减少。采用按月等额偿还本金的方式,借款人每月偿还的贷款本金固定不变,但所付贷款的利息逐月减少,因此,借款人每月偿还的本金和利息之和在逐月递减,在这种还款方式下,对于中途提前一次还清剩余贷款本息的借款人来说,相对是有利的。

设:贷款总额为 Y,贷款期数位 n,贷款利率 i,

则有公式:

$$分期还本额 = \frac{Y}{n}$$

已还至第 k 期时,

$$\text{第 } k \text{ 期还款额} = \frac{Y}{n} + \left(1 - \frac{k-1}{n}\right)Yi$$

$$\text{贷款余额} = Y\left(1 - \frac{k}{n}\right)$$

四、应用计算

1. 抵押贷款余额及还款额的计算

例 8.1 某家庭以 6 000 元/平方米的价格,购买了一套建筑面积为 120 平方米的住宅,银行为其提供了 20 年期的住房抵押贷款,该贷款的年利率为 6%,抵押贷款价值比为 70%。如果该家庭在按月等额还款 5 年后,于第 6 年初一次提前偿还了贷款本金 20 万元,求从第 6 年开始的抵押贷款月还款额是多少?

解 (1) 已知 $P = 6\,000 \times 120 \times 70\% = 504\,000$(元)

$P_1 = 200\,000$(元)

$n = 12 \times 20 = 240$(月)

$n_1 = 12(20-5) = 180$(月)

$i = i_1 = 6\%/12 = 0.5\%$

(2) 正常情况下抵押贷款的月还款额为

$$A = P \frac{i(1+i)^n}{(1+i)^n - 1}$$
$$= 504\,000 \times \frac{0.5\%(1+0.5\%)^{240}}{(1+0.5\%)^{240} - 1}$$
$$= 3\,610.8(\text{元})$$

(3) 第 6 年初一次偿还本金 20 万元后,在第 6 年到第 20 年内减少的月还款额为

$$A_1 = P_1 \frac{i_1(1+i_1)^{n_1}}{(1+i_1)^{n_1} - 1}$$
$$= 200\,000 \times \frac{0.5\%(1+0.5\%)^{180}}{(1+0.5\%)^{180} - 1}$$
$$= 1\,687.7(\text{元})$$

(4) 从第 6 年开始的抵押贷款月还款额为: $3\,610.8 - 1\,687.7 = 1\,923.1$(元)

例 8.2 某家庭以 7 000 元/平方米的价格,购买了一套建筑面积为 90 平方米的住宅,银行为其提供了 20 年期的住房抵押贷款,该贷款的年利率为 6%,抵押贷款价值比为 70%,月还款常数为 0.6%。求抵押贷款到期后,该家庭应向银行偿还的剩余本息的金额是多少?

解 (1) 已知 $P = 7\,000 \times 90 \times 70\% = 441\,000$(元)

月还款常数 $\alpha = 0.6\%$

$n = 12 \times 20 = 240$(月)

$i = 6\%/12 = 0.5\%$

(2) 按月等额偿还抵押贷款本息的月还款额为

$$A = P\frac{i(1+i)^n}{(1+i)^n - 1}$$

$$= 441\,000 \times \frac{0.5\%(1+0.5\%)^{240}}{(1+0.5\%)^{240} - 1}$$

$$= 3\,159.4(元)$$

(3) 实际每月的月还款额为:$441\,000 \times 0.6\% = 2\,646$(元)

(4) 借款人每月欠还的本金为:$3\,159.4 - 2\,646 = 513.4$(元)

(5) 抵押贷款到期后,该家庭应向银行偿还的剩余本息为

$$F = A\frac{(1+i)^n - 1}{i}$$

$$= 513.4 \times \frac{(1+0.5\%)^{240} - 1}{0.5\%}$$

$$= 237\,211.8(元)$$

例 8.3 某家庭 4 年前年初购买了价值为 60 万元的住宅,申请了贷款价值比为 60% 的住房抵押贷款,期限为 20 年,年利率为 6%,按月等额还本付息。今年年底该家庭由于某种财务需要拟申请二次住房抵押贷款(又称"加按",假设按产权人拥有权益价值的 50% 发放)。已知当地住宅价值年上涨率为 5%,求该家庭申请加按时,最多能得到多少抵押贷款?

解 (1) 今年年底住房的市场价值为

$$V = 600\,000 \times (1+5\%)^5 = 765\,768.9(元)$$

(2) 第一抵押贷款的月还款额为

$$A = P\frac{i(1+i)^n}{(1+i)^n - 1}$$

$$= 600\,000 \times 60\% \times \frac{0.5\%(1+0.5\%)^{240}}{(1+0.5\%)^{240}-1}$$
$$= 2\,579.2(元)$$

(3) 今年年底未偿还的第一抵押贷款价值为

$$V_m = A \frac{(1+i)^{n_1}-1}{i(1+i)^{n_1}}$$
$$= 2\,579.2 \times \frac{(1+0.5\%)^{180}-1}{0.5\%(1+0.5\%)^{180}}$$
$$= 305\,644.3(元)$$

(4) 该家庭拥有的住房权益价值为:$765\,768.9 - 305\,644.3 = 460\,124.6$(元)

(5) 第二次抵押可获得的最大抵押贷款额为:$460\,124.6 \times 50\% = 230\,062.3$(元) ≈ 23(万元)

2. 等额本息还款方式下的月还款额和贷款余额的计算

例 8.4 已知某住房抵押贷款借款人向银行贷款 20 万元,年利率为 6%,贷款期限为 15 年,借款人按等额本息还款方式还款。求:

(1) 该借款人的月还款额;

(2) 如该借款人已归还 5 年的贷款,求 5 年结束时该借款人的贷款余额;

(3) 如该借款人已归还 5 年的贷款,求剩余 10 年如到最终一次归还的贷款余额是多少?

解 (1) $P = 200\,000$(元);$i = 6\%/12 = 0.5\%$;$n = 12 \times 15 = 180$(月)

该借款人的月还款额为

$$A = 200\,000 \times \frac{0.5\%(1+0.5\%)^{180}}{(1+0.5\%)^{180}-1}$$
$$= 1\,687.71(元)$$

(2) $n_1 = 12 \times 5 = 60$(月) $n - n_1 = 120$(月)

5 年结束时该借款人的贷款余额为

$$P_1 = 1\,687.71 \times \frac{(1+0.5\%)^{120}-1}{0.5\%(1+0.5\%)^{120}}$$
$$= 152\,017.88(元)$$

(3) 剩余 10 年如到最终一次归还的贷款余额为

$$F = 1\,687.71 \times \frac{(1+0.5\%)^{120}-1}{0.5\%}$$

= 276 580.81(元)

3. 等额本金还款方式下的月还款额和贷款余额的计算

例8.5 已知某住房抵押贷款借款人向银行贷款20万元,年利率为6%,贷款期限为15年,借款人按等额本金还款方式还贷。求:

(1) 该借款人第60个月的还款额;

(2) 如该借款人已归还5年的贷款,求5年结束时,该借款人的贷款本金金额;

(3) 如该借款人已归还5年的贷款,求该借款人剩余10年,累计要归还贷款本息的数额。

解 (1) $P=200\,000(元)$;$i=6\%/12=0.5\%$;$n=12\times15=180(月)$

该借款人每月偿还的本金额为

$$P_n = \frac{200\,000}{180} = 1\,111.11(元)$$

第60个月应偿还的利息为

$$I_{60} = [P - P_n(60-1)] \times i$$
$$= [200\,000 - 1111.11 \times 59] \times 0.5\%$$
$$= 672.22(元)$$

故第60个月的还款额为

$$F_{60} = 1\,111.11 + 672.22 = 1\,783.33(元)$$

(2) 第5年结束时,该借款人的贷款本金余额为

$$P_1 = \frac{P}{n} \times (n - n_1) = 1\,111.11 \times 120$$
$$= 133\,333.2(元)$$

(3) 剩余 $n-n_1$ 个月累计要归还的利息为

$$I_{n-n_1} = \sum_{t=n_1+1}^{n} I_t$$
$$= \sum_{61}^{180} P \times i - \sum_{61}^{180} P_1 \times i(t-1)$$
$$= 120 \times 200\,000 \times 0.005 - 1\,111.11 \times 0.005 \times \left[61 \times 120 + \frac{120 \times 119}{2}\right]$$
$$= 1\,200\,000 - 80\,333.25$$
$$= 39\,666.75(元)$$

借款人累计要归还的贷款本息的数额为

$$S_{n-n_1} = P_1 + I_{n-n_1}$$
$$= 133\,333.2 + 39\,666.75$$
$$= 172\,999.95(元)$$

4. 组合贷款下的月还款额和贷款余额的计算

组合贷款是由政策性的住房公积金贷款与商业性的住房贷款两个独立贷款品种组成的贷款。商业性贷款通常作为住房公积金贷款的补充。在运用组合贷款时，借款人通常按照住房公积金贷款的上限向住房公积金管理机构借贷，其余贷款总额的不足部分，再向商业银行进行借贷——即住房抵押贷款。

例 8.6 已知某住房贷款借款人向公积金管理中心贷款 20 万元，向商业银行贷款 15 万元，年利率分别为 6% 与 9%，期限均为 15 年，采用等额本息按月还款方式。

求：(1) 组合贷款的月还款额；

(2) 如该借款人已归还 5 年的贷款，求 5 年结束时该借款人的组合贷款余额。

解：(1) $P_1 = 200\,000(元)$ $P_2 = 150\,000(元)$

$i_1 = 6\%/12 = 0.5\%$ $i_2 = 9\%/12 = 0.75\%$

$n = 12 \times 15 = 180(月)$

$$A_1 = 200\,000 \times \frac{0.5\%(1+0.5\%)^{180}}{(1+0.5\%)^{180}-1}$$
$$= 1\,687.71(元)$$

$$A_2 = 150\,000 \times \frac{0.75\%(1+0.75\%)^{180}}{(1+0.75\%)^{180}-1}$$
$$= 1\,521.40(元)$$

该借款人的组合贷款月还款额为

$$A = A_1 + A_2$$
$$= 3\,209.11(元)$$

(2) $n_1 = 12 \times 5 = 60(月)$ $n - n_1 = 120(月)$

5 年结束时该借款人的贷款余额可按如下方法计算：

$$P'_1 = 1\,687.71 \times \frac{(1+0.5\%)^{120}-1}{0.5\%(1+0.5\%)^{120}}$$
$$= 152\,017.88(元)$$

$$P'_2 = 1\,521.40 \times \frac{(1+0.75\%)^{120}-1}{0.75\%(1+0.75\%)^{120}}$$
$$= 120\,101.89(元)$$
$$P' = P'_1 + P'_2$$
$$= 272\,119.77(元)$$

五、房地产抵押贷款的基本流程

房地产抵押贷款,是指借款人(抵押人)以其合法拥有的房地产,在不转移占有方式的前提下,向贷款人(抵押权人)提供债务履行担保,获得贷款的行为。房地产抵押贷款,包括个人住房抵押贷款、商用房地产抵押贷款和在建工程抵押贷款。以下所讨论的流程主要是指个人住房抵押贷款的基本流程。

1. 提出贷款申请

凡是符合贷款条件的借款人向银行申请房地产抵押贷款时需填写《房地产抵押贷款申请表》,并提供规定的材料,经贷款银行负责人认定后方可办理借款申请。材料包括:

(1) 房产所有权证。

(2) 产权人、借款人(含配偶)的户口册及身份证。

(3) 借款人(含配偶)的收入证明。

(4) 产权人、借款人(含配偶)的婚姻证明材料。

2. 对借款人和抵押标的物的审查

审查包括以下内容:

(1) 对借款人资格、资信的审查

主要审查借款人是否具备相应的资格,是否具有还款能力。抵押人的资信状况如何,是否有不良资信的记录,抵押人应具有完全民事行为能力,设押的房地产实物或者权益是抵押人合法拥有的。

(2) 对抵押物的审查

审查设定的抵押是否真实存在、权属清晰、可以转让。是否易于保值、易于变现、易于保管以及易于估价的房地产。银行一般会选择周围环境良好、交通方便、房屋设计建造质量高、配套设施齐全、价格适中的商品房作为抵押物,银行因感到有安全保障而愿意接受。

(3) 对贷款价值比的审查

贷款价值比即抵押率,抵押率的高低反映了银行对这笔抵押贷款风险的基本判断,银行对借款人提出的抵押率,应根据抵押人与抵押物的具体情况,进行认真审查,一般最高为70%。

3. 对抵押房地产进行估价

对于开发商、销售商新开发商品房的抵押贷款一般不需要进行估价。这里所说的估价主要是针对存量房的估价。在综合考虑市场变化、利率趋势等因素的基础上,对房地产进行估价。住房估价一般采用市场比较法进行,由估价机构为抵押人出具房地产评估报告。

4. 房地产抵押贷款合同的签订和登记

对审查合格的借款人,银行与之签订抵押贷款合同,办理公证手续;抵押人和抵押权人应在合同签订之日起30天内,持抵押合同、有关批准文件及证件到当地房地产产权管理部门办理抵押登记。以防产权不清或已经失效,以及一物两押。未经登记的房地产抵押贷款,法律不予保护。

5. 对抵押房地产保险

我国有些地方规定,房地产抵押人在申请贷款前,应按银行指定的险种向保险公司投保,否则不能取得贷款。抵押人可持购房合同或售房单位出具的住房交付使用证明,办理投保手续。

抵押物的保险期应与抵押贷款的期限相一致,借款人在抵押期间不能中断或撤销保险,如果借款人中断保险,贷款单位有权代为保险,费用由借款人负担。

被保险的抵押物一旦出险,其责任范围内的灾害事故,由保险公司按保险单规定赔偿。抵押权人为抵押物保险赔偿的第一收益人。如果抵押人未按合同履行还本付息,抵押权人有权从保险赔偿金中扣除贷款本息。

6. 抵押物的占管

房地产商品的特性决定了房地产只能由抵押人占管,抵押权人保管房地产的产权证书或其他证明文件。未经抵押人同意,不得以任何方式或理由将房地产交由他人占管。抵押人在占管期间应维护抵押物的安全和完整,并接受抵押权人的监督和检查。

抵押权人在下列情况之下,可向有关部门申请处分抵押物:

(1) 抵押人未依约履行债务。

(2) 抵押人死亡或被宣告死亡或失踪而无人代其履行债务。

(3) 抵押人的继承人或受赠人、代管人拒不履行债务。

抵押权人可以下列方式申请处分抵押物:

(1) 由当地房地产市场公开拍卖。

(2) 委托房地产交易市场出售。

（3）按照当地房地产管理部门同意的其他适当方式。

抵押物处分所得价款的分配原则和顺序是：

（1）支付处分抵押物的费用。

（2）扣除抵押物应交税费。

（3）偿还抵押权人的债权本金、利息以及违约金。

（4）剩余部分退还抵押人。

复习思考题

1. 什么是房地产咨询？房地产咨询服务与房地产经纪服务中的信息咨询有什么区别？
2. 房地产咨询的服务方式有哪些？
3. 我国个人住房贷款根据所贷款项来源的不同主要分为几种形式？
4. 什么是住房公积金贷款？住房公积金贷款的特点主要表现在哪些方面？
5. 什么是住房抵押贷款？住房抵押贷款的特征表现在哪些方面？
6. 什么是等额本息还款法？什么是等额本金还款法？如何选择还款方式？
7. 简述房地产抵押贷款的基本流程和注意事项。